★ 谨以此书庆祝中国共产党成立100周年及新中国女飞行员诞生70周年 ★

共和国蓝天的女儿

新中国女飞行员故事

苗晓红 | 著

中国妇女出版社

牢记党的宗旨

重温党的历史

感恩党的培养

永做党的女儿

谨以此书庆祝中国共产党成立100周年及新中国女飞行员诞生70周年

前言

我从航校毕业后，被分到北京空军某运输机部队，有幸与新中国首批女飞行员老大姐，以及第二、第三、第四批的蓝天姐妹并肩生活战斗多年。有些姐妹虽不在同一部队，但因有的是航校同学，有的是“女飞”同行，大家相互都认识，都有过联系。以上特殊经历使我脑海里积淀了她们的许多传奇故事。如今，她们和我一样，都告别了蓝天，但她们留在蓝天上的故事，并未因岁月流逝而消失，相反，经过时间风雨的冲洗，更加纯真、晶莹。她们的感人事迹、高尚情操、蓝天情怀是共和国一笔宝贵的精神财富。作为她们的姐妹、战友，我觉得自己有责任讲好她们的故事，弘扬“女飞”的精神。

新中国女飞行员之所以能翱翔蓝天，全靠党的阳光雨露。2021年7月1日，是中国共产党成立100周年纪念日。为了庆祝这一光辉节日，为报党恩，我将部分离退休女飞行员的故事，著成《共和国蓝天的女儿——新中国女飞行员故事》一书，作为一名老党员、老飞行员的礼物，献给敬爱的母亲——光荣伟大的中国共产党，同时庆祝新中国女飞行员诞生70周年。

本书专讲离退休女飞行员的故事，不涉及现役女飞行员。其实不少现役女飞行员非常优秀，如“女飞”将军程晓健、刘文力，女航天员刘洋、王亚平等。但她们的故事还在延续，后面的故事会更生动，还是留给后人去写吧！

我之所以专门撰写离退休女飞行员的故事，有以下原因。其一，她们离开了蓝天，飞行生涯已经画上了句号，她们的蓝天故事有开头、高潮和结局，比较完整。其二，我与她们的经历、感受大体相同，长期相识相处，彼此比较了解，我有讲好故事的生活源泉。其三，她们多数与我一样，大多是七八十岁的老人了，来日已“不方长”，编写她们的故事，是为“抢救”宝贵的精神财富，我有紧迫感、责任感。其四，离退休女飞行员生活在新中国成立初期，学习、工作环境非常艰苦，但她们排除万难，创造了不怕吃苦、不怕牺牲、顽强拼搏、勇于奉献的“女飞”精神，这种精神是一本历史教科书，值得新时代的青年好好学习。

尽管我在创作本书之时，通过各种方式，对她们进行了采访，但因写作水平有限，特别是史料储备不足，不少离退休女飞行员的感人事迹未收入本书，书中错漏之处不少，敬请各位蓝天姐妹谅解，并请广大读者批评指正。

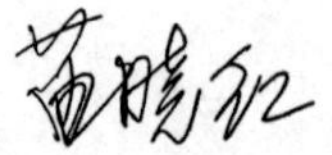

2021年3月

目录

序篇　飞天之梦

上篇　巾帼启航：新中国首批女飞行员

中　篇　承前启后：新中国第二批女飞行员

下　篇　继往开来：新中国第三批、第四批女飞行员

序篇

飞天之梦

新中国成立后，党中央、毛泽东主席特别重视提高广大妇女的社会地位，强调男女平等，号召妇女走出家庭，学习各种技能，积极参加社会主义建设，使她们真正成为国家的主人。

在各级党组织和政府的大力培养下，很快在各行各业中，有了妇女的身影，女汽车司机、女火车司机、女拖拉机手……在这种社会大背景下，经时任全国妇联副主席邓颖超同志提议，新中国女飞行员便也应运而生。

邓颖超

新中国提出培养“女飞”第一人

新中国第一批女飞行员的诞生成长，邓颖超大姐为此付出了大量心血，功不可没，她是最早的倡议者、策划者和参与者。

邓大姐首次提出培养女飞行员，时间是1949年10月1日，地点是天安门城楼。当她看到人民空军的“战鹰”飞越天安门上空时，异常兴奋，便对蔡畅大姐说：“希望有一天，有女飞行员驾机飞越天安门，新中国应培养女飞行员。”从此她萌发了让新中国妇女“飞天”的梦想。这也是1952年三八妇女节全国妇联和总政治部为新中国首批女飞行员举行隆重起飞典礼的原因，邓大姐是为了圆梦。[①]

1950年3月8日，《人民日报》发表了题为《学会本领，做好工作》的社论。这篇社论是邓颖超撰写的。她在社论中要求各级党委和政府应清除轻视妇女的传统观念，重视女干部的培养使用，给她们的学习、工作创造有利条件。社论还号召全国妇女干部学会本领，做好工作，向各行各业进军，这自然也包括航空领域。社论对提高妇女的社会地位意义重大，为妇女走上各种工作岗位铺平了道路，是新中国妇女“飞天”的舆论准备。

---

① 金凤：《邓颖超传》下卷，人民出版社，1993年3月，第480页。

社论发表后，邓颖超就开始为筹建新中国女飞行员一事而奔波。她先找到空军司令员刘亚楼，征求他的意见。这是具有历史意义的好事，刘亚楼司令员表示极力支持。得到空军支持后，她便以全国妇联的名义，向周恩来总理汇报了她的想法。周总理听后非常高兴，当即表示赞同。但这是国家大事，他不能独自做主，他让邓颖超以全国妇联的名义写个报告，请毛主席批示。毛主席看过报告后十分赞同，批示空军落实。就这样，招收新中国首批女飞行员的工作在全国展开，并最终从华东军政大学和航空预科总队挑选了55名女飞行学员，送到航校进行培养。

新中国首批女飞行员进东北航校学习后，就一直牵动着中南海西花厅邓颖超大姐的心，她牵挂她们的身体、生活和飞行。当她们一个不落地从航校毕业后，邓大姐除兴奋之外，并为圆女飞行员飞越天安门的梦想，向全中国和世界人民展示翻身做主的新中国女航空员的风采，建议以全国妇联和总政治部的名义，于1952年三八妇女节这一天，在首都为新中国首批女飞行员举行隆重的起飞典礼，让她们驾驶绿色“战鹰”，飞越天安门广场，接受首都人民和中央领导人的检阅。

邓颖超对起飞典礼极为重视，飞行安全由空军司令员刘亚楼和苏联顾问负责，她主要负责大会的议程安排、参会人员的邀请等。当天有7000多名首都妇女代表参加，是北京西郊机场建成以来规模较大的一次

邓颖超（后左二）与首批女飞行员合影

邓颖超在新中国首批女飞行员起飞典礼上讲话

盛会，仅次于1949年的大阅兵。为扩大国际影响，让外国人目睹翻身解放后中国妇女的英姿，邓颖超还邀请了几十位外国大使、武官夫人参会。会上她陪同朱德总司令检阅了女飞行员队伍，观看了她们的飞行表演，并和她们合影，还发表了热情洋溢的讲话。

邓颖超清脆洪亮的声音传遍了整个西郊机场："今年纪念三八国际妇女节的时候，我们有女飞行员、女领航员、女通信员、女机械员所驾驶、维护的飞机，在我们祖国的上空举行飞行表演。这是过去的中国不可能有的事。只有在新中国，才能出现这样的新人物、新事情。"

邓颖超还总结了新中国成立不到3年所取得的成就。她表示，现在中国妇女广泛地参加了祖国建设各个方面的工作，有一些从来没有参加过的工作，现在也有妇女参加了，出现了拖拉机驾驶员，火车、电车、汽车的女司机。现在，在人民空军中，又出现了第一批女航空人员。这些事实证明了，在中国共产党和毛主席领导下的中国，由于实行了男女平等的政策，打破了旧社会对妇女的各种束缚和压迫。只要我们妇女打破自卑感，有信心、有勇气，自强不息、努力学习、坚韧奋斗，我们妇女同男子一样，一切工作都可以做，而且能做得更好。

最后邓大姐又谆谆告诫大家，不能自满和骄傲。我们妇女必须以百倍的努力，赶上时代发展的需要。[①]

全国妇联和总政治部为新中国首批女飞行员举办的起飞典礼非常成功，国内外反响异常强烈，受到毛主席和其他中央领导人的高度赞扬。1952年3月24日下午，毛泽东主席、刘少奇副主席、周恩来总理等在中南海颐年堂接见了参加起飞典礼的全体女飞行员。

起飞典礼之后，邓颖超仍关注着新中国妇女航空事业的发展，关心女飞行员队伍的成长，她与女飞行员们建立了深厚的友谊。在南宁，她掏腰包宴请过女飞行员；在杭州，她请女飞行员看过戏。特别值得一提的是，德高望重的邓大姐还在百忙中专程去部队看望女飞行员，留下了

---

① 金凤：《邓颖超传》下卷，人民出版社，1993年3月，第481～482页。

邢淑华（左二）给邓大姐（中）赠送小彩塑

关怀女飞行员的佳话。

1985年10月，时任全国政协主席的邓颖超到湖北视察时，冒着蒙蒙细雨，专程到当阳机场看望在那里的女飞行员。当部队女飞行员获悉这一消息时，非常激动。大家聚到一起谈论着，掩盖不住内心的喜悦。邢淑华提出，想将自己做的一对小彩塑，作为礼物送给邓大姐，代表姐妹们的一份心意。在征求大家的意见时，姐妹们异口同声地说：“好！好！”小小彩塑是邢淑华用当阳的泥土、当阳的水亲手制作的。邢淑华在回忆文章里，记述了她见到邓大姐时的激动心情，她写道：“来了！来了！邓大姐来了！在机场我们依偎在邓大姐的身边，无比激动、无比幸福，相机永远定格了我们幸福的一刻……每当回忆起那一刻，心里依然溢满了从未有过的幸福感。”

邓颖超始终关心新中国女飞行员的状况，当得知女飞行员群体和个人在飞行中取得突出成绩或作出卓越贡献时，就会建议全国妇联授予她们“全国三八红旗集体”或“全国三八红旗手”的称号。据初步统计，有2个单位荣获过“全国三八红旗集体”称号、5人被评为“全国三八红旗手”。有女飞行员说：“邓大姐是我们的亲大姐，全国妇联是我们的亲娘家。”这句话形象地表达了邓大姐和全国妇联在全体女飞行员心中的地位。

邓颖超大姐的慈祥形象、谆谆教诲，以及她对中国妇女航空事业所作出的无可替代的贡献，永远留在所有女飞行员心中，留在共和国的蓝天白云之间。

上篇

巾帼启航：
新中国首批女飞行员

1951年1月，空军根据党中央、中央军委培养女航空员的决定，先后从华东军政大学、中南预科总队和华北预科总队，挑选了55名女学员，到东北牡丹江空军第七航校学习飞行、领航、通信和机械专业，其中有14人学习飞行。从此，新中国有了自己培养的女飞行员。

70年过去了，当年叱咤风云、风华正茂的14位年轻姑娘，如今已经是白发苍苍的奶奶、姥姥。伍竹迪、秦桂芳、武秀梅、阮荷珍、黄碧云、邱以群、何月娟、戚木木早在三四十年前就已相继离休或退休，均在干休所安度晚年。陈志英、周真明、周映芝、施丽霞、万婉玲、王坚已经牺牲或病逝。

新中国第一批14名女飞行员，抱着为祖国争光、为党争光、为中国妇女争光的坚强信念，闯过了无数道难关，飞上了蓝天。她们牢记毛泽东主席“要训练成人民的飞行员，不要训练成表演员”的教导，在万里空域，创造了许多“中国第一”与“世界之最”，留下了无数道闪光的航迹，为社会主义建设和国防建设作出了不可磨灭的贡献，为中国妇女开辟了一条通天大道。她们是中国妇女的榜样，是中华民族的骄傲！虽然她们很早就离开了蓝天，但蓝天不会忘记她们，党和人民不会忘记她们，她们的名字将永载史册！她们的业绩与精神将永远传承下去，在祖国的天空永放光芒！

陈志英
新中国女飞行员的一面大旗

陈志英，上海市人，1929年1月出生，1949年8月入伍，1952年3月加入中国共产党。初中学历。

陈志英出生于上海市宝山区一个工人家庭，父母早逝，大哥是地下党员，她受其影响，追求进步，上海解放不久，就报考了华东军政大学。1951年，陈志英被选为新中国首批女飞行员，进航校学飞行，年底毕业后被分配到空军运输机部队，历任飞行中队长、飞行副大队长、团副参谋长等职，飞行17年，3000多小时。

陈志英有个雅号——“大旗”，这个雅号是在航校时同批姐妹送给她的。当时的班长周映芝曾解释说：“陈志英是‘女飞’学员班的副班长，她为人正直、热情，乐于助人，处处以身作则，起模范带头作用，是飞行学员的一面旗帜，所以大伙儿亲切地叫她‘大旗’。”

领导和同志们一直叫陈志英“大旗”是不无道理的，她多次出色地完成空运专机任务，她给建设工地紧急运送过器材，给志愿军运送过弹药和武器。1954年初春，内蒙古草原遭遇罕见的雪灾，牲畜被大批冻死、饿死，不少牧民缺衣少食、挨冻受饿，急待救援。陈志英受命驾机，给灾民空投食品、衣物和牲畜的饲料。在恶劣的气象条件下，她克服了空投点难寻、飞机不好操纵等困难，圆满地完成了任务。

在航校学飞行时的陈志英

陈志英是新中国的第一个女飞行中队长、第一个女飞行指挥员、第一批飞直升机的女飞行员，也是当时赢得荣誉最多的女飞行员。她多次被评为积极分子，参加过空军和全国妇女建设社会主义积极分子代表大会，1957年国庆节曾被邀在天安门城楼观礼台观礼。她还多次受到毛主席接见。1960年3月，以陈志英为代表的部队女飞行员，被全国妇联授予“全国三八红旗集体”的光荣称号。陈大姐的模范事迹很多，和我的关系也很特殊，本文选3则经典事例，以飨读者。

新中国第一个飞特技的女飞行员

新中国第一批女飞行员（以下简称第一批）与第二批女飞行员（以下简称第二批），在航校学飞行时，有许多不同点。首先是学制不同，第一批属于速成，在校时间只有7个多月，平均每人飞行时间只有77小时44分钟；第二批是正规教学，学制是2年。其次是训练内容不同，第一批在航校时有很多课目没飞，如特技（包括跟头、螺旋、大坡度、滚翻）、转场、跳伞等；第二批上述课目全都飞过。最后是飞机不同，第一批飞的是日式旧飞机，飞行时从不带降落伞；第二批飞的是苏式雅克-18教练机，每次飞行都带降落伞。上述区别与陈志英大姐有直接关系。

1957年，陈志英被借调到长春第二航校，任理论训练处学员大队副大队长，主管女飞行学员中队，具体负责我们第二批女飞行员的培训工作。陈志英到航校后的第一件事就是了解训练大纲。之前，训练部门已拟定了一个大纲草案。她对草案进行了认真研究，特别是将女学员与男学员的训练大纲进行了比较。她发现，男学员大纲中的有些课目，女学员大纲中没有，如一些高难度的特技课目。看完大纲后，她向校领导提出："我认为男女学员的训练课目应该一样，男飞行学员能飞的课目，女飞行学员也能飞。"

"我们预料到你会有这样的想法，对这个问题我们也是反复研究了很久才初步定下来的。男女学员毕竟有区别，女学员心细、动作柔和，但胆小，力量也相对较弱，有些课目不大适合女学员。这不是歧视你们女同志，是从生理条件方面考虑决定的，希望你能理解。"校领导耐心地给她解释。

陈志英很内向，不善言辞，很少与人争辩，但对校领导的解释，她还是据理力争："您的解释我不能接受，如果领导让我负责她们的教学工作，希望尊重我的意见。胆小不是我们女飞行员的特点。我不否认，一般来讲，女同志的胆量是要小一些，但胆量是可以练出来的。我们第一批女飞行员中，开始是有人胆小，不过后来都练出来了，没有一个胆

陈志英在塔台指挥飞行

小鬼，秦桂芳比好多男同志还胆大。飞行不需要大力士，体检合格的女飞行员都有足够的力量完成各种飞行操纵动作。”

在陈志英的力争下，航校领导采纳了她的意见，对女飞行学员的训练大纲进行了补充，与男飞行学员的训练大纲基本一致，增加了第一批女飞行员没飞过的跳伞、特技等训练内容。训练大纲定下来之后，陈志英又向校领导提出自己改飞雅克-18教练机的请求，而且还要求按学员的训练内容飞。这就意味着学员要飞近1年的课目，她要在1个多月的时间里飞完。面对她的“无理”要求，校领导当然不会同意。没想到平时有些“软弱”的陈志英，执着起来也像秦桂芳有股牛劲儿。当然，她的请求并非无理。她这人不会与领导当面争执，她是靠软磨，反复给领导申述她的理由。

“我与飞行学员不同，我已经飞了五六年里-2运输机，复杂气象也都飞过了，算是‘老飞’了。理论学习、体验飞行、基本驾驶、编队、转场等训练内容都可免掉，我重点了解雅克-18教练机的性能特点，掌握以往没有飞过的特技课目就成。我相信有1个月时间，就可以飞完全部课目。改装雅克-18教练机，对我来说，只有风险，并无私利，但对培养第二批女飞行员有利。女同志最了解女同志，以后我可以亲自带飞检查她们的飞行，用现身说法与亲身感受帮助她们克服学习中的困难，我想这也是空军首长调我来帮助培养她们的原因吧！”

陈志英的理由与诚意说服和感动了校领导，最后同意了她的要求，让她去大屯机场改飞雅克-18教练机。

1个月后的大屯机场，塔台附近聚满了人，有航校、大队领导，有飞行教员和机关工作人员，他们都以十分激动的心情仰视着2号空域，今天陈志英将给大家做结业前的汇报飞行，飞行课目有斤斗、大坡度、螺旋、滚翻等高难度的特技动作。2号空域就在机场的右上方，在场的人不用望远镜，都能清晰地看到飞机的行踪。

上午10时整，陈志英驾驶雅克-18教练机，出现在2号空域。飞机在她的操纵下，时而跃升，时而俯冲，时而盘旋，时而翻滚。跃升时如同

陈志英在里-2飞机前留影

长剑破天，俯冲时好似流星划过；盘旋时宛如天马行空，翻滚时仿佛蛟龙闹海。她的一杆一舵虽不像特技飞行员那样险象环生，扣人心弦，但也让观众目瞪口呆，惊叹不已。每当陈志英做完一个动作，观众就会报以一阵热烈掌声。做完一系列特技动作后，陈志英驾机返场降落。飞机在她的驾驭下，就像一片鹅毛轻轻地飘落在跑道上。①

陈志英一下飞机，校领导便走上前去，向她表示祝贺。一方面祝贺她以全优的成绩结业，祝贺她创造了中国航空史上的奇迹，在短短的1个来月时间里就飞完了雅克-18教练机的全部场内练习和特技课目；另一方面祝贺她成为新中国历史上第一个飞特技的女飞行员，开创了新中国女性飞特技的先河。

只有陈志英和她的带飞教员清楚这1个月她所受的累、吃的苦，教员用一句大白话概括了："我都瘦了5斤，幸亏陈副大队长人高马大（身高1.72米），否则早趴下了。"

实践证明，陈志英的改装飞行，对提高我们的训练质量和进度，起到了非常大的作用，甚至避免了一起空难。一次特技训练中，一名学员由于紧张，做错了动作，是陈大姐及时纠正，才使飞机没有坠地。

---

① 笔者创作的长篇小说《女人的天空》"惊艳"一章中，洪志玲的原型就是陈志英大姐。

新中国第一位在飞行中牺牲的女飞行员

1966年，空军运输机某部决定培养我国首批直升机女飞行员。部队的指战员都知道，飞无翼直升机比飞有翼飞机要艰苦得多，风险也大得多。有些飞直升机的男飞行员不愿飞直升机，称自己是“二等公民”：重要专机任务飞不上，大城市去不了。女同志飞直升机在新中国没有先例，她们能不能飞、能不能飞好，有许多不确定因素，带有试验性。

为确保试验成功，团里挑选了2名思想技术过硬、经验丰富、作风泼辣、身体健壮的女飞行员潘隽如、韩淑琴改飞直升机，同她俩一道改装的还有团副参谋长陈志英。在确定人选的过程中有个小插曲，部队党委研究改装人员名单时，原本没有陈大姐，是她主动要求改装的。她的理由是：“我非常赞成女同志飞直升机，可用实践证明男飞行员能飞的机种，女飞行员同样能飞。女飞行员飞直升机在中国还没有先例，困难会很多，为确保改飞成功，需要加强领导。我是女飞行员领导干部，我要带着她俩开创中国女飞行员的历史。鉴于以上原因，恳请党组织批准我的请求。”她的理由很充分，党委批准了她的请求。从此，中国有了第一批直升机女飞行员——陈志英、潘隽如、韩淑琴。

实践证明，她们的改装是成功的，不久，她们就成了主力机长，开始执行专机等重要任务，陈志英还是中国首位女直升机指挥员。她们为我国培养大量直升机女飞行员，积累了经验，闯出了路子，为我国妇女航空事业作出了新的贡献。

1968年7月25日，陈志英率3架直–5型直升机，执行送一个外国军事代表团去天津杨村机场观看飞行表演的专机任务，她是这次机群任务的指挥员。3架直升机中2架是主机，分一号主机和二号主机，另一架为副机。一号主机供代表团团长和陪同首长乘坐；二号主机由代表团成员乘坐；副机由先遣组成员乘坐，包括指挥员、机务保障人员和随团采访记者。

直升机部队驻沙河机场，在执行任务的前一天，调机到西郊机场。

后二排右二为陈志英、前二排右一为潘隽如、前排左二为笔者

第二天7点35分，陈志英乘坐3584号直升机先行从西郊机场起飞，向天津杨村飞去。驾驶这架直升机的机长是潘隽如，她是与我同一批的女飞行员，在航校时我俩在同一个教学组，是好朋友。小潘不仅人长得漂亮，是我们第二批女飞行员中的大美人，而且聪颖灵巧，接受能力强，不管飞什么机种、飞什么课目，从来没遇到过大难题，其他方面也很优秀，她是我们部队第二批姐妹中第一个被提升为飞行中队长的。

8点15分，小潘与右座飞行员陈祖著驾驶3584号直升机飞临杨村机场，并与地面取得了联络，收到了杨村机场的气象条件，准备落地。当她对正跑道，下降高度至300米时，突然飞机操纵失灵，直升机产生左坡度急剧盘旋下降，方向改变了约300度。因故障发生得太突然，高度太低，小潘技术再好，反应再快，也来不及处置，甚至连一句向指挥员报告的话都没来得及说，飞机就翻倒在离跑道头只有4千米的地上。除小潘被甩出飞机外，陈志英等9人全被压在机舱里。

直升机失事后，附近的社员赶往现场抢救，他们发现小潘还活着，便要送她去医院。神志尚清醒的小潘十分吃力地指着直升机，对救援人员说："先别管我，机舱里还有人。"随后，在将小潘送往医院的途中，她因内脏出血过多，停止了呼吸，牺牲时年仅31岁。为了飞行事业，小潘晚婚，结婚才1年多，还没来得及要孩子。

送走小潘后，留下的社员们望着坠落在地上的直升机干着急，找不到机舱门，虽听到飞机内有响动，说明当时还有人活着，但不知如何将他们从机舱中救出来。正在他们想对策时，飞机起火燃烧起来。这时附近的陆军官兵也赶到了，遗憾的是太晚了，坐在机舱里的指挥员陈志英、飞行员陈祖著和特设分队长张云龙等9人全部遇难。中国女飞行员的"大旗"，为航空事业献出了宝贵的生命，牺牲时年仅39岁。

对这次空难，中央军委、新华社、空军党委非常重视，1周后，在八宝山烈士公墓为10名罹难的同志举行了隆重的追悼大会。中央军委、中央办公厅、新华社、空军领导、机关和部队的领导及代表，烈士们的亲属和生前好友参加了追悼大会。陈志英等10名遇难同志被授予烈士称号。悼词中对陈志英给予了很高的评价，说她不仅是中国女航空员的一面旗帜，也是全中国妇女的一面旗帜。

陈大姐与小潘牺牲的前一天下午，她俩调机来到西郊机场后，我和她俩还一起游过泳，晚上我又专门去军人招待所看望她俩，没承想，这竟成了我与她俩的永诀。

改变我命运的恩师

陈大姐的不幸遇难，使我难以排遣心中的哀痛，很长一段时间总是无精打采，神情恍惚，几乎到了精神崩溃的程度。由于悲伤过度，我流产了，而且是双胞胎。我之所以如此悲伤，是因为陈大姐是我的恩师，是我的引路人，多次改变我的命运。

1957年2月，我进长春第二航校学飞行。到航校后最高兴的事就是遇到了陈大姐，那时她从北京空军某独立团借调到长春航校，负责培训我们。陈大姐担任学员大队副大队长，主管女学员中队。我拜在这样一位蓝天巾帼旗下，成为她的一名飞行学员，不仅是我终生的荣幸，而且更重要的是她改变了我的人生轨迹，决定了我一生的命运。

在航校学完各门理论课程之后，陈大姐准备带领我们转入外场进行飞行训练。正在这时，一场整风“反右运动”，打乱了我们的训练计

陈志英（左一）与笔者（左二）
及同批姐妹共同登上天安门城楼

划。1958年春，整风“反右运动”结束后，学校政治部门对每个学员进行了更严格的政治审查，审查结果，100多名女学员大多数被淘汰，其中也有我，因为我姑父是旧社会的资本家。名单宣布后，陈大姐找我谈话，先是表扬了我一番，接着要我服从分配，不要发牢骚、闹情绪，并要我代表被淘汰的近百名学员讲话。我当时强忍委屈点了点头，然后跑到厕所里大哭了一场。这是我有生以来，遭受最惨痛的一次打击。高中毕业后，我放弃读大学，入伍后吃苦耐劳，努力学习，事事处处听党的话，不到半年就入了党，我所做的一切努力都是为了飞上蓝天，可是这一切顷刻之间都化为泡影。随着“飞行梦”的破灭，眼前的一切全变了，连生命都失去了意义。第二天，我将苦水咽到肚子里，违心地在大会上发言表态，表示坚决服从组织分配。会后我做好了去学气象的准备。就在当天晚上，陈大姐又到宿舍里找我，把我领到她的办公室，拉我坐下。看着我可怜兮兮的样子，她忙笑道：“晓红，别哭丧着脸了！组织上又慎重研究了你的情况，根据你的一贯表现，决定让你留下来继续学飞行。”当时我是啥表情，现在一点儿也记不起来了，人被意外的惊喜惊傻了。后来才知道，是陈大姐的据理力争才使我重新获得了飞往蓝天的“通行证”。这是她第一次改变我的人生轨迹，保住了我的飞行生命。

1958年4月1日，这是我终生难忘的一天，这一天我们正式开飞。也就在这一天，我在滑行时，由于刹车动作太猛，使飞机拿了大顶（机头冲下，机尾翘起），结果将发动机的螺旋桨打坏了一叶，整副螺旋桨报废，造成地面三等事故。

事故发生后，我不知所措，傻了眼，泪水夺眶而出，红着脸，低着头躲在座舱里不敢出舱见人。很快，陈大姐与其他领导干部赶到飞机前，她一面安慰我，一面将我扶出座舱。她眼里没有一丝责备的目光，全是亲切的抚慰。但是事故的阴影总纠缠着我，我在飞行时患得患失，不敢做动作，结果落下了进度，迟迟放不了单飞，面临被淘汰的厄运。“飞天”路上，我再次处在十字路口。这期间陈大姐为帮我走出困境，将所有的精力倾注在我的身上。她多次与教员给我“会诊”，还发动同期姐妹做我的思想工作。有一天晚上，陈大姐找我谈心，让我放下包袱，轻装前进，她说：“晓红，现在领导、教员，还有20个姐妹都很关心你，为你担心。你一定要战胜自己，丢掉一切私心杂念，不要怕出事。只要认真接受教训，你那么聪明，以后会飞得很好，千万别丧失信心。”

在陈大姐的鼓励和帮助下，我很快跟上了进度。我放单飞虽比其他姐妹晚一些，但放单飞后，越飞越好，我进入了优秀学员行列，并以全优的成绩毕业。陈大姐又一次拯救了我的飞行生命。

航校毕业后不久，在陈大姐的推荐下，我被选调到北京空军某部，成为她旗下的一名飞行员，她又一次改变了我的命运。从此以后，我一直在陈大姐领导下工作，她一直关爱、呵护、指引着我，直到牺牲的前一天晚上。

陈志英大姐离开我们已经50多年了，随着人的衰老，怀旧情绪的增加，我更加留恋与大姐比翼长空的激情岁月，更加怀念恩师云海般的厚谊深情。她这面女飞行员的“大旗”，依旧色彩斑斓，飘扬在我的心中，飘扬在高高的蓝天上。

周映芝
一朵盛开在蓝天上的芙蓉花

湖南有“芙蓉国”之称，“芙蓉国”里多蓝天巾帼。新中国首批14名女飞行员中，有3人来自湖南，她们是湘潭的周映芝、宁乡的周真明、衡阳的万婉玲。她们从“芙蓉国”起飞，是3朵盛开在彩云间的芙蓉花。她们3人虽不是中国第一批飞上天的湘妹子，却是最先在蓝天绽放光彩的芙蓉花①。她们当中周映芝这朵芙蓉花开得最靓丽、最芳香，曾惊艳国内外，成为轰动一时的“辣妹子”。

周映芝，1931年12月出生，1949年加入新民主主义青年团，1951年1月入伍，1982年加入中国共产党。周映芝早在上中学时便接受了革命思想，参加了长沙市学生联合会，是含光女子中学的学生会主席，积极组织同学罢课和示威游行。1950年抗美援朝战争爆发后，她放弃燕京大学和西北文工团的录取通知，毅然报名参军。

1951年3月，周映芝进东北老航校学习飞行，任新中国首批女飞行学员的班长。她豪爽率真、胆大泼辣，在蓝天绽放的岁月里，演绎出了不少动人故事，其中以4个“带头”、1个“唯一”的故事最为精彩。

① 民国时期的女飞行员袁明君、杨瑾珣是湖南人。她俩虽学会了飞行，但生不逢时，因性别歧视，被空军、民航弃用。

带头写“禁爱”保证书

穿便装的周映芝

1951年春，空军司令员刘亚楼在北京空军前门招待所的一间大会议室里，接见周映芝等女飞行学员。他首先鼓励她们要珍惜这次难得的机会，一定要飞出来，为新中国妇女同志争光。接着他又代表空军党委向在座的女飞行员提出了明确的要求：“我代表空军党委向你们宣布，你们5年内不准谈恋爱，有男朋友的也要断掉。你们中间如果有谁下不了这个决心，就不要去航校了。有没有这个决心？”

“有！有！有！”周映芝带头大声回答道。

听完姑娘们的回答，司令员满意地笑了，尔后用十分关切的口吻继续说道：“你们不用担心，等你们飞出来之后，不愁找不到男朋友，空军部队有很多优秀的男飞行员。你们不要有后顾之忧，我向你们保证，空军会管你们一辈子……”刘司令员语重心长的讲话，既是“禁爱令”，也是兴奋剂。

到航校后，周映芝提出了一个建议：“为了表示我们5年内不谈恋爱的决心，我们向领导写份保证书，你们说好吗？”

“好！”“行！”姑娘们纷纷响应。周映芝率先写了保证书，她的保证书是这样写的：“为了飞行事业，坚决按刘司令员的指示办。我愿一辈子不谈恋爱、不结婚，一生献给国防事业，包括生命。”

周映芝的保证书很快被连长退了回来。“谁让你一辈子不谈恋爱、不结婚？只保证5年，不准保证多了。”

周映芝只好按连长的要求，重新写了5年内不谈恋爱、不结婚的保证书。后来她实践了自己的承诺，1957年6月，她才与同一部队的王玉明机械长结婚。

带头抵制日本教官

周映芝等14名女飞行学员在航校学飞行时，负责带飞她们的教员共

4人，其中有2名中国教员赵赠熊、蔡善炳，还有2名日本教员宫田忠明、长谷川正，长谷川正是主任教官。一见教员中有2名“日本鬼子”，姑娘们的怒火一下蹿上了脑门，尤其是班长周映芝，更是一百个不愿意。“长沙保卫战”时期，她目睹过日本飞机狂轰滥炸的悲惨场景，恨死了“日本鬼子”。校长把这一切全看在眼里，他理解姑娘们的感情，便耐心地给她们介绍了2名日本教官的来历。2名日本教官已经完成了由“战俘”向“战士”的转变，参加了东北民主联军。最后，校长郑重说道：“现在站在你们面前的已不再是日本战俘，更不是什么‘日本鬼子’，而是你们的教官，你们要像尊敬我一样尊敬他俩。”

为了从思想上真正改变女飞行学员对日本教官的看法，连长专门找周映芝个别谈话：“宫田忠明、长谷川正的飞行技术都很棒，也有丰富的经验。更重要的是他们经过改造教育，真心愿意为新中国空军建设出力。你是班长，不仅自己要想通，还要做好大家的思想工作，不能把日籍教官当外人，更不能当敌人。”经过各级领导做思想工作，周映芝仇视日本教官的情绪有所缓和。

俗话说，“日久见人心。”在往后的带飞过程中，周映芝和女飞行学员彻底改变了对日本教官的看法，他们之间建立了深厚的师生情，这种真挚的感情经受住了时间的考验。1952年春夏之交，宫田忠明、长

在航校学飞行时的周映芝

谷川正回到了日本。他们回国后，一直惦念着中国的女弟子。1978年夏天，长谷川正来到中国，看望久别的学生。周映芝到友谊宾馆看望恩师，师生久别重逢，有说不完的离情别意。因为周映芝是女飞行学员班的班长，长谷川正对她的印象极深，他告诉周映芝，为了纪念他在中国航校带飞女飞行学员的难忘岁月，他特地给他的小女儿取名为“长谷映子”，中间用了周映芝的“映”字。他还送给周映芝一个洋娃娃、一双日本筷子和一张写有“友谊永存”的硬纸卡片做纪念。周映芝也回赠了礼物，是一本写有“师生久别喜相逢”的挂历。与周映芝同时探望恩师的还有戚木木和周真明。

带头提出把教员关到厕所里

1952年三八妇女节，全国妇联和总政治部在北京西郊机场为她们举行隆重的起飞典礼。她们将驾驶里-2型飞机，飞越天安门广场，接受毛泽东主席等中央领导和首都人民的检阅。

女飞行员驾机飞越天安门是开天辟地头一回，各级领导都对此非常重视，刘亚楼司令员亲自组织指挥。经过一个多月的艰苦训练，一切准备工作都已就绪，通过了刘亚楼司令员和苏联专家的考核检查。但在受阅那天要不要教员上飞机保驾的问题上，姑娘们与领导发生了矛盾。一听说要让教员上飞机，周映芝的辣劲儿一下就上来了：“不行，不行，教员上飞机，外人以为是他们飞的，谁要上去，就把他关进厕所里。”其他姐妹也反对教员上飞机。

她们的意见有一定的道理，教员上飞机，的确容易引起误会。但是领导经过再三慎重考虑，还是决定让教员上飞机，因为周映芝她们的改装训练才短短2个多月，从1951年4月开始学飞行也不到1年时间，飞行经验和紧急处置能力都有限，而飞越天安门要绝对安全，确保万无一失。她们的教员都是经验丰富的老飞行员，飞行时间都在3000小时以上。有他们在飞机上，能确保在任何情况下都安全圆满地完成受阅任务。经过反复做说服工作，姑娘们同意了领导的安排。

1982年三八妇女节，第一批姐妹重逢时合影，左五为周映芝

周映芝是位自尊心极强的姑娘，她虽然表示服从上级决定，但又提出，教员上飞机可以，但不能上驾驶员座位，无特殊情况他们不得操纵飞机。为了不引起外界的误会，教员上飞机一事决定不对外声张，直到2011年年底我采访几位大姐时，她们才说出了真相。

带头飞越天安门广场

参加受阅飞越天安门广场，对飞行员来说，是人生最幸福、最值得骄傲的大事，14名女飞行员都想参加，而且都想当机长，特别想当带队长机的机长。然而机长只有6人，长机机长只有1人。领导对人选问题十分慎重，经过各级领导和苏联专家的多次考核检查，最终确定了参加受阅人员名单，带队长机机长的重任落到了周映芝的肩上。领导的决定足以证明周映芝的飞行技术、心理素质、应变能力、协作精神等都是出类拔萃的。

1952年三八妇女节这一天，北京西郊机场红旗招展，歌声飞扬，一派节日景象。12点15分，在一片欢呼声中，女飞行员驾驶6架绿色里-2型运输机依次起飞。此时机场沸腾了，人们纷纷朝腾空的飞机挥手致敬。13点10分，女飞行员驾驶的6架飞机，以单机跟进队形出现在东长安街上空，第一架飞机就是周映芝驾驶的带队长机。她没有辜负军委、空军领导的信任和全国姐妹们的重托，率领机队按预定的高度、方位，一丝不差地准时飞临天安门广场。13点20分，6架飞机在周映芝率领下胜利返回机场，全部平稳降落。

周映芝创造了历史，成为第一个从天安门上空飞过的中国女性。

中国唯一与毛泽东主席直接对话的女飞行员

1952年三八妇女节，新中国首批女飞行员在北京西郊机场举行了隆重的起飞典礼，她们驾驶6架里-2型运输机，飞越天安门广场，接受中央首长与首都人民的检阅。

起飞典礼圆满结束后，女飞行员们沉浸在幸福的回忆之中：热烈的掌声、欢呼声；疯狂的拥抱、高抛；强烈的荣誉感、成就感，使她们那颗已升于云端的心，久久地落不下来。但是她们还有一个最大的心愿，希望能见到将她们送上蓝天的铺路人——毛泽东主席、周恩来总理与其他中央领导人。

3月24日下午，中南海颐年堂前，姑娘们排成整齐的队伍，静静地等待毛主席和其他中央首长的到来。

飞越天安门时周映芝是第一架飞机的机长，她被安排在整个女航空员队伍的第一排第一位。毛主席和刘副主席在刘司令员陪同下来到了她的面前，这时的周映芝激动得心都快蹦出来了，浑身微微发颤。毛主席笑着问她："你能把飞机开上天吗？"

她当即再次给毛主席敬礼并非常自信地回答道："报告主席，我能！"

毛主席听后很高兴，连声夸赞道："好！好！"并接着问道："你在飞机上能与地面说话吗？"

周映芝答道："可以通过无线电台与地面联络通话。"这时站在一旁的刘亚楼司令员问周映芝："你带没带喉头送话器？"

周映芝忙答道："带了。"她迅速从飞行服口袋里掏出黑色的不大的喉头送话器，将它接在飞行帽的插头上，然后将送话器在脖子上系好后，给毛主席简要介绍了它的用途。飞行员飞行时，双手要紧握驾驶盘，不可能拿话筒与地面联络。喉头送话器就是贴在飞行员喉头上的话筒，飞行员只要按下驾驶盘上的发射按钮，飞行员的话就可以通过喉头送话器输送到电台的发射机，再由发射机传到地面。毛主席一面认真地听着，一面笑着点头。周映芝不再那么拘谨了，话也自然多了，摄影师拍下了这一动人的画面，周映芝一直收藏着这张极为珍贵的照片。正巧，这时有几只小鸟从空中飞过，毛主席便指着那几只小鸟对周映芝她们说："你们是学了它的。"毛主席笑了，大家都笑了。

这时，侯波摄影师架好了照相机，毛泽东主席、刘少奇副主席、周恩来总理要与全体女航空员合影。这一刻对女飞行员来说是终生最幸福的一刻，也是最难忘的一刻。自此之后，她们一直珍藏着与毛泽东主席、刘少奇副主席、周恩来总理的合影。

三八妇女节的起飞典礼，毛泽东主席、刘少奇副主席、周恩来总理的接见，给新中国第一批女飞行员带来了荣耀，也带来了动力。毛主席“要训练成人民的飞行员，不要训练成表演员”的教导，成了历代女飞行员的座右铭，时刻鞭策她们穿云破雾，奋勇向前!

风雨无情，世事多变。周映芝这朵香满蓝天的芙蓉花，花期却很短暂。1954年5月，她因家庭成分变更被停飞，后转到地方工作。周映芝1998年7月退休，2009年10月病逝。病重期间，我曾代表女飞行员前往医院探视慰问。

秦桂芳

中国最牛的第一位女机长

秦桂芳，广州市人，1933年5月出生，1949年参加革命工作，1959年加入中国共产党，高中学历。1951年1月参军。历任学员、飞行员、机长、飞行中队长、飞行副大队长等职。飞行时间4000多小时，1967年8月停飞。

秦桂芳是新中国最牛的第一位女机长，也是我的恩师。我俩从1959年初相遇相识，已有61年。在这漫长的岁月里，结下了深厚的姐妹情、战友情、师生情。

秦桂芳出生于广州市中华南路（现为解放南路）石弯巷的一个小商人家里。1946年，就读于广东省立执信女中（现为广东执信中学）。初中二年级时，她去了香港，为学英语，报考了九龙圣罗撒教会学校三年级（相当于内地高中一年级），不久她加入了地下青年团。广州解放后，秦桂芳回到羊城，又回执信女中读高三。抗美援朝战争爆发后，秦桂芳报名参军，被分到中南预科总队。空军招女飞行员时，她通过了极其严格的政审和体检关，有幸成为新中国首批女飞行员。在往后的人生道路上，她演绎出了不少传奇故事。

航校遭遇“日本鬼子”，成就中国第一位女机长

飞行员学飞行分两个阶段：第一阶段是学习航空理论，又叫内场；第二阶段是学飞行阶段，又叫外场。进航校后，秦桂芳先在内场学习空气动力学、气象学、领航学、飞机构造、发动机原理与构造，以及特种设备等。由于文化底子厚，秦桂芳各科成绩都是优秀。

秦桂芳着军装小像

进入外场飞行后，学员天天打交道的是带飞教员。负责带飞秦桂芳的既不是中国教员，更不是苏联英雄，而是一位“日本鬼子”长谷川正。想象和现实相差十万八千里，她难以接受，心里顿时火冒三丈。熊熊怒火烧红了她的脸，也烧红了她的眼，她怒视着日本教官，恨不得痛痛快快骂他一顿、揍他一顿。

校长把这一切全看在眼里，他理解秦桂芳的感情，耐心地给她介绍日本教官的经历。校长的介绍并没有使秦桂芳服气，她脸上仍显露着鄙夷之色。校长一看这情景火了：“你翘什么尾巴，如不想跟日本教官学飞行，可以打起铺盖卷回家去！”校长这句话吓得秦桂芳软了下来。因为她可以不怕天，不怕地，就怕不让她学飞行。

长谷川正的教学以“严”著称，对女学员也是如此，姑娘们背后叫他“铁面教官”。他对飞得好的女学员更严、更无情，秦桂芳就深受其“害”。秦桂芳是女飞行学员中飞得最好的，但也是最有个性、最淘气的，长谷川正对她更严，对她的过错从不宽容。有一次着陆时，秦桂芳忘了报告。飞机刚刚停稳，教官便将写有“停飞”二字的评分表摔给她，并毫不留情地将她赶下飞机，气得秦桂芳跑到队领导那里告状，说“日本鬼子”整她。还有一次空中平飞后，她的手松开了油门杆，随便搭在座舱的边沿上，长谷川正见后，在后面大声吼了起来：“你的手往哪里放？”尽管她立即将手放到了油门杆上，可仍没躲过停飞检讨。为

这么一个小动作让她停飞，秦桂芳心有不甘，更加认定长谷川正这个“日本小鬼子”不是真心实意教中国人学飞行，而是找碴儿整人。

一天飞行后，长谷川正将秦桂芳叫到身边，语重心长地告诫她：“飞行是非常严肃的事，马虎的不行，随便的不行，骄傲的不行，不守纪律的不行。”他的四个“不行”，让秦桂芳铭记一生，终身受益。她逐渐改变了对日本教官的看法，并在此后的飞行训练中，与他建立了深厚的师生之情。

开创新中国女飞行员单独执行任务历史

航校的特优生到部队后更是如鱼得水，有了施展飞行才华的大舞台。秦桂芳是新中国第一位独立执行任务的女飞行员，也是最牛的第一位女机长。

无论天上地上，秦桂芳都有一股牛劲儿，在天上一般人不敢飞的课目她敢飞，不敢去的机场她敢去，不敢承担的任务她敢承担；在地面的运动场上她也是多面手，样样皆能。特别是在篮球场上，她光着脚丫子敢和男同胞拼抢，谁都畏她三分。因她“胆大包天”、勇猛泼辣、有股牛脾气，因此大伙儿都叫她“蓝天女闯将”。她给自己起了个小名“牛

《人民画报》1958年第3期封面上的秦桂芳

牛”，名实相符，她的确很“牛”！

1952年9月29日，是秦桂芳终生难忘的一天。“秦桂芳，明天你带一个机组去石家庄。”大队长给她带来了她日夜盼望的喜讯。

“我带一个机组？教员呢，他不去吗？”

“他不去，这次让你单独执行任务，你是机长。回头找教员帮助你们好好准备一下。”

“太好了！等的就是这一天哩。”

翌日，精神抖擞的秦桂芳驾驶着“铁鹰”，迎着曙光起飞了。航行中，她充分运用所学飞行技术和积累的航行经验，准确无误地做着每一个操纵动作，准时将飞机降落在目的地机场，顺利地完成了首次飞行任务。她开创了新中国女飞行员单独执行任务，为祖国社会主义建设服务的历史；也开启了她飞重要专机的航道。

载着14位省委书记在延安历险

1958年10月20日，正在西安执行任务的秦桂芳，接到了送14位省委书记去延安的专机任务。延安机场是个老机场，跑道在延河边上，偏东西方向，长1000多米。跑道西头有200多米长的保险道，延长线的不远处便是宝塔山，远处的山更高。高度稍低时不能复飞，因净空条件太差，很少使用。

那天，秦桂芳驾驶里-2型专机，载着14位省委书记从西安西关机场起飞，向着延安飞去。1小时后，专机飞临延安上空，延河、宝塔山历历在目，一览无余。秦桂芳操纵飞机由南向北通过跑道上空，然后做了一个长五边，在两山之间的延河谷中缓缓下降高度。放起落架，放襟翼，一切按着陆程序进行着，正当飞机快要着陆时，一系列意想不到的险情发生了。参谋勘察跑道后所提供的资料上标明，跑道西头200米的保险道上有鸡蛋大小的鹅卵石，而东头没有，飞机是由东向西落地，谁知落地前发现东头也有碎石块（事后查明是参谋记反了方向）。秦桂芳顾不得多想，赶忙将飞机拉起来，让飞机与地面保持1米多高的距离。因为里-2飞机安装的是两台活塞式螺旋桨发动机，如果跑道上有碎石，碎石就会被高速旋转的桨叶产生的吸力吸起，打坏桨叶，砸坏机身，击伤机组成员。

飞机飘过200多米的碎石区后，秦桂芳正准备收油门落地，突然发现跑道两侧的人群中有几个愣头青往跑道上跑，急得领航员抓着秦桂芳的肩头大声嚷道："跑道上有人！"秦桂芳明知剩下的跑道长度有限，也深知延安机场低空无法复飞的净空环境，但人命关天，她还是毫不犹豫地将飞机再度拉起，飞机呼啸着从这几个愣头青头顶飞过，飞机又飘去100多米后才接地，这时余下的跑道不足700米。而正常情况下滑行距离最少还要有800多米，显然要想在这么短的距离内让飞机停下来几乎是不可能的，怎么办？胆大心细的秦桂芳一面紧紧踩着刹车，一面机警地观察，陡然发现在跑道中心线40度左右的前方，有一道高约1米的土坡，土坡后面是一片平坦宽阔的沙土地。她急中生智，稍稍蹬舵，改变飞机的滑行方向，操纵飞机向土坡冲去。飞机冲上土坡后，她紧紧地把着驾驶盘，略略带了一下机头，不致使飞机在冲过土坡时来个"嘴啃泥"。飞机在秦桂芳的驾驭下，越过土坡后，重重地蹾在土坡后的沙地上。耗尽速度的飞机被她停住了，可这一蹾真不轻，前舱除秦桂芳与副驾驶员之外，领航员和机械师摔了个人仰马翻，通信员头碰到顶篷，痛得嗷嗷叫。秦桂芳顾不得察看机组人员的伤情，赶紧跑到客舱看望14位省委书记。他们一个个都系着安全带，安安稳稳地坐在沙发座椅上，全都安然无恙。秦桂芳一颗悬着的心总算放下了，她深深地舒了口气，然后以歉疚的口吻解释道："没想到落地时出现那么多意外情况，让各位首长受惊了，真是对不起！"14位省委书记及其他客人，没有一人脸上有不快之色，他们都面带笑容地感谢和宽慰眼前这位帮他们飞越鬼门关的女闯将。

秦桂芳后来向我讲述延安历险往事时，颇有感慨地说："这是我以往飞行中，唯一让我出冷汗的一次，也是我飞得最过瘾的一次。因为这不仅是对我飞行技术的考验，更是对我应变能力的一次最好的检验。突然间出现了那么多险情，还保证了安全，我真为自己感到骄傲。”

急送毛主席亲自签发的密令

新中国成立之初，盘踞在金门、马祖的国民党军队不断骚扰大陆沿海地区。1958年8月，军委命令中国人民解放军驻福建前线部队于8月23日开始对金门、马祖的国民党军队进行警告性炮击。由于这是绝对军事机密，命令不能用通信设备传达，必须将毛主席亲自签发的命令用飞机准时送到前线指挥员手里。

接到这一紧急任务后，团里的几位领导在研究机长人选时，一致认为，这次任务非秦桂芳莫属。无论是飞行技术、航行经验、处置能力、胆略才智、心理素质、身体条件等方面，她都是最优秀的。因此，领导将紧急运送毛主席签发的作战命令的任务交给了她。

1958年8月22日16点，秦桂芳带着密令从北京西郊机场起飞，向福建前线飞去。飞机刚过济南，就发现前方有一锋面正从西向东移动，面积很大，一直延伸到海边。里－2型运输机不是密封座舱，最高升限只有5000多米，遇到浓厚云层，它无法飞越，怎么办？为了将命令准时送到，只能从云层中穿越。飞进云层之后，飞机就好似航行在12级风浪之中的一叶小舟，时而被高高地抛向浪尖，时而被低低地压下波谷，飞机左右摇摆达40～50度，道道电光好似条条金蛇在玻璃窗上乱窜，强烈的雷电波将通信员头上戴的耳机都震掉了。秦桂芳咬着牙，硬着头皮坚持了5分多钟之后，感到不对头，可能要进入雷雨云。那是绝对不能进的，轻者飞机被雷电击伤，重者飞机被劈碎烧毁。千钧一发之际，她果敢地掉转机头，想尽快脱离云层。又经过15分钟的搏斗，飞机终于飞出了乌云。可是，刚离“狼窝”，又入“虎穴”，秦桂芳还没来得及舒口气，又被前方的景象惊呆了。前面已发展成波纹形的浓积云和积雨云连成了一片。要是执行其他任务，遇到这种特殊的天气可以返航，或到就近机场降落。可是这次任务特殊，既不能返航，也不能备降，这次是被逼上了梁山，只有继续飞行一条路。秦桂芳和机组成员分析了当时的天气特点，检查了油量，决定向西绕飞。根据她多年的飞行经验判断，我国的锋面雷雨一般都是由西向东移动，向西绕飞，有可能绕到强锋面雷雨的尾部，较早地避开它。

秦桂芳驾驶着载有毛主席作战命令的“战鹰”，贴着云层的边沿向西飞行着，直到河南开封，她们才躲过雷雨云。尔后再改向东南方向，朝着目的地飞去。华灯初上时，秦桂芳机组准时将毛主席签发的作战命令送到了福建前线指挥员手中。当晚，她们谢绝了前线指挥首长的挽留，迎着月色，披着星光，胜利返航。

为了100多名阶级兄弟和数百匹骡马

1958年11月，北国冬天的大兴安岭已是一片冰雪的世界，寒风呼啸，大雪纷飞。一支由100多名工人与几百匹骡马组成的铁路筑路队被困在林海雪原之中，与外界失去了联系。有关部门请求空军支援，部队领导将这一艰巨任务交给了秦桂芳所在的飞行大队。大队长领受任务后，心中有所踌躇，因为他清楚，这次任务时间长、难度大，不是所有的机长都能胜任。他也想到已有“空中闯将”之称的秦桂芳，但他下不了决心。他并不担心秦桂芳的飞行技术，而是考虑到这次任务多在野外活动，脱离部队时间太长，她一个刚结婚不久的女同志多有不便。大队长与政委反复排队筛选，最后还是将这一重担压在了秦桂芳的肩上。

秦桂芳和机组成员经过认真的航线、飞机、物资准备之后，驾驶里－2型运输机向着齐齐哈尔市三家子机场飞去，她们要以该机场为基地，长时间地执行林海救援任务。东北的凌晨更是寒气逼人，最低气温达零下30多摄氏度。秦桂芳驾驶的苏式里－2型运输机的左右机翼上，各装有一台活塞式发动机，这种发动机要在低温情况下起动，必须用加温炉加温。因此，秦桂芳带领机组成员，每天三四点钟起床，顶着凛冽的寒风，忍着刺骨的寒气，赶到机场给露天停放的飞机发动机加温，做起飞前的各种准备工作。在风刀霜剑的野外作业，她的脸被冻紫了，眼睫毛上结满冰花，露在皮帽外的缕缕青丝变成了条条银色的“树挂”。但

秦桂芳在驾驶飞机

她全然不顾，她那颗火热的心已将漫天冰雪融化，飞到林海雪原之中，飞到了受困工人的身旁。

一轮红日冉冉升起，给银色大地披上了一层薄薄的霞光。秦桂芳驾驶“铁鹰”，满载着粮食、衣物和饲料，迎着朝阳起飞了。头上是蓝湛湛的苍穹，脚下是白茫茫的原野，秦桂芳就在这蓝白之间的空域里疾驰着。她这位在南方长大的姑娘，无心欣赏这难得一见的北国风光，一心只想将救援物资尽快送到被困工人手中。

按预定的航线与飞行时间计算，飞机应到达目标上空了。但翼下是无边无际的林海雪原，看不到任何地标地物，更没有发现被困的工人与骡马。为了找到人马，她一边盘旋一边搜寻，一圈，两圈……六圈过去了，仍没发现半个人影、一丝马迹（后来查明是地图有误差）。

“怎么办？返航，还是继续搜寻下去？”秦桂芳作为机长，必须在二者之间迅速作出选择。返航显然不行，她不能置100多名工人兄弟的生命于不顾。可是总这么在空中转圈，油用光了也发现不了目标。秦桂芳决定扩大搜寻范围，降低飞行高度。她毅然一推机头，飞机从2000多米的中空下降到100多米的低空，并勇敢地冲进狭窄的山谷。她向后打好调整片，用力顶着杆飞行，万一发现障碍物，稍一松杆，就能将飞机迅速拉起来。在林海雪原中超低空飞行，极易产生错觉，稍有不慎就会坠机。然而，秦桂芳一方面是艺高人胆大，另一方面是救人心切，因此才冒险将飞行高度降至最低。

飞机的轰鸣声打破了雪野的寂静，被围困的铁路工人闻声后跑出山谷，在一块宽敞的雪地上，用红色被面铺成一个大写的“丁”字，为机组标明空投场。看到这红色的“丁”字和振臂欢呼的人群，秦桂芳比看到救星的工人们还高兴，很少流泪的“空中闯将”，眼里滚动着泪水。她驾驶着飞机，一次次从“丁”字布上空飞过，一次次按响空投的信号铃，一包包装满党和人民深情厚谊的救援物资，准确地落在“丁”字布周围，落到饥寒交迫、濒临绝境的工人手中。

由于被困的人马太多，飞机载重量有限，为了维持工人和骡马的生存，秦桂芳和战友们一道，在异常寒冷的条件下，每天起早贪黑，连续工作15小时左右。就这样，她日复一日地飞行了40多天。100多名筑路工人和几百匹牲畜得救了。尽管经历了危险、劳累、寒冷，她却乐在其中，因为她真正感受到了一名女飞行员的社会价值。她创造了3项世界之最，即女飞行员连续救援时间最长、飞行量最大和环境最苦的世界纪录，至今无人打破。

大同救灾显神威

1960年5月9日13时45分，山西省大同煤矿发生了历史上罕见的煤尘大爆炸，数百名煤矿工人被埋在井下。党中央、国务院立即调集大批抢救人员、医务人员和物资前往大同救灾。当晚20点，正在参加大队党支部扩大会的秦桂芳被上级叫走，让她紧急起飞，连夜飞往大同。当时的大同机场只有一条土跑道，也没有夜航设备，晚上从没有飞机起降过，白天也只有民航的运-5型飞机在这里飞行。可是时间就是生命，为了使数百名矿工尽快脱险，市里决定打破常规，将汽车摆在跑道两侧，车头对着跑道，有飞机起降时，所有汽车同时打开车头大灯，以代替跑道灯。谁知天公不作美，当晚以及以后的几天里，大同刮起六七级大风，阵风有时超过八级，风向与跑道中心线正好是90度，属于大侧风，超过了里-2型运输机落地时正侧风不得大于8米/秒的极限。在这种条件下，飞行条令规定飞机是不允许降落的，因为飞机有被吹翻或落地后偏出跑道的危险。可是有数百名埋在井下的矿工兄弟急等抢救，还有大批积聚在机场的医务人员、医疗器械、药品及其他抢救物资急等抢运，空军党委根据周总理“不惜一切代价，抢救矿工兄弟”的指示，当即作出决定，命令秦桂芳所在部队，发扬不怕牺牲的精神，凡能升空的飞机全部连夜紧急起飞，执行救援任务。

部队领导接到命令后，压力很大，在这种大侧风条件下，让这么多机组夜间执行紧急任务，这是自部队组建以来从未有过的事，必须慎重。虽说是不惜一切代价，但安全仍是前提。团首长经过认真研究，决定派秦桂芳机组打头阵，去大同机场试飞大侧风、短跑道情况下的夜间降落。由于情况紧急，秦桂芳机组只做了一些简短的准备就起飞了。

飞到大同后，她先在机场上空盘旋了2圈，用无线电高度表测试了机场的实际标高，对侧风的影响作出了准确的判断，然后建立起落航线对准跑道准备着陆。这时她发现两侧的灯光异常，从空中望去，只见光不见灯，便问身后的领航员：“你仔细瞧瞧，那是啥跑道灯？”领航员紧贴舷窗，仔细观察那些直射跑道的光柱：“我的天呀！全是汽车灯。”一听说跑道两侧全是汽车时，机组成员的心陡地提了起来，大伙儿的眼睛全盯着机长秦桂芳，意思很明显，“这么大的侧风，跑道两侧又是汽车，万一偏出跑道，小命还不得报销”。

秦桂芳回头扫了大伙儿一眼，笑道：“甭制造紧张空气，我不会让你们去和汽车接吻的。”说完她一推机头，平稳地驾驶着飞机，向着由汽车灯柱织成的光网落去。她用自己创造的“上风头修正法”修正大侧风，同时用小下滑角带油门下滑，以减短飞机着陆后的滑跑距离。她驯服了大侧风，把飞机安全地降落在灯网之中。

这时候，地面顿时沸腾了，大同市长亲自来到飞机前，紧紧握着秦桂芳的手，含着热泪不停地说着：“谢谢！谢谢！谢谢解放军！”当在场的人们发现第一个驾机降落的竟是一位女机长的时候，一双双眼睛如同跑道两侧的汽车灯一样，瞪得圆圆的、亮亮的，放射着惊诧的目光，愕然地站在大风之中，仿佛望着从天而降的仙女。

秦桂芳虽然着陆成功，但她心中有数，在这种大侧风条件下夜航降落，不是所有机长都能做到的，于是她给市长建议，撤走所有汽车，换上不怕风的汽灯、电池灯或矿灯。她简要给地市长讲了用汽车照明的危险性，市长表示马上照办。

秦桂芳试航之后，连夜返回北京。部队首长根据她的汇报，召开了紧急动员大会。会上，团长给所有执行任务的机组下达死命令："同志们，这是一场关系到数百名阶级兄弟生命的特殊战斗，必须像秦桂芳机组那样冲上去。"团长铿锵有力的话语，震撼着每一名飞行人员的心，鼓舞着他们向大同灾区飞去。一批又一批医务人员、医疗器械，一批又一批救援物资从全国各地抢运到了大同。秦桂芳除试航之外，又和其他机组一起连续飞行了2个晚上和1个白天，共30多小时。这期间她没睡过一个好觉，没吃过一顿热饭，全都是利用装卸物资的空隙，小憩十几分钟，啃几口干粮，喝几口水凑合。秦桂芳是女飞行员中特别能战斗的一位，有股铁姑娘的劲头儿，尽管如此，执行完任务后，她也累得饭都不想吃，脸也懒得洗，一头栽倒在床上，睡了一天一宿才醒过来。

大胆放手，让学员自我纠正

航校毕业后，我被分到北京西郊机场，我的改装教员就是秦桂芳中队长。在航校时，我在《人民画报》上见到过她的形象，知道她是一位名扬中外的蓝天女闯将。我不仅有幸和她生活在一个大队，与她朝夕相处，而且她还成了我的改装带飞教员，可以直接向她学习她那高超的飞行技术，聆听她对飞行的独特见解，这真是我飞行生涯中最大的幸事。

百闻不如一见，在改装训练过程中，我才真正了解了我的教员。秦中队长带飞我时，总是先把操纵要领讲得清清楚楚，到空中后就放手让我自己大胆驾驶；当我操纵不当时，只要不危及飞行安全，她总是笑呵呵地看着我，让我自己纠正。一般情况她不插手操纵，总把机会留给学员。带飞教员怕不怕学员犯错误，敢不敢放手让学员自己纠错，这与教员本人对飞行技术的熟练程度和把握安全的能力有关。秦中队长之所以敢于放手让学员操纵，是因为她对整个飞机的性能、特点了解得非常清楚，完全有把握让学员在保证安全的范围内自己纠正自己的偏差。由秦中队长带飞，我一点儿也不紧张，也不怕自己出偏差，有她在右座坐着就有安全感。

有一次飞转场训练，那天的航线是北京—西安—重庆，飞行高度3600米。进入陕西上空时，飞机时而能见、时而进云。由于当时我的领航技术不过硬，完全按领航员给的航向飞。谁知领航员计算有误，我们偏航了，而且是偏向秦岭方向。当时我一点儿也没发现。这时秦中队长笑呵呵地问我："你要往哪里飞？"

"当然是往重庆飞呀！"我顺口答道。

"你仔细看看无线电罗盘的指示！"

我仔细一看，指针指在346度的位置上，才知道偏航了。秦中队长还是看着我笑，那意思很明显，偏航了看你咋处理。我不等她发话，赶紧压杆蹬舵，修正航向，两三分钟后，飞机出了云，看到秦岭从侧面掠过，好险！我被吓出一身冷汗，她却一副悠然自得的样子。

讲评时，她又像换了个人似的，脸上没有了笑容，非常严肃地指出："一个合格的飞行员，任何时候都要心中有数，因为飞行训练出来后要当机长，你是一机之长，不能完全依赖领航员，自己一定要清楚飞机的状态、飞机的位置、航线上的天气、降落机场的净空条件等。要不然就像你今天那样，开着飞机往秦岭上撞。晓红，你一定要记住，飞行员错不起，老天爷不会给你第二次撞山的机会。"

讲评完后，我问她："中队长，你是不是早就发现飞机偏航了？"

"当领航员告诉你航向时，我就发现不对，他的计算有误差。"

"那你为什么不早提醒我？险些撞山。"

"傻丫头，我是看你能不能自己发现错误，纠正错误。放心吧！有

秦桂芳（右三）与女飞行学员亲切交谈

我为你保驾护航，还能让你撞山？！再说了，我也不会拿我的小命开玩笑，我有安全底线。”

“您可真沉得住气，万一我紧张做错了动作咋办？”

她又笑了，笑得很开心：“你虽然没发现航向的错误，但你最后的处置很果敢，动作很准确，只有这样你的翅膀才能练硬实。我当时要是替你操作，你哪有这紧急处置的机会，也不可能有事后千斤难买的体会，这就是经验，我把经验留给了你。”

怀孕7个月仍带学员飞行

秦中队长怀孕三四个月后，我们才知道她有了身孕。这时已经是5月份了。首先透露她怀孕信息的，不是她的肚子，而是她那身打扮。她不再穿佩有中尉军衔的军装，而是穿一套肥大的男式单军装，无论是飞行还是不飞行，她都穿着这样的“孕妇服”。除衣服变了之外，其他一切活动都和怀孕前一样。飞行人员每天有1小时体育锻炼时间，她照样在球场上和男同志拼抢。那年月，后勤保障条件差，空地勤人员往返机场没有汽车接送，全靠两条腿走，大伙儿戏称“11”号。如有紧急任务，就跑步上机场。秦中队长怀孕后，也跟大家一样，挺着大肚子走来走去，风雨无阻。

1959年10月1日，是中华人民共和国成立10周年大庆日。为了迎接大庆，我国将从苏联引进一批伊尔-18大型客机。西郊机场原有跑道的长度、宽度和厚度都不具备该机型起降的要求，于是空军决定翻修跑道，所有飞机临时转到京郊其他机场。我们这批正在改装训练的飞行人员，组成训练小分队转场到沈阳东塔机场，在那里继续训练，计划于机场跑道修好后返回北京。

已有4个月身孕的秦中队长要不要去沈阳，团与大队两级领导的意见高度一致，都不同意她继续当教员，让她留守。原因很简单，如果她去沈阳继续带飞改装学员，那就意味着她要带着肚子里的孩子飞行，这可是自有女飞行员以来从未有过的事，万一有个闪失，上至空军领导，下至她爱人王效英大队长以及第一批姐妹，都没法交代。当时我们学员的心情很矛盾，一方面不希望中途换教员，强烈希望秦中队长能和我们一起去沈阳；另一方面又想让她留下，好好保护肚子里的孩子，不忍心为我们改装的事，让她冒风险。不过通过近半年的接触，我已了解她的性格，只有一个人能留下她，那就是她爱人王效英。除此之外，天王老子也没法让秦桂芳留下。但根据我的观察了解，这个唯一能留下她的人，又偏偏不会留她。为什么？后面自有答案。果然不出我所料，能留她的人没有留她，那些留不住她的人自然无法让她留下。就这样，已有4个多月身孕的秦桂芳带着我们飞往沈阳，开始了紧张又愉快的飞行生活，书写了一段航空史的传奇佳话。

沈阳东塔机场当时是军民两用机场，除我们训练外，还有民航班机起降。在那里除一些了解内情的人以外，机场不少人并不知道秦桂芳是飞行员，都当她是一位有孕家属。

沈阳夏天也不是很热，秦桂芳一个夏天都没穿过衬衣，总是套着一件肥肥大大的旧军装。说心里话，她能和我们一起来东北，我们很感动。她带飞的学员共5人，除我和韩淑琴之外，还有3名男学员，他们是

笔者与恩师秦桂芳（右）合影

从歼击机部队转过来的。我们5人经常做的一件事，就是起飞之前，先把秦中队长坐的座椅调整好，免得操纵飞机时，驾驶盘顶到她肚子里的孩子。随着她肚子里的孩子逐渐长大，她坐的座椅向后调到了尽头。在空中我们尽量注意动作，特别是着陆往后拉驾驶盘时，动作不能太猛。有时拉不到位，秦教员发现后，很少动手的她会出手拉一把，一边拉还一边笑谑道："你手下留情，未出世的孩子看不见、听不着，不会感激你。"有一次着陆，我老想着一定要轻着陆，千万别蹾着教员肚子里的孩子。由于思想开小差儿，目测没掌握好，着陆时拉飘了，飞机蹦了几次后才重接地。当时我想到的不是教员给我打几分，而是她肚子里的孩子，那时她肚子里的孩子快7个月了，万一把孩子给蹾掉了可咋整。我一走神，又没控制好方向，眼看飞机就要偏出跑道。在这关键时候，挺着大肚子的秦桂芳压杆蹬舵，立刻把飞机纠正过来了，动作还是那么麻利，根本不像有7个来月身孕的孕妇。

当天晚上散步时，秦中队长说了一番令我终生不忘的肺腑之言。她说："晓红，你一向飞得很好，今天出现一系列差错，原因不在你，而是我肚子里的孩子。你应该了解我，我之所以来沈阳，唯一的目的就是要把你们尽早带出来。不是我有意偏心，我对你与韩淑琴的关爱要多一些，因为你俩是女飞行员，是我们的接班人，‘女飞’精神要靠你们发扬光大。我可以坦白地告诉你，我不是不考虑肚子里的孩子，这是我的第一个孩子，老王也很看重这个孩子，我当然要百倍呵护他（她）。但孩子与咱们的事业比起来，孰轻孰重，不用说你也清楚。万一孩子掉了，我们还很年轻，还可以再要再生，可你们的飞行时间耽误不得，流失的时间追不回来。当然，不是说离开我地球就不转了，也可以换教员带你们，但中途换教员，会影响你们的训练进度，因为教员了解学员和学员适应教员都要有一个过程，这个过程需要时间。同时我相信我自己总结出的格言：‘娇贵非福，皮实非灾。’孩子未出世就随娘顶风雨、踏云浪，将来一定比娘还皮实。”这次谈话，我才进一步接触到了秦桂芳中队长的内心世界。

1959年国庆节前夕，我们完成了改装训练任务，回到北京。1959年10月29日，秦桂芳的第一个孩子降生了，是个男孩，离她产前最后一次飞行才2个多月。由于这件事太离奇，至今仍有人怀疑它的真实性。还有更离奇的，产前的第10天，她还在塔台指挥飞行。要不是亲历者，我也不大相信这是真的。因为太神奇了，神奇得令人难以置信。

秦桂芳于1986年年底离休。离休后定居广州，曾任广东省航空联谊会常任理事、副会长。现与老伴儿王效英将军一起，在军休所过着老有所乐、老有所为的幸福生活，二人均是军内外有名的书法家。

伍竹迪
恩重缘深的榜样大姐

伍竹迪，广州市人，1933年4月出生，1949年8月加入广州市地下学联，后转为新民主主义青年团，1951年1月入伍，1956年加入中国共产党。伍竹迪上高中期间，就在学校地下党组织领导下，积极参加广州解放前后的宣传活动，抗美援朝战争爆发后报名参军。历任飞行中队长、飞行副大队长、“四种气象”条件的机长、教员和指挥员。1967年10月停飞，共飞行4000小时。停飞后调空军十六航校工作，任教材科副科长、飞行指挥理论教员。

一幅宣传画引出的奇缘

新中国第一批女飞行员的起飞典礼，在国内外引起了强烈的反响，伍竹迪机组在飞机前的合影，被制作成宣传画，由新华书店在全国发行。为啥要将她们机组的照片制成宣传画在全国发行？自然是她们平时表现优秀，当天飞得精彩，可做全国青年的表率。除此之外，是伍竹迪的形象飒爽。她头戴飞行帽，又大又亮的防风镜紧紧扣在秀发之上，展现了“女飞”特有的风采；她身穿的毛领皮质飞行服，胜过古代穆桂英、花木兰、梁红玉、樊梨花等巾帼的戎装，比她们显得更加英武；椭圆形的面庞上凝聚着刚毅、坚强；一对剑眉高挑，直插发鬓；两只深邃的大眼睛瞩望蓝天，似乎告诉人们那里就是她驰骋的疆场。正是这幅带有几分神秘色彩的宣传画，影响了不少青年人的命运，还引出了一段奇缘。

穿军装的伍竹迪

我的老伴儿何孝明是湖南桃源县人，1952年在桃源一中上学。有一天，他在县城的书店里看到了这张宣传画。他从小就迷恋飞机，对飞机和飞行员有一种特殊的神秘感，一见那张宣传画，尽管囊中羞涩，还是毫不犹豫地买了下来。画上的女飞行员成了他的偶像，他立志长大后也要像她们那样，驾驶飞机，驰骋蓝天。

1956年年初，空军到桃源招兵，何孝明抓住难得的机遇，报名参军。他先到河南信阳第七预校学习，不久转到四川成都十三航校学无线电专业。虽没当上飞行员，但能与飞机打交通，也算实现了一半理想吧！毕业后，他被分配到北京西郊机场工作，见到了他的偶像伍竹迪大姐，从此俩人结下了不解之缘。

1959年年初，我从航校毕业后，也调到了北京西郊机场，与何孝明同在一个大队。有一次，我们俩出公差，休息时，聊起了苏联卫国战争时期的魔女飞行队。我发现他对外国的女飞行员也很熟悉，便不解地问他："你对世界各国的女飞行员怎么那么了解？"

"因为我从小就崇拜女飞行员，对女飞行员进行过比较深入的研究。"何孝明接着给我讲了那张宣传画的事，直到这时我才知道伍大姐的形象上过宣传画。

1963年，我们部队由团扩编为师。我与何孝明都调到了沙河机场，这时我与他已建立了恋爱关系，他在二大队，我在三大队。伍大姐是我们大队的副大队长，成了我的直接领导。不久部队大搞突出政治破"四旧"，开始收缴销毁中外文学名著，说那都是"封资修"的"大毒草"。何孝明喜欢看书、买书，收藏了不少这类图书。"收书"运动中，他成了不突出政治的反面典型，不仅所有藏书被收走了，还在小

新华书店发行的伍竹迪机组宣传画

会、大会上挨批。我与孝明谈恋爱，本来就有人反对，说我是天鹅自己往癞蛤蟆嘴里飞。当时我俩的条件差距的确不小，我是中尉副连飞行员，他只是个刚提少尉正排的地勤人员。何孝明挨批斗后，有些好心的领导和同事又来劝我与他断绝恋爱关系，说他是绑在我"翅膀"上的一块大石头，不甩掉他，会影响我飞行，影响我一辈子。然而伍大姐却不同，她很慎重地对我说："现在查书收书并不是针对孝明一个人，因为上级下发了文件。你和孝明相识也不是一两天了，你应该了解他、相信他。他现在心情一定很沉重，我倒是希望你多安慰他、关心他。你应该坚强一些，与孝明共同挺过这一关。"伍大姐的话，更加坚定了我与何孝明继续相爱的决心，使我们的感情没受到收书风波的影响。后来我常对老伴儿开玩笑说："你当年买的不是一幅宣传画，而是请了一尊保护神。"

1965年秋，我离开沙河机场，调到西郊机场师训练科工作，但我的行政关系一时还没转走，还在沙河。我们原来约定1966年春节结婚。部队有规定，干部结婚事先要打申请报告，经政治部门审查后方可到地方政府领取结婚证。飞行部队还规定，双方如果都是空勤人员，由男方打结婚报告，如果男方不是空勤人员，则由女方打结婚报告。孝明不是空勤，必须由我打报告，可是我远在西郊，加上年底，科里工作很忙，没有时间回沙河办理结婚手续，而婚期又快到了。正巧这期间孝明在上海接收飞机，不在部队。为了不耽误婚期，伍大姐与她爱人程宝海（她爱人正好是孝明所在大队的政委）商量决定，由伍大姐替我向团政治处写结婚申请。就这样，我与孝明的婚礼于1966年1月19日如期举行。14年前孝明买回的宣传画上的主角伍大姐，竟帮他娶回了我这个女飞行员媳妇，留下了一段人间佳话。

产后首飞创纪录

伍竹迪入伍到航校后，一直走在女飞行员队伍的前列，到部队飞完“四种气象”课目，她的翅膀更硬了，作为机长执行了各种空运任务。1954年3月31日晚22点，伍竹迪等女飞行员被召集在大队会议室里，大队长刘发科给她们下达紧急任务：“近几天来，内蒙古锡林郭勒东部牧区连降大雪，牧民及大量牲畜缺乏粮食与饲料，上级命令我们去灾区空投粮食与饲料。”下达任务后，伍竹迪和机组人员立即进行准备。这次飞行的航线是过去没飞过的崇山峻岭，加上地面被大雪覆盖，看不清地标地物，航道上又没有导航设施，也无法掌握空投点的风向风速，这给寻找空投点带来很大的困难。但她们有信心、有决心完成任务。

翌日清晨，伍竹迪驾驶“战鹰”，迎着晨曦，向内蒙古疾驶。不

笔者与伍竹迪（右）在中央电视台录制现场

久，她们就遭遇到高空气流的冲击。伍竹迪稳稳地握着驾驶盘，精心地操纵飞机，使飞机尽量平稳地飞行。按计算，空投点快到了，伍竹迪开始下降高度，仔细搜寻空投场地，可是低空气流异常不稳，飞机摇晃、颠簸得十分厉害，好似脱缰之马。伍竹迪凭着练就的过硬驾驶本领，驾驭着“烈马”，使它按预定航向行驶。终于，她们在右下方的雪地上，发现了红色“丁”字布。伍竹迪再次降低高度，在空投场上空盘旋了一圈，终于清楚地看到蒙古族牧民挥动着手中的红旗、衣物奔跑着，喇嘛们穿着大红袍也跑在人群中，分外显眼。这时，伍竹迪控制住自己激动的心情，沉稳地操纵着飞机，看准目标后，她按响了空投铃，空投员将一包包粮食与饲料投了下去，正好落在红色“丁”字布周围。伍竹迪一次又一次地通过空投点，直到全部救援物资空投完毕，才驾机胜利返航。当她飞离空投点，看到牧民们往马车上装粮食和饲料的场景时，心中说不出来的高兴。

1957年7月，山东菏泽地区发生了百年不遇的洪灾，到处一片汪洋，人民的生命财产遭到严重威胁。伍竹迪率机组奉命前往救援。那天天气特别不好，阴雨绵绵，能见度很差。伍竹迪没被风雨吓倒，她驾驶着满载救灾物资的飞机冒雨起飞了，如矫健的雄鹰穿行在风雨之中，飞越莽莽平原，跨过滔滔黄河，到达目标上空。但她一直在云雨中飞行，无法看到地面，只好下降高度，穿出云层。当高度由2600米下降到200米还没出云时，她有些紧张，7月的天气本就炎热，加上焦急，头上开始冒汗。因为没有当地准确的气象资料，不知道云底的实际高度，目标附近还有山，不敢再贸然下降，如再下降高度有撞山的危险。她只好将飞机再度拉升，在目标上空盘旋。她一面盘旋一面寻思：不飞出云层无法空投，不实施空投只能无功而返。伍竹迪显然不能让灾民因得不到救援而遭受生命财产的损失，可又不能盲目穿云下降，万一撞山，不仅机毁人亡，而且灾民照样得不到援助，那样损失更大。她陷入进退两难的境地。伍竹迪不仅是位有高度责任心的机长，也是一位有丰富航行经验的飞行员，她根据云的形状判断，这种云层不会天衣无缝，肯定会有缝

伍竹迪在驾驶里–2型运输机

隙，于是她逐渐扩大盘旋范围，寻找云隙。终于发现了一处云缝，她毫不迟疑，一推机头，从云缝中钻了出来。这时才发现，云底高才150米。飞出云层后，她再次飞向空投点，在目视的情况下，将救援物资全部准确地投到了空投点上。

1958年春节前夕，记者采访伍竹迪后，以《浑身是劲的姑娘》为题撰文赞扬伍竹迪："这个姑娘，去年一年，从年头到年尾，不分白天黑夜，不论刮风下雨，一忽儿飞到色彩缤纷的江南，转眼儿又飞翔在千里冰封的北国，毫不亚于大队里那些出色的小伙子。"

1958年10月，伍竹迪的大女儿出生了。为了集中精力飞行，孩子出生后的第40天就被送到天津，由奶奶抚养，4天后伍竹迪就归队上班了。同年12月30日晚上，大队全体人员欢聚在一起开元旦晚会，正欢歌曼舞地热闹着，大队值班员接到了紧急任务：内蒙古乌兰浩特钢铁厂锅炉爆炸，需要焊接的氧气。

知道有紧急任务后，伍竹迪主动找大队长请战："大队长，让我去吧！"大队长摇摇头说："你刚休完产假，身体还没完全恢复。而且这次任务非比寻常，要长时间连续飞行，你吃不消。"

"大队长，我能飞！我体检过了，我相信医生，更相信自己。"

"可是，今晚有6级大风，你挺得住吗？"

"这正是考察我体力和技术的好机会。大队长，让我飞吧！这对我也是一次锻炼，对我将来执行更困难的任务有好处。"

大队长被她说服了，也被她感动了。他最后决定，让伍竹迪和秦桂芳两位女飞行员各带一个机组执行这次紧急任务。命令她俩先到包头机场装上氧气，然后再飞向乌兰浩特，要求务必在24小时内把氧气送到。伍竹迪领受任务后，迅即率机组做好一切准备，零点刚过，她就紧跟在秦桂芳后面，驾驶飞机撕裂夜幕，向包头机场飞去。里-2型运输机不像现在的喷气式超音速飞机那么快，平均时速仅200多千米，还赶不上现在的“高铁”。在包头机场装完氧气，已经是12月31日凌晨了，她们立即起飞，径直向乌兰浩特疾驶。

乌兰浩特是塞外草原的一座小城，机场是日本帝国主义侵占我国东北三省后修建的，只有一条又短又窄的土跑道，也没有导航设备。当天空中气流紊乱，产后第一次执行任务的伍竹迪双手紧紧地握着驾驶盘，与上下颠簸的气流搏斗着，本来就爱出汗的她，由于产后身体还未完全恢复，也由于长时间的连续飞行过于疲劳，内衣都被汗水浸透了。

傍晚，伍竹迪终于驾驶飞机到达乌兰浩特机场上空。这里机场条件虽然很差，但对胆大心细、技术高超的“羊城双骄”伍竹迪、秦桂芳来说，不过是小菜一碟。她俩针对跑道较短的特点，用低目测的方法，先后安全降落在跑道上。

伍竹迪将飞机滑到停机坪，稳稳地停了下来。当她刚从飞机简易梯子上走下来时，拥上来一群欢迎的工人。一个小伙子正要上前拥抱她时，发现她是女飞行员，激动地回过头去，冲着人群高声喊道：“同志们，快来呀！给咱们送氧气的是女飞行员！”这时，一向大方的伍竹迪，面对工人们充满惊诧、感激、钦佩的目光，她那张颧骨略高、双眼深邃、具有广东姑娘特点的面颊上，也露出了羞涩的红潮。谁会想到，已经连续飞行了近10小时的伍竹迪，是位刚刚休完产假的母亲。伍竹迪和秦桂芳谢绝了乌兰浩特机场和钢铁厂领导的一再挽留，卸完氧气后便驾机返回北京。

1958年12月31日，是一个值得纪念的日子，这一天是伍竹迪生完孩子后的第一次飞行，就创造了长时间飞行的纪录。

令男同志"臣服"的女教官

飞行部队训练都是从难从严，专机部队飞行训练那就更难更严。难度越大，标准越高，风险也就越大，难、严与险是相互关联的，有时要付出血的代价。对飞行员来说，最难飞、最危险的课目是"昼间复杂气象"和"夜间复杂气象"，简称"两复"训练，就是在大雪、大雨或云低等复杂天气的条件下，飞行员飞行时看不到地面，全靠飞机上的仪表指示飞行。特别是着陆时，飞机进入五边后，很长一段时间看不见跑道，有时高度只有五六十米时，飞机才穿出云层。那时是飞行员最紧张的时刻，也是检验飞行员飞行技术和航行经验的关键时刻。为了提高飞行员复杂气象条件下执行任务的本领，部队必须进行"两复"训练。飞行员也只有经过"两复"训练，才能成为"全天候"飞行员，才能在复杂气象条件下执行飞行任务，翅膀才真正变硬了。可是，北方一年四季的复杂天气并不多，专机部队为了加强"两复"训练，没有复杂天气，就人工"制造"复杂天气，他们新设置了"盲降"课目（后改为"仪表着陆"），并报请空军有关部门审核，经空军批准，将这种方法写入了大纲（草案）。同时列入大纲（草案）的新课目还有起飞后单发，即收起落架后，一个发动机停车；无灯着陆，即夜航不开飞机着陆灯着陆。这些新课目，都是难度很高、风险性很大的课目。试飞这样的新课目，自然是难度更高、风险性更大。第一个试飞大纲（草案）新课目的就是思想、技术、作风、体能都过硬的伍竹迪。

1956年《新观察》第15期刊登了左蓉的文章，标题为《一个女飞行员的盲目着陆飞行》，文章生动详细地描写了伍竹迪飞"盲降"的情况："飞机平稳上升着，高度表的指针继续转动，我看了看前面，只见苍苍茫茫、天地一片，再加上天气不好，我就更分辨不出什么了。就在这时候，一件意外的事情发生了，飞行员前面的胶玻璃窗突然一下子被罩了起来。我心里暗暗着急，飞行员看不到外边，瞎子似的将要飞到哪儿去呢？……"

俗话说，“内行看门道，外行看热闹”，文章作者不了解“盲降”的内情，才有上述疑问。大纲中的“盲降”课目规定，飞机起飞后，高度达到50米时，右座教员将左座学员前面的舷窗用黑布帘罩严，学员全凭仪表指示操纵飞机做大航线，直到五边下滑飞机飞过近距导航台，信标机铃声响过之后，教员才将布帘拉开，这时的高度应是50米。作者最后写道：“铃声响过之后，前面的窗罩也立刻打开，我几乎叫了起来，原来飞机正对准跑道不偏不歪地下滑呢。几秒钟后，飞机就轻轻地落在跑道上了。盲目着陆飞行，标志着她的技术水平已经达到一定高度。精通这样的课目，她就可以在天气不好时按仪表指示穿云下降，有能力完成各种飞行任务。伍竹迪就是这样将翅膀练硬的。”伍竹迪除试飞“盲降”新课目之外，起飞后单发、无灯着陆两个新课目也是她试飞的，全都安全圆满地完成了任务。

俗话说得好，“打铁必须自身硬”，因为伍竹迪自身练就了过硬的功夫，她不仅是位优秀的机长，也是一位令男同志都“臣服”的飞行教官。关于伍竹迪当教员之事，我在《我是蓝天的女儿》一书中有过详细

伍竹迪（右一）带领学员登机

的描述，现将部分内容简述如下。

1964年，全军掀起了轰轰烈烈的练兵高潮，人人争当技术尖子，全军开展大比武。空军为适应形势发展，缩短航校毕业飞行学员到部队后的改装训练年限，决定进行改革，由过去的3～6年飞完“四种气象”缩短到2年。这个试点任务交给了我所在的飞行大队。大队长是高玉成，副大队长是伍竹迪、王全奎，我被选为教员。当时我怕完不成教学任务，没有信心。伍副大队长多次找我谈话，帮我卸包袱、树信心：“晓红，咱们都是女飞行员，很多事情有同感。从我们飞上蓝天的那一刻起，我就深深地体会到，阻挡我们飞行的障碍有很多很多，但最根本的障碍其实是我们自己。如果不战胜自卑，就无法战胜飞行中遇到的种种困难。决不能首先认为自己不行，不如男同志、不如别人，必须肯定我行，一定行！一定要有这种信念。秦桂芳飞得好，就是她非常自信，我也是一个非常自信的人。当初，领导让我当教员，我就很自信。不管是比我官大的、比我年长的、比我资格老的，我都带过。”接着她给我讲了一个小故事。

“有一次，一个男学员（在陆军时是个连级干部）见是个女教官带他，很不乐意，给领导提出来要换教员。大队领导问他为啥要换教员，他说她是女同志。领导又问他：‘女同志为啥不能当你的教员？’他摸着脑袋想了想后回答道：‘女同志总不如男同志！’

“领导笑了：‘你了解你的教员吗？老实告诉你吧，她出席过空军首届英模功臣代表大会和全国青年社会主义建设积极分子大会，是个响当当的女模范。她不仅技术好，教学能力也很强，把你安排在她的教学组，是为了照顾你这位陆军老大哥，你能碰上她这样的教员是你的福气。’

“那位男飞行员听后将信将疑，没再提过换教员的事。结果他以优异的成绩结束了改装训练。分别时他握着我的手，含着泪只说了一句话：‘伍教员，谢谢你，我们的好教员。’”

讲完这个故事后，伍大姐接着说道：“晓红，我可以骄傲地告诉你，很多我带出来的飞行学员，已经成为部队的骨干，走上了领导岗位，有的成了我的顶头上司。我们大队的高玉成大队长（后成为该师师长、空军参谋长助理、少将）、王全奎副大队长都是我的学员。”

伍副大队长的一席话，打掉了我的自卑感，我暗下决心，争当一名像伍大姐那样的好教员。教学中我处处以伍竹迪大姐为榜样，因人施教，教学关系融洽，我带飞的学员进度快、飞行质量高，我被评为“郭兴福式”的飞行教员。我心里明白，这都是伍副大队长帮助的结果。那两年，她每天除了完成自己的带飞任务外，还要询问我的带飞情况，给我出谋划策，总结每个学员的优缺点，制订第二天的带飞方案。她才是真正的“郭兴福式”的优秀教员。

在训练期间，发生了这样一件事情。王全奎副大队长带飞的一名学员，怎么教都飞不好，王副大队长对他失去了信心，最后提出淘汰他。大队支委会在讨论是否淘汰那名学员时，王全奎副大队长又提出：如果伍竹迪副大队长肯带他，可以先不淘汰他；如果伍竹迪副大队长不愿意带他，就淘汰他。大队长征求伍竹迪的意见时，她毫不犹豫地同意了。伍竹迪带飞学员时，特别注意观察学员的特点，调动他的积极性，挖掘他的潜力，做到因人施教。结果这个学员在伍竹迪的带飞下，不仅跟上了飞行进度，还以优异成绩毕业，后来当空军实行飞行员等级制时，他

伍竹迪（右二）与苏联卫国战争英雄卓娅与舒拉的母亲（左一）亲切会面

被评为空军的第一批特级飞行员。伍竹迪就是这样，越是接受能力偏低的学员，越能激发她的教学潜能，动脑子想办法带好他。她常说自己很喜欢当教员，学员的优异成绩就是对她最好的回报，她为自己培养的学员遍布运输机部队而欣慰、自豪。

伍竹迪大姐是位出类拔萃的飞行教员，她的学员遍及运输机部队。她的航迹也遍及祖国的四面八方，从祖国的心脏到祖国的边陲，从祖国的北国到祖国的南疆，她掠过辽阔的平原，越过起伏的群山。在寒夜里，在风雨中，出色地完成各种飞行任务。苏联《真理报》记者阿·科仁赞扬她的文章标题就是《伍竹迪，好样的》。1955年9月，伍竹迪光荣地出席了“第一次全国青年社会主义建设积极分子代表大会”。大会期间，有幸见到了苏联卫国战争英雄卓娅与舒拉的母亲，并合影留念。

伍竹迪大姐是我们家的贵人、恩人，更是我学习的榜样，也是所有女飞行员的榜样。伍大姐已于1983年12月离休，至今在天津市安享丰富多彩的晚年生活。

阮荷珍
新中国第一“飞天女”

阮荷珍，上海市人，1932年8月出生，1949年9月入伍，1950年加入新民主主义青年团，1978年加入中国共产党，高中学历。阮荷珍在上海民立女子中学（现为上海市第十中学）上学时，响应党的号召，报名参军。1959年10月停飞，飞行1300小时。

阮荷珍人如其名，是一朵开在天上的珍贵荷花。她也与荷花一样花期很短，她在蓝天里飞了不到10年。然而就在短短的花期里，她却开得分外美丽娇艳，散发着满天沁人心脾的清香，她的靓丽形象也如荷花一样，永久地留在诗人的诗中、画家的画上，留在人们的心里。

第一个上天的女学员却吐了

1951年1月初，一列老式的火车，迎着凛冽的寒风从南京出发，向着北京疾驶。车厢里坐着一位穿着列宁式棉军装的漂亮姑娘，她脸蛋红扑扑的，双眼水汪汪的，恰似一朵出水芙蓉。她就是从华东军政大学女学员中挑选出来的女飞行员阮荷珍，她即将与同车的姑娘们一道成为新中国的“飞天女”。

阮荷珍来到航校后，经受住了一系列考验，战胜了天气寒冷、生活艰苦等困难。但真正的考验还在后面。1951年4月12日，这一天是阮荷珍终生难忘的日子，她们正式开飞了，飞天的梦想就要实现，尽管只是教员带她们做体验飞行，但也是离开大地飞上了天。即将腾云驾雾的阮荷珍，既无比激动又有几分紧张，无限喜悦中又有几分忐忑。

这一天，教员组研究决定，让阮荷珍第一个做体验飞行。教员组之所以挑选她第一个上天，是因为她理论学习阶段的成绩优秀，而且喜爱运动，体质好。美制PT-19型教练机是一种非常落后的双座舱教练机，没有座舱盖，学员在前舱，教员在后舱，前后舱的两根驾驶杆是联动的。飞机上的设备陈旧、简陋，既没有与地面联络的无线电台，也没有导航仪器，更没有机内通话器，飞机的前后舱仅靠一根橡皮管子联络。教员与学员各执一头，这样教员的声音学员才能听见。地面也没有塔台指挥员指挥，空、地无法联络；只有一名信号员站在跑道头一侧举旗，他举白旗表示可以落地，举红旗不能落地，只能复飞。

阮荷珍带着十分得意的心情跨进了飞机的前舱，教员紧跟着进了后舱。两人坐好后，教员对她说：“别紧张，把手放到驾驶杆上，如果支持不住了，就用手拍一下头，我就早一点儿着陆。”阮荷珍听后不以为然，心里说道：“别小看人，不信我连坐飞机都不能坚持。”她正想着，飞机如脱缰的野马冲天而去，阮荷珍的心猛然一下提了起来，她正想鸟瞰机下景物时，忽然感到一阵难以控制的心慌意乱。

在航校时的阮荷珍

这时，一阵强气流袭来，飞机产生剧烈颠簸，顿觉天旋地转，胃里的酸水直冲嗓门。她开始强忍着，可当教员压杆飞机转弯时，她再也忍不住了，哇哇地吐了起来。教员发现她越吐越厉害，便一推驾驶杆，迅速下降高度，飞机提前着陆。

教员将飞机滑回停机坪后，赶忙将阮荷珍从座舱里扶了出来，只见她脸色苍白，直冒虚汗，一身的酸臭味。姑娘们都围了上去，看着她的狼狈样，有的关切地问：“是不是很难受？”也有人责怪她：“不会

冰天雪地学飞行，
右二为阮荷珍

忍一忍吗，第一个上天就吐了，多现眼。”阮荷珍此时顾不了大伙儿说啥，跑到一边又翻肠倒肚地吐开了，吐得头都大了。男学员则在一旁冷嘲热讽：“女同志就是娇气，坐飞机都吐成泪人儿，还想开飞机！”男同胞的嘲笑，像针一样刺在阮荷珍的心上。

呕吐给阮荷珍带来了巨大压力，她产生了自卑感：“大概是自己的身体不适合飞行，看来是要被淘汰了。”但她是位很好强的姑娘，不甘心因为身体原因而遭淘汰。领导、教员和姐妹们都鼓励她战胜困难，多飞几次，慢慢就会适应。阮荷珍在大伙儿的安慰鼓励下，再次鼓足勇气，又让教员带飞了两次，呕吐现象不仅没有消失，反而愈演愈烈，形成了条件反射，一上飞机，一闻汽油味儿就想吐，吐得她想从空中跳下来。过度呕吐再加上压力过大，她病倒了，一病就是半个月。她躺在病床上，情绪十分消沉，这时，陈志英大姐的一席话使她重新振作起来。

一天飞行完后，陈大姐来到了阮荷珍的床边，拉着她的手语重心长地说道：“荷珍，你要相信自己，我们都是经过极其严格的身体检查的，你的身体没有毛病。初次上天呕吐的人不止你一个，有的男学员也吐过。你从一个女中学生穿上军装，再穿上飞行服，多不容易，你千万不能放弃你的理想，不能掉队。国家现在这么困难，花这么多的钱培养咱们，为的啥？为的是提高我们妇女的地位，让我们女同志和男同志一样保卫新中国，建设新中国。那么困难的理论关，在你的帮助下，我和黄碧云都闯过来了，我们相信你一定能闯过呕吐关。我给你带来一小瓶汽油，你放在身边常闻闻，闻习惯了你就不想吐了。”就这样，阮荷珍一面吃药治病，一面闻汽油治吐。心理上的压力去掉了，汽油味儿闻惯了，奇迹也出现了，重上蓝天时她居然不吐了，头也不大了。

新中国第一个放单飞的女飞行员

第一批女飞行员人人争强好胜，不甘人后，她们不仅与男飞行学员飙着干，姐妹们之间也较着劲儿，都想争取第一个放单飞。第一个放单飞，即意味着她是新中国第一个独立飞上蓝天的女性，这是一份荣誉、一桩史绩，意义非同小可。为争这份荣耀，在几个飞得最好的蓝天姐妹之间暗暗地展开了激烈的竞争。

校领导和教员组对此非常重视，第一个放单飞的学员能否成功，关系到整个女飞行学员班飞行自信心能否进一步确立的大问题，也是最终击破“女同志柔弱胆小，不适合开飞机，螺旋桨一转不把她们吓跑也会将她们吹走”等流言的关键，更是对能否完成“一定将她们培养成飞行员，一个也不能掉队”的任务具有决定性的一步。他们根据14名女飞行学员平时的飞行成绩和身体、心理素质，经反复研究，确定了第一批放单飞人员名单，她们是秦桂芳、阮荷珍、伍竹迪、王坚4人，至于谁第一个放单飞，由魏坚校长亲自考核后再定。

阮荷珍虽然开始不顺，病了半个月，但经过刻苦努力，加上她聪颖机敏，不但没落下飞行进度，反而成了飞得好的学员之一。魏坚校长检查阮荷珍3个起落之后，给她的成绩全是A，并批准她第一个放单飞。阮荷珍在后来寄给我的回忆录中，详细讲述了她放单飞时的情景，她写道：“1951年7月6日，是我终生难忘的日子。这天天气很好，所有的飞机都停飞了，平时嘈杂的机场顿时变得非常寂静。我的心紧张得快要跳出来了。我进座舱后，赵教员再一次嘱咐我：‘你的技术我完全信得过，就照平时那样飞，不要紧张。’我冲教员使劲儿点了点头。飞机稳稳地起飞，做了一个本场航线后，又轻轻地着陆了。我单飞得很好，机

阮荷珍单飞时的英姿

场上的人欢腾了，我也松了口气，很开心。赵教员说，魏校长对我的单飞很满意，我笑了。”就这样，阮荷珍成了新中国第一个独立驾驶飞机飞上蓝天的女性。

1951年7月6日，不仅是阮荷珍终生难忘的大喜之日，也是改写新中国妇女历史的日子，它向全世界宣布，新中国成立后的中国妇女终于冲破了一切艰难险阻，独立驾机飞上了蓝天。2021年7月6日，也应是一个值得纪念的日子。本书除向党的百岁生日献礼之外，也是为了纪念新中国妇女单独驾机飞上蓝天70周年。

开辟延安空中航线

上海市第十中学有一条文化走廊，在长长的文化走廊里，有一张18英寸的照片分外显眼，照片上是身着戎装的阮荷珍。上海市第十中学的前身为上海民立女子中学，是上海4所女子名校之一，它当时的校训是“四实”——为人忠实、作风朴实、学习扎实、身体结实。民立女中提倡德智体全面发展。阮荷珍在这里既打牢了文化知识基础，也锻炼出了健壮的身体，从此爱上了体育运动。她是运动场上的多面手，球类、田径、游泳、滑冰样样皆会，她曾入选空军女排，参加过第一届全军运动会。在航校时，由10名女飞行员组成的排球队夺得过牡丹江市的冠军，她是主攻手，扣球稳准狠。由于她飞行技术过硬，到部队后执行了大量的飞行任务。她给被围困的灾民空投过食品，给遭受雪灾的牧民空投过粮食与饲料，给志愿军运送过军用物资。除此之外，她执行过大量专机任务。1955年，阮荷珍被评为空军二级优秀飞行员。她在万里云天，用一杆一舵书写出了不少传奇故事。

延安老机场的跑道，是1945年毛主席去重庆谈判时抢修的简易跑道，跑道就在延河边上。自毛主席从重庆回延安后，就再也没有降落过像里-2型运输机这样的大飞机。新中国成立后，中央首长回延安都是坐汽车，既费时又劳累。因此中央决定开辟空中航线，启用延安机场。

空军将试飞延安机场的任务交给了专机部队。接到任务后，部队领导很重视，选派了最强的机组，机长由副团长刘发科担任，飞行员则是翅膀已练硬的阮荷珍。团首长给机组下达完任务后，机组在刘副团长领导下进行了认真的准备，他们针对首航的特点，制定了多套方案。他们的飞行航线是北京—西安—延安。

1957年1月4日上午8点多钟，阮荷珍所在机组驾驶8225号里-2飞机，从西安直飞延安，一个多小时后，他们飞临延安上空。延安是革命圣地，是阮荷珍向往的地方，今日飞到它的上空，她激动不已，很想多看几眼延河与宝塔山，想从空中寻觅到毛泽东等中央领导人住过的窑洞。但延安机场地形复杂，四面环山，跑道条件很差，又是第一次来这里降落，阮荷珍只有按捺住激动的心情，全神贯注地操纵飞机。她驾驶飞机在延安机场上空做了一个300米高度的航线，但飞机快进入五边准备降落时，发现高度太高，飞机有冲出跑道的危险。于是，他们停止下降，又按事先准备的第二套方案，做了一个200米高的小起落航线，做低目测着陆。这次他们成功了，飞机轻轻地落在跑道上。

阮荷珍（右二）与机组成员
在延安机场合影

当飞机在指定地点停稳后，呼啦一下，飞机就被欢迎的人群围住了，顿时机场里聚满了从四面八方的窑洞里跑来的老乡。当他们发现机组中竟有女飞行员时，人群更加激奋，不少人高声地呼喊着："女飞行员，女飞行员！"听到喊声，群众如潮水般向阮荷珍涌来，竞相目睹女飞行员的风采。后来在当地工作人员的维持下，机场秩序才逐渐恢复正常。这样热烈欢迎的场景令阮荷珍感动不已，再一次切身感受到了做一名女飞行员的荣耀。

稍后，当地政府负责人安排机组参观了毛泽东等中央领导人的故居、中央大礼堂等纪念地。下午，阮荷珍他们从延安起飞返回西安。飞离延安时，阮荷珍望着翼下的山河，兴奋地暗自欢呼道："革命圣地延安，我来过了，这是我的幸福！"

协助开辟拉萨航线

1956年5月26日，北京至拉萨航线试航成功，当时各大报纸都报道了这一喜讯。北京至拉萨航线试航成功有新中国第一批女飞行员阮荷珍一份功劳，她光荣地参与了北京至拉萨的试航任务。在执行任务期间还闹出了一大笑话。

阮荷珍在飞机前留影

有一天，阮荷珍机组在西宁机场过夜，当年机场条件很差，没有什么接待客人的招待所。晚饭后，机场工作人员将机组安排在一排旧平房住宿。阮荷珍是唯一的女同志，为了安全起见，将她安排在中间的一间平房里。阮荷珍进房后一看，傻了，房间破旧不说，房门上连个插销都没有，门也关不严实，这可咋睡？她想找人，可是天已黑，人生地不熟的，到哪里找人？她一环视，发现屋里有几条长凳子，便灵机一动，想出了一个最原始的办法。她将几条长凳摞在一起，顶住房门，长凳顶上还放了个盛有半盆水的洗脸盆。放好之后，她又仔细检查一遍，感到万事大吉了，正准备脱衣就寝，忽听飞行员邹立升在外面高声喊道：“阮荷珍！阮荷珍！”

阮荷珍在屋内答道：“有！”

“韩师长看你来了！”

韩师长就是第一个在拉萨降落的机长韩琳，他是空军某运输机师的师长，也是这次试航任务的领队。他刚执行任务回来，落地之后就赶来看望阮荷珍。一听韩师长来看望她，阮荷珍高兴得忙去拆掉设置的障碍物。谁知还没等她动手，邹立升就推门进来了，这一推不打紧，脸盆摔了，水洒了，凳子倒了，乒乒乓乓响个不停。邹立升与韩师长摸不着头脑，吓了一大跳。后来，韩师长找人给阮荷珍房间的门安好了锁。邹立升回部队后，把这件事当笑话传。

给毛主席送文件

有一年，毛主席在上海休养，国务院办公厅经常送文件给毛主席审阅，阮荷珍多次执行送文件的任务。执行这样的任务要求很严，必须保证按时送到，因为凡是急需毛主席审阅的文件，事关国家大事，不能耽误。要做到这一点，要求飞行员必须具备高超的飞行技术和很强的应变能力。阮荷珍在执行任务中，曾遭遇过雷雨和低云天气，她凭着丰富的航行经验和超常的心理素质，每次都化险为夷，安全圆满地完成了任务，多次受到上级的表扬。这种任务保密规定很严，执行任务期间，不能单独行动，不能打电话，不能探亲访友，尽管阮荷珍是上海人，也不准回家。到上海送完文件后，她们住在市区巨鹿路空军招待所，这里离阮荷珍家很近，坐公共汽车不到3站地，步行用不了半小时。上海有她的父母、老师、同学和亲友，有她留恋的家、小学、中学和经常玩耍的故地。自1949年7月参军离开上海后，近10年时间她没有探过家。她多么想见到亲人啊！可是阮荷珍真正做到了三过家门而不入，严格遵守上级规定，压抑着强烈的思亲之情和浓浓的乡愁，没有独自迈出招待所半步，她只有利用乘车进出机场的机会，从车窗里向外观望变化着的大上海，寻找儿时的记忆。

一篇浪漫的板报稿，捅破了爱情那层窗户纸

陆琦与阮荷珍同在一个飞行大队，陆是中队长，阮是机长。两人经常一起执行飞行任务。陆琦2年前就“瞄”上了阮荷珍，阮荷珍也爱上了他。两人的爱情到了瓜熟蒂落、水到渠成的程度，装满爱情火药的炸弹只差点燃导火线了。陆琦为了给二人的爱情增添浪漫情趣，采用了文人墨客的求爱方式。

一个星期天的上午，阮荷珍正利用业余时间出黑板报，她不仅粉笔字写得好，刊头、插图画得也很棒，是大队的板报委员。她正聚精会神画插图时，陆琦来到了黑板前，手里拿着一张信纸，说道：“阮荷珍，我这里有篇稿子，你看能不能用？”

阮荷珍忙放下彩色粉笔，拍了拍手后接过稿子，一看标题，她的脸唰的一下红到了脖子根，手微微哆嗦。她多聪明，一看便知这根本不是什么板报稿，而是一封别样的求爱信。

爱　荷

院内有一处荷塘，我喜欢荷塘中的荷。荷全身是宝，极为珍贵。荷叶珍贵，她给人带来绿色、清香与凉爽；荷花珍贵，她是画家画中的诗，是诗人诗中的画；荷莲珍贵，莲肉与莲心有清心明目之功能，解毒

去火之疗效；荷枝珍贵，是她撑起一片绿荫，一朵奇葩，供游人观赏；荷藕更珍贵，她出淤泥而不染，白净无瑕，其品格被历代文人所赞颂。我爱院内荷塘中的荷，爱荷的珍贵。

字是用毛笔写的，小楷，很漂亮，说明陆琦的书法功底扎实，难怪他后来成了襄阳小有名气的书法家，还当上了市工商界书法协会的会长。

这篇《爱荷》热乎乎的，有些烫手，阮荷珍欢喜极了，她不知如何处置这封不是求爱信的求爱信，只顾站在那里傻乐，半天不吱声。陆琦一看她的羞涩之态，知道她读懂了他的信，明白了他的心，接受了他的爱，便进一步逗她：“写得咋样？”

阮荷珍装糊涂：“没看明白！”

“真不明白？”

“真不明白！”

“那你仔细看看最后一句。”

阮荷珍因兴奋过度，没注意最后一句“我爱院荷珍”5个字下面打有着重号，“院”是“阮”的谐音，实际就是“我爱阮荷珍”5个字。

阮荷珍把信纸塞到陆琦手里，撒娇道：“我眼神不好使，你念给我听。”

陆琦接过信纸正准备大声念那5个字时，阮荷珍一转身溜了，留下陆琦一人站在原地偷偷乐。这时一个飞行员经过陆琦身边，见他一人拿着

阮荷珍与陆琦结婚照

一页纸发呆，便问道：“陆中队长，是不是阮机长不用你写的稿子？”

“不，她用啦！”

飞行员听后笑了笑走了，陆琦又独自补了一句：“我的稿件不是写在黑板上，而是印在她的心坎儿上的。”

一对相互爱慕已久的青年男女，用这种浪漫方式捅破了窗户纸，表明了各自的心迹。

阮荷珍于1987年9月离休。如今，阮荷珍与老伴儿陆琦过着其乐融融的晚年生活。

施丽霞

爱“吵架”的大嘴辣妹

施丽霞，上海市崇明县人，1928年10月出生，初中学历。施丽霞从小向往革命，1949年8月新中国成立前夕，报名参军。1951年1月，她进空军第七航校学习飞行，同年11月毕业，毕业后被分到四川空军某运输航空兵师。1952年3月，施丽霞被调到北京空军某独立团，正式成为一名飞行员，开始执行各种飞行任务。1954年，根据工作需要，调往空军第一高级专科学校飞行。她历任机长、调度长、理论教员等职，飞行2000多小时。1957年7月加入中国共产党，1965年2月停飞。

施丽霞是我国唯一一名由中国、日本和苏联飞行教官都带飞过的女飞行员。她执行了大量飞行任务，在军事空运、抢险救灾和教学等方面多有建树，在天上人间留下了许多鲜为人知的传奇故事。

苏联顾问叹服的大眼睛姑娘

1954年，空军成立了“指挥员训练班”，训练师团干部，让他们学习空中领航。“指挥员训练班”驻北京南苑机场，施丽霞被调往南苑。训练班请有苏联顾问。施丽霞被调到南苑机场后，苏联顾问起初对她这个大眼大嘴的姑娘不是很信任。施丽霞的眼睛大得出奇，苏联顾问都叫她大眼睛姑娘，他们欣赏她的美丽，却怀疑她的技术，要对她进行

施丽霞着单军装照

技术考核。

考核飞行的那天上午8点10分，苏联顾问上了施丽霞驾驶的飞机，顾问斯道尼科夫坐在右座上（教学飞行时，教员都坐右座），施丽霞坐在左座。施丽霞一生“犯上”，从不怵官，多大级别的官在她眼里就是一个普通人，自然也不怵身边的“洋顾问”，相反还要杀杀他的傲气，让他见识见识中国女飞行员的真本事。她从开始时，就将一系列动作做得既准确又利落，让顾问无可挑剔。

顾问当然不会让她顺顺当当地飞，趁她不备时，关掉了飞行员与地面联络用的3M电台的电门。四转弯前，施丽霞按下驾驶盘上的发射按钮与地面塔台联络：“红城，1567请求进入五边着陆。”[①]

耳机里没有塔台的回答。施丽霞又呼叫了一次：“红城，红城，我是1567，我是1567，听见请回答。”

指挥员仍然没有回音，耳机里连点儿杂音都没有。施丽霞立马判断出电台故障，她随即检查了飞行帽的插销，看是否脱落，然后下意识地向电台开关望去，并随手打开被顾问关掉的电门，很快耳机里响起了指挥员急促的呼叫声：“1567，1567，我是红城，听见请回答！听见请回答！”

恢复联络后，施丽霞忙里偷闲冲坐在右座的顾问笑着做了个鬼脸，那意思很明显：“您的那点儿小动作难不倒我！”飞机落地后，顾问冲施丽霞竖起大拇指，嘴里连连叫道：“哈拉绍！哈拉绍！”[②]飞行成绩大本子上，施丽霞的每项成绩都是5分，从此她被苏联顾问重用。为进一步提高她的飞行技术，斯道尼科夫顾问先后2次带她到哈尔滨、杭州进行“昼复”“夜简”和“夜复”训练。

① 空军给每个飞行员都编了号，1567是施丽霞的飞行编号。

② 俄语，好的意思。

施丽霞的自传里，记录了一段她飞夜航时的感受：“夜间航行，在空中别提有多美了，这种心旷神怡的心情无法表达。天上星星点点，地上万家灯火，天地连接处，星光灯光混成一体，蔚为壮观。祖国辽阔的天空，到处是我的家，任我自由翱翔，我是一只快乐的小鸟。啊！祖国的夜空太美了，我愿夜夜将你守卫！”这段诗一般的感受，充分反映了她当时的愉快心情。

施丽霞在苏联顾问的培养下，很快飞完了“四种气象”的训练课目，成为一名“全天候”机长，她执行任务的气象条件是：云底高100米，能见度1千米。有一次飞大连，当地天气异常复杂，云底高只有50米，飞过远距导航台了，塔台指挥员还看不到飞机，急得他连声呼叫：“1567，1567，你在什么位置？”

“我在跑道延长线上，马上出云了。”听到施丽霞的镇定回答，指挥员才放下心来。以后施丽霞执行了不少艰巨的飞行任务。

广东“两江”救灾

1959年6月初，施丽霞率机组由北京南苑机场飞往广州白云机场，奉命为广空训练领航员。那年，广东省连降暴雨，不少地区的水位超过了历史上的最高水位，先是东江流域成灾，接着西江、北江告急。揭阳、汕头一带洪水泛滥，不少村镇、农田被淹，群众的生命财产遭受重大损失。成千上万的群众被洪水围困，缺吃少药，急待援救。

灾情和灾民牵动着广东省委、省政府领导的心，省委书记陶铸决定乘坐飞机视察灾情，根据灾情采取救援措施。这一艰巨任务落到了施丽霞机组头上。这是她第一次执行这么重要的专机任务，也是第一次在没有具体航线的情况下飞行，而且气象复杂、多变。为了圆满完成任务，她和机组成员一起连夜进行飞机、航线准备。虽没有具体航线，但大方向是明确的。她们在东江、北江的地图上做了多条航线准备，对第二天的天气也做了详细的了解，同时设置了多种紧急处置预案。

第二天一清早，广东省委书记陶铸在广空张副司令的陪同下来到了

当地政府送给施丽霞（中）机组的锦旗

飞机前。陶书记心事重重，满脸愁云，只与施丽霞等机组成员草草握过手后，没说话便径直上了飞机。

施丽霞驾驶飞机向“两江”地区飞去。起飞不久，陶书记来到前舱，让她们往东飞，将高度再降低一点儿。这时飞机飞临惠阳上空，惠阳机场全部被淹，到处是一片汪洋，水上漂满了杂物，有的地方只能看到树梢。在陶书记指挥下，施丽霞一直往东飞，飞到揭阳时，陶书记再次让她下降高度，一直降到50米。施丽霞一直沿着榕江飞。翼下的景象惨不忍睹，高地上挤满了人，屋顶上也是人，他们一见飞机，拼命地挥动衣物。水上到处可见被冲走的房屋、牲畜，有的还在水中挣扎，还有遇难者的尸体。陶书记一直坐在飞行员中间平时机械师坐的吊袋上，目不转睛地盯着机头的前下方，当他看到那些向飞机呼号的难民时，双眼流出了热泪。施丽霞和机组成员都没见过这么大的洪水，更没见过这种惨状，他们也难过得流下了泪水。返回机场后，陶书记一下飞机就坐车匆匆离开了。

陶书记走后，张副司令让施丽霞再次起飞，他放心不下被洪水围困的汕头机场的官兵，他要去汕头机场视察。那已是中午时分，副司令和机组都顾不上吃饭，又再次起飞，直奔汕头机场。快到机场时，施丽霞用飞行员专用的超短波电台与机场联络，无人接听。怎么办？张副司令指示强行着陆，他判断机场电路被洪水破坏，为了确保安全，施丽霞以50米高度绕场一周，仔细观察机场情况。机场跑道未被水淹，可以着陆，但跑道两头是小河，河水已涨至跑道头，这就要求飞行员必须准确目测、慎重驾驶，稍有不慎，飞机就有冲入水中的危险。这又是施丽霞从未有过的经历，没有地面导航，没有指挥员指挥，也没有机场的气象资料，真是名副其实的盲目着陆。要是大晴天，在这种“三无”情况下落地并不十分困难，就当是一次野外迫降，可是老天爷似乎有意考验施丽霞，一时间风雨交加，电闪雷鸣。所幸她已放下起落架进入五边。她稳稳地驾驶飞机，准确地落在跑道头中心线上，犁起一道硕大的水沟。尽管她操纵准确，刹车及时，飞机还是差一点儿冲进水里。张副司令带着参谋人员在机场转了一遍，没发现一个人影，证明机场官兵已全部安全转移，张副司令这才放心，率机关人员登机返回广州。

视察完灾情的第二天，施丽霞开始执行紧张的空投任务，她从白云机场起飞后，向东飞，她们机组的任务是给增城、博罗地区的灾民空投粮食。那里的群众都集中在山头上，一座座山头成了一个个孤岛，岛上挤满了成千上万的群众。施丽霞瞅准了一个山头，降低高度，将一包包粮食准确地投到群众设置的空降点，没有一包投到水里。需要救援的群众太多，施丽霞机组飞了一趟又一趟，吃饭、休息全在机场。下午空投时，她看到了群众用白石灰写在地上的“毛主席派来的神鹰”“毛主席万岁”等大字。无论男女老少，都跪在地上，冲他们作揖。看到这一感人的场面，施丽霞和机组成员全哭了。不久《人民日报》《解放军报》《羊城晚报》刊登了机组的事迹，还拍了《人定胜天》的纪录片。灾后，当地政府和群众送来了一面面感谢机组的锦旗。

大嘴惹祸

有一年，施丽霞在哈尔滨协助轰炸机部队投弹训练时，飞得很好，领导和教学员都非常满意，她还未返回北京，为她请功的电话就打到了校长办公室。校领导正准备给她立功时，她却在沈阳惹了祸，告状电话也打到了校长办公室。

原来从哈尔滨回北京不久，施丽霞又率领机组去大连周水子机场，帮助沈空训练领航学员。有一次，飞夜航到沈阳东塔机场着陆加油，然后准备返回大连。到调度室办手续时，沈空不放飞，要她们机组当晚和沈空歼击机部队进行一次夜间攻击练习，让她们当靶机。施丽霞一听，牛脾气马上上来了，当即与他们吵了起来。她火气大，嗓门儿高："你们是沈空，我是北空，你们没有权力命令我给你们当靶机。"

"你现在是在沈空执行任务，就得听我们调度指挥。"

"你别弄错了，我来沈空的任务是为你们训练领航员，不是给你们当靶机。"

"既然这样，我们直接与北空联系，让他们给你下达命令。"

施丽霞见他们要拿北空领导压她，更火了，嗓门儿也更高了："老实告诉你，你们别拿北空领导压我，我相信北空领导不会同意你们的无理要求。白天我们没进行任何研究，根本不知道如何攻击，怎么进行联合演习？仓促上阵，出了问题你们负得起责任吗？"

"这点你放心，出了问题我们负全责。"

"屁话，飞机都摔了，你负全责管屁用。"她的脏话一出，争吵立刻升级。

"原来你是个胆小鬼呀！"

施丽霞英姿

“我是胆小鬼，你找胆大的去，干吗老缠住我们不放！”施丽霞飞行不输男儿，吵架也不让须眉，一群男人硬是拿她没办法，最后还是放她走了。

架是吵赢了，但到手的军功章却吵飞了。回到“一高专”，她受到了严厉的批评，主要是批评她不该和兄弟单位领导吵架，更不该爆粗口，有损女飞行员的形象，造成了不好的影响，但对她坚持原则这一点还是给予了肯定。

吵来如意郎君

有一次，施丽霞从北京飞青岛，落地后，指挥员指挥她滑行。当时驻机场的是歼击机部队，指挥员指挥的都是小飞机，对里-2型运输机的机身高度不了解。结果施丽霞在滑行中，飞机头部顶上的天线被电话线刮断了。里-2型运输机装有两部电台：一部3M超短波电台，供飞行员与地面联络用，另一部b5短波电台，供通信员联络使用。这两部电台的天线均在机背上，是里-2型运输机的最高点。滑行时，天线被电话线刮断，按说施丽霞应负主要责任，说明她没注意到滑行道上的障碍物，事故是她观察不细、精力不集中造成的。可是，飞机在停机坪停稳关车后，施丽霞气鼓鼓地跑到调度室找指挥员算账。当天的指挥员是一位飞行中队长，叫贾银海。施丽霞一进调度室就瞪着一对核桃般的大眼睛，气势汹汹地问：“你们谁是指挥员？”

“我是指挥员，你有什么事？”贾银海当时还不知道飞机天线被电话线刮断的事。

“你会不会指挥？你知不知道滑行道上空有电话线，你知不知道里-2型运输机的最高高度？”施丽霞的一顿炮轰，把调度室里的人全“轰”蒙了。调度室有个年纪稍大的干部，大概是调度长，忙劝她：“女飞行员同志，你别急，有话好好说，到底发生了什么事？”

“什么事，天大的事！你们的电话线把我飞机上的天线刮断了，你们得赔！”一听说是这回事，贾银海也火了。他比施丽霞还小1岁，正是血气方刚的年龄，他不仅没回答她的问题，还反问道："你长那么大一对眼睛干吗吃的，那么长的电话线你看不见呀！"

施丽霞见贾银海不但不认错，反而推卸责任，火气更大了，话也更难听了："放屁，你明知滑行道上有电话线，干吗让我从那里滑？我看你是成心破坏我的飞机，影响我的任务。"

谁也没想到一个姑娘家，会这么泼辣，说话这么粗，也许是事出意外，也许是被她的气势所慑服，没人再吱声。

一看其他人不吱声了，施丽霞以一个胜利者的口吻命令道："别装傻，赶紧赔我的天线，要是耽误了我的任务，你们吃不了兜着走。"

这事惊动了该师师长，他来到调度室。一进门，除施丽霞外，都给他敬礼。施丽霞知道，来者一定是个"大官"，她也略略收敛了一点儿，眼睛瞪得没那么大了。有人忙给她介绍，这是他们师长。施丽霞自然不怵一个师长了。她仍理直气壮地对师长说道："师长同志，你来得正好，你的部下瞎指挥，让电话线刮断了我飞机上的天线，你们得赔我天线。"师长自然知道，飞行员与指挥员有各自应负的责任，但眼下不是追究责任的时候，他当即表态道："同志，你别急，我已经叫人去给你们修天线去了，保证不影响你们的任务。我们的指挥员的确有问题，我们会批评他、教育他。"施丽霞吃软不吃硬，而且听师长说已派人修天线去了，她的目的达到了，她给师长敬了礼后，离开了调度室，临走时，还狠狠地瞪了贾银海一眼。天线很快修好了，没有影响飞行任务。回到部队后，她如实向大队长做了汇报。大队长是明白人，把她狠狠批了一顿，指出她在事件中应承担的责任，对她大闹调度室的行为进行了通报批评。

1955年年底，一天，施丽霞从男飞行员宿舍旁边过，看到窗台上摆着几架小飞机模型，很漂亮，便想要一架，于是就冲屋内扯着大嗓门喊道："这小飞机是谁的？我拿一架行吗？"

屋里有一人打开窗户往外看，当屋里屋外两个人的目光相遇时，两人都愣住了，几乎同时说了一句："怎么是你？！"原来此人不是别人，正是在青岛与施丽霞吵架的贾银海，这真叫不是冤家不聚头，有缘千里来相会。施丽霞一见是他，特别高兴，不仅不把他当“仇人”，反而把他当成了久别重逢的朋友。两人竟一个屋里一个屋外地聊了起来。

原来贾银海也从青岛调到了南苑机场。两人越聊越投机，施丽霞临走时，自然没忘记要飞机模型，贾银海也自然乐意奉送。后来两人很快就成了好朋友。

施丽霞就是施丽霞，谈恋爱也与众不同，她没有一般姑娘的羞涩和矜持，更没有扭扭捏捏、拖泥带水。她相中了贾银海，并下定决心嫁给他后，也不要介绍人，也不玩儿什么浪漫那一套。一个星期天的上午，她径直来到他的宿舍，当时宿舍里还有贾银海的一位同室战友。施丽霞进房后，那位室友不知趣，仍待在室内不走。施丽霞反客为主，下了逐客令：“同志，你先出去一会儿好吗？我和他有点儿私事要谈。”

那位室友这才明白了她来的意思，冲贾银海做了个鬼脸，离开了，顺手关上了房门。

施丽霞没扯闲篇，直奔主题：“银海，你说咱俩是不是特有缘？”

贾银海给她倒了一杯开水，请她坐下。他小学毕业后上的师范，语文成绩不错，表达能力很强。“我们不是一般有缘，是奇缘。天下这么

施丽霞与丈夫贾银海交流飞行经验

大，不是奇缘，我俩哪能这么巧碰到一起，这就叫有缘千里来相会。”

“相会能不能相爱？”

一进门施丽霞便支走了同室战友，贾银海就知道她的来意，也知道不用他开口，她会主动表白。他早有心理准备。姑娘大方主动，他一个大小伙子当然不能羞羞答答，便很干脆地回答：“有缘有情就有爱，这是月下老人牵的红线，我们岂能辜负他老人家的一番美意。”

“这么说，我们两人的婚事就这么定了？”

贾银海笑着点了点头。

“你别光笑着点头，你得有所表示。”

贾银海不是书呆子，他明白她所说的“表示”的含义，于是两个“直筒子”恋人拥抱在了一起。

吵丢乌纱帽

1966年，施丽霞因身体原因停飞，1969年被调到诸城机场任调度长，她是中国第一个女航行调度长。

俗话说，“江山易改，本性难移。”施丽霞的工作变了，单位也变了，但她“犯上”的本性却一点儿也没变。有一次，济空运输团准备到诸城机场进行夜航训练，济空训练部门打电话问施丽霞，机场的夜航设备是不是齐全，能不能保障夜航训练。施丽霞没立即表态，她说要进行调查。接完电话后，她对机场的所有夜航设施如滑行灯、跑道灯、跑道

敢说真话的施丽霞

头灯、引导灯、探照灯和各种标高灯以及电路、备份发电机等都逐一进行了检查，发现全部完好，运–5飞机来机场飞夜航没有任何问题。于是她将运–5要来飞夜航的事和她检查的情况先向团长做了汇报。团长听后不同意运–5来诸城飞夜航，因为那将增大部队的工作量，保证飞行安全的压力也很大，他让施丽霞以没有探照灯为由，回绝济空训练部门。施丽霞则认为弄虚作假，欺骗领导机关是错误的，要有大局观念，不能只打本单位的小算盘，她不同意团长的做法，主张如实向领导机关汇报。因施丽霞到诸城时间不长，团长还不了解她的性格，想用团长的权势压服她，便气愤地对她说道：“你是团长还是我是团长？”

“当然你是团长。”

“明白这点就好，那就按我说的办。”

“对不起团长，我这个人从来只认理，不认官。你不同意，我也只能实话实说，如实上报。”

团长用冒火的双眼盯着她，半天没吱声，他心里一定在想：“哪里调来这么一个刺儿头，敢和我团长对着干！”可是他自知理亏，一时拿她没办法，最后一摆手：“你要是不计后果的话，爱怎么报就怎么报，你走吧！”

施丽霞不顾团长的威胁，将检查情况报给了济空训练部门，不久运–5飞机来到诸城机场，进行了为期一个多月的夜航训练，施丽霞担任指挥员。她在不影响飞行训练计划的情况下，组织一些从未坐过飞机的地勤人员、干部，轮流坐了一次夜航飞机。运–5飞机的夜航训练进行得非常顺利，领导机关满意，机组满意，坐过飞机的人更满意，唯独团长不满意。施丽霞所领导的调度室已被场站评为“四好先进单位”，后被团长拿掉了。没想到报复来得这么快、这么明显，她做好了打背包走人的准备。

不出所料，不久施丽霞被调离该团，当了一名普通的教员，但她对自己的行为一点儿也不后悔。几十年的风风雨雨，不仅没有将施丽霞的一身傲骨磨软，相反是愈磨愈硬。

施丽霞于1965年2月停飞，1982年离休，2006年12月病逝。

王 坚

飞越生死线的花城奇葩

王坚，广东省新会县人，1933年8月出生，1950年12月入伍，同年加入新民主主义青年团，1961年加入中国共产党，高中学历。

王坚的3个姐姐均为党领导下的珠江纵队与粤中纵队成员。在姐姐们的影响下，她追求进步，积极参加革命工作，广州刚解放，便到基层开展宣传活动。抗美援朝战争爆发后，她毅然报名参军。后被选为新中国首批女飞行员，进空军航校学习飞行，毕业后被分到空军运输机部队，曾任机长、飞行中队长。

广东人杰地灵，花城广州更是“蓝天之花”盛开的城市，新中国首批14名女飞行员中就有3名是广州姑娘，她们是伍竹迪、秦桂芳、王坚，号称“花城蓝天3枝花”。这3枝花还不是一般的花，而是3朵奇葩，都是新中国首批女飞行员中的佼佼者。

王坚人如其名，性格坚强，作风硬朗，言行中处处透着男子汉的气质。在飞行生涯中，王坚执行过大量的飞行任务，其中有一次专机任务令她永生难忘。

1959年夏天，时任空军“一高专”直属中队中队长的王坚，率机组执行了送8位将军由西安去南京开会的专机任务。早上8点，她驾驶里-2型客机从西安起飞。起飞不久便进入云中。她操纵飞机爬升到3千米后，改平飞。云中飞行对运输机飞行员来说是常有的事，虽然看不到地标地物，但完全可以按无线电罗盘和磁罗盘指示的度数飞行，尤其是无线电罗盘直接接收目标机场导航台的信号，按无线电罗盘指示器指示的零度飞就行。她在云中飞了近4小时，根据计算，再过20分钟就要到达南京大校场机场了。这时，王坚打开了供飞行员使用的3M超短波电台，与地面塔台取得联系，她报告了自己的位置和到场时间，同时询问机场的气象条件。地面指挥员告诉她，机场云量10个、云高150米。王坚根据气象条件要求以900米高度通过导航台，按复杂气象穿云着陆。但指挥员却回答说，现在有3架飞机要落地，让她不要通过导航台按仪表大航线穿云降落，而是直接下降至五边落地。王坚一听急了，她一直在云中按仪表飞行，根本看不到地面，不知道自己的确切位置。再者云高只有150米，而靠近机场东北方向有紫金山，主峰海拔448.9米米，她又不知道其他3架飞机的位置，怎么能盲目下降高度呢？她再次要求以900米高度通过导航台，按复杂气象穿云降落。指挥员听后非常生气地高声道："你无组织、无纪律，直接穿到云下。"王坚火了，并骂道："放你的狗屁，我长时间在云中飞行，不按穿云图穿云下降，你想叫我撞山吗？我后舱有8位将军，我要保证绝对安全。"

当然，王坚说这番话的时候并没按发射按钮，地面指挥员听不到。王坚再一次要求按机场穿云图穿云下降，但是，无论她怎么呼叫，指挥员再也不理她了。王坚一看时钟，预达时间已超过8分钟了，无线电罗盘仍指示为零。难道机场还在前面，不可能呀！王坚感觉不对头。她瞧了瞧无线电罗盘控制盒上的刻度指示表，发现领航员将频率调到了上海虹桥机场导航台，这两个导航台的周率很接近，只差9KC（千周，一小格）。她迅疾摇动调谐手柄，调到南京机场导航台的频率上，并立即掉转机头，罗盘指示上的指针转了180度后又指到了零的位置。飞了几分钟后，她开始下降高度，突然无线电罗盘的指针飞转起来，同时通信中断。怎么回事？王坚来不及思考，立即又把飞机拉起，脑子里想的是紫金山。此时，仪表板上左面汽油箱的油量表指示红灯亮了，油箱快没油

王坚坐在里-2飞机驾驶舱中

了，只能飞10多分钟了。原来王坚在西安起飞时，是按4小时航程和规定的备份油量加的油。王坚机组已飞了近6小时。

王坚心里有数，她已面临“弹尽粮绝”的处境。10多条生命和1架飞机的安全掌握在她的手里，一着不慎，后果不堪设想。她果断地把发动机油门往后收，以最小的速度保持平飞，尽量节省油料，争取较长的留空时间。同时一定要穿出云层，在能见到地面的情况下，顶多是场外迫降，但一定要避开紫金山。于是她根据经验判断，往西南方向飞，并开始下降高度。她双手紧握驾驶盘，两眼死死地盯着前方，万一遇到山赶快拉起来。500米，450米，350米……飞机慢慢往下降，她的心也跟着往下沉，头皮开始发麻，因为随时都有撞山的危险。

飞机下降到150米时，天空猛然豁亮了，农田、村庄突然出现在飞机的前下方，王坚终于飞出了云层。机组成员都长长地舒了口气，可是这口气还没吐完，右油箱油量表的红灯也亮了，这意味着2个油箱的油都快烧光了，“双发”即将停车。在这万分危急的关键时刻，王坚临危不乱，通过观看地貌地标，很快判明了飞机的具体位置，万幸机场就在不远的前方，她不再呼叫，也不管机场刮的是东风还是西风，即以最小的速度飞进机场，也顾不上轻落地了，一进跑道便将飞机落了下去。滑行一段距离后，发动机开始“放炮”。没滑到跑道头，2台发动机都停车了，2个螺旋桨也停止了转动，好悬！如果在空中多待1分钟，他们很可能就回不来了。

当她们在空中紧张时，地面指挥员和塔台上的所有工作人员比她们还紧张。自与王坚机组失去联系后，机场所有雷达都打开了，但均没发现飞机，当时估计飞机失事了，并已通知附近人民公社帮助寻找飞机残骸。那个指挥员知道闯了大祸，吓得话都不会说了。万万没想到，在地面一片恐慌中，飞机飞回来了。当时南空高厚良副司令员表扬了王坚：“这么复杂的情况，你能安全地飞回来，真是奇迹。你的处理是正确的，机场指挥员是瞎指挥。”事后查明，造成无线电罗盘故障和联系中断的原因，是南京机场东北方向有个强磁场，飞机飞行高度低时，会严重干扰飞机上的无线电设备。

王坚在南京率机组飞越了生死线，战胜了死神，同时创造了3项之最，即创造了里-2型客机平飞速度最小（150千米/小时～155千米/小时）、留空时间最长（不间断飞行了6个多小时）、剩余油量最少（0立升）的纪录。

王坚于1967年8月停飞，1978年转业，转业后担负过跳伞训练等工作，曾任广东航空联谊会副会长，1998年12月病逝。

1987年三八妇女节，第一批“女飞”在天安门城楼：王坚、阮荷珍、伍竹迪、戚木木、何月娟、邱以群、周映芝、施丽霞、黄碧云、秦桂芳、武秀梅（从左至右）。

黄碧云

新中国第一位飞中央首长专机的女机长

黄碧云，陕西省榆林县人，1930年1月出生于晋商家庭，初中学历。1949年7月在上海报考了华东军政大学，1951年1月初被选为飞行学员，1956年5月入党。在部队历任机长、团训练参谋等职，1963年7月停飞，飞行2000多小时。

“笨鸟”变成“金凤凰”

黄碧云从进航校到部队改装训练，掌握飞行技术都是比较慢的，理论学习时差点儿被淘汰，外场飞行也是最后一个放单飞，在领导和姐妹们心中，她是只“笨鸟”。1951年3月8日，飞越天安门的起飞典礼，没敢让她飞。这对她的刺激很大，她偷偷地哭过好多次。她深深意识到，能驾驶飞机上天，对飞行员来说只是万里长征的第一步，要成为一名毛主席所说的人民的飞行员，为社会主义建设和国防建设服务，必须具备高超的驾驶技术和丰富的航行经验，必须得到领导的信任。

黄碧云到部队后，笨鸟先飞，虚心向老飞行员求教，只要有机会就上飞机认真观摩他们飞行，事后认真记笔记，总结心得体会。功夫不负有心人，她的飞行技能提高很快。特别是在一次本场训练中，因避免了一次重大事故，得到了同行的赞扬与领导的信任。那是一次昼间复杂气象训练，飞机起飞不久便进了云层。当时左座飞行员突然产生了错觉，转弯时一个劲儿地压杆，眼看飞机就要失速了，黄碧云当机立断，果敢地往回压杆蹬舵，使飞机恢复正常状态，保证了飞行安全。事后大伙儿都夸她，平时处事不急不火的她，关键时刻一点儿也不优柔寡断，是块当飞行员的好料。此后，黄碧云执行了不少军事运输和专机任务。黄碧云这只“笨鸟”，成了名副其实的飞翔在碧空白云间的“金凤凰”。

中国第一个执行出国专机任务的女飞行员

1955年7月21日，黄碧云与大队长刘发科执行了送胡志明主席回越南河内的专机机群任务。胡志明主席访问苏联，归国途中路经中国。胡主席乘坐的是苏联的伊尔-14型专机，当时越南的指挥保障专机系统还很不健全，便请苏联顾问组前往河内，负责专机的指挥保障工作。黄碧云机组的任务是送苏联专家组前往河内。这是我国女飞行员首次执行出国专机任务。到河内后，机组在24日被安排参观主席府和胡主席的住所，胡主席还要宴请机组。当时出国人员出国还没有出国服，黄碧云穿的是土黄色的布飞行服，为了第二天的活动，使馆人员为黄碧云找来了一件白衬衣和一条蓝裙子。第二天，当她穿着新衣服出现在机组面前时，大伙儿都夸她更漂亮了，“嚯，一个晚上不见，黄碧云由女战士变成时髦小姐了”。说得她的脸都红了。

穿单军装的黄碧云

机组到主席府时，胡志明主席已站在门口迎接，他没有一点儿国家元首的架子，而是一位和蔼可亲的老人。当他看到黄碧云时异常高兴，让她跟在自己的身边，不时与她拉家常。胡主席不仅会说法语，中文也说得很好。参观完主席府，胡主席将大伙儿领到了他的住宅，住宅门前种有不少花，他摘了一朵红花送给黄碧云，说道：“你是新中国第一批女飞行员，了不起。我们也要培养女飞行员，向你们学习，我把这

黄碧云（前右四）在越南河内与胡志明（后右五）合影

朵花送给你。”

照相时，胡主席亲自将黄碧云安排在第一排的中间，就在他的前面，并将送给她的红花拿过来插在黄碧云的头上，风趣地说：“姑娘头上有了花，更漂亮！”

半个多世纪过去了，然而在越南河内的那些场景，黄碧云却始终难忘。每当回忆起那段往事，她都会激动不已，她一直保留着那张极为珍贵的、在河内与胡志明主席的合影。

第一个执行中央领导人专机任务的女飞行员

谁也不会想到——黄碧云——当年14名女飞行员中的老末，竟然成了中国第一个执行中央领导人专机任务的女机长，而且是14位首批“女飞”中唯一担此重任的女机长。

1958年5月初，新中国第一批女飞行员黄碧云，率机组飞张家口机场，为中央首长的专机打前站，了解张家口机场的天气情况，以确保专机的安全。黄碧云机组在机场降落不久，贺龙、罗荣桓、聂荣臻、徐向前4位元帅和罗瑞卿大将来到机场。贺老总以为黄碧云机组是来接他们的，便走到飞机前，看见黄碧云，贺老总十分高兴地说道：“我还没坐过女飞行员开的飞机，今天就坐你开的飞机。”黄碧云一听急了，赶紧解释道：“报告首长，我是来察看天气的，接你们的大飞机在后面，很快就到。”

“我们要赶回北京开会，不等了，就坐你开的飞机。”

“不行，不行。坐大飞机安全。”

“女飞行员同志，难道坐你开的飞机就不安全？”

贺老总机智的一问，使黄碧云一时语塞，不知该如何回答，她略微迟疑后便充满自信地答道：“我们的飞机也安全！但我没有执行送首长的命令。”

“既然安全，那就坐你开的飞机回北京，没有命令就让他们给你下命令吧！”他指着在场的负责人，说完就招呼其他3位元帅和罗瑞卿大将上了飞机。

经请示上级有关部门同意后，黄碧云驾驶里–2飞机起飞了。平飞不久，贺龙元帅走进驾驶舱，他笑眯眯地看着机组飞行，当飞机飞越山川、河流、村镇时，就问黄碧云它们的名字，她都迅速准确地做了回答。贺龙元帅离开驾驶舱时，非常高兴地称赞她不仅飞得好，还是一张活地图。飞机降落时，黄碧云柔和地操纵飞机，在机组的密切配合下，飞机如同一片鹅毛轻轻地飘落在西郊机场的跑道之上，贺龙等毫无感觉，飞机已平稳接地。贺老总对女机长黄碧云精湛的驾驶技术赞叹不

穿皮飞行服的黄碧云

已，下飞机后与她亲切握手，并再一次夸赞道："你飞得很好、很平稳，下次我还要坐你开的飞机。"

大家都沾了黄碧云的光

执行贺老总专机任务不久，有一天中午，贺龙元帅坐专机从外地回京。专机在西郊机场降落后，贺龙元帅在刘亚楼司令员的陪同下，带着两竹筐水果，专程到空勤灶看望黄碧云等女飞行员。

刘亚楼司令员一进食堂便高声喊道："黄碧云，黄碧云在吗？贺老总看望你来了！"可惜不巧，黄碧云这天出差在外，贺龙元帅没能见到黄碧云。贺老总让随行人员将水果分发给大家，并与飞行人员一起用餐。吃完饭后，他又来到地勤灶，看望地勤机务人员，也给他们送了水果。黄碧云出差归队后，一些空、地勤人员和她开玩笑道："黄机长，贺老总专门来看望你。我们沾了你的光，吃上了贺老总送的水果。"一时间，贺龙元帅看望黄碧云一事，在机场成为佳话广为流传。

要说沾光，沾光最大的还是和我一起调入北京的第二批女航空员。由于黄大姐出色地完成了贺龙元帅的专机任务，为女飞行员赢得信誉，

笔者与黄碧云（前）合影

也改变了我们第二批女航空员共18名的命运。

我们第二批女航空员航校毕业后，除4名领航员分到十六航校当教员外，其余40人全部分到徐州运输机部队。到部队后，我们刚飞了一个飞行日，突然宣布停飞。大队政委召集我们全体女飞行员开会，他说："空军首长指示，因为工作需要，要从你们中间选调18名同志去北京西郊机场飞专机。"

不久，我和其他17名姐妹一道被调到了北京。到北京的当天晚上，航校负责培养我们的陈志英大姐透露了调我们来北京的内幕。她说："调你们来北京，是贺龙元帅的建议。"她接着给我们介绍了黄碧云执行贺龙元帅专机任务的情况。

"前不久，贺龙元帅坐飞机回北京时，在候机室向前来迎接的空军领导询问你们第二批女航空员的分配情况。当得知你们都去了徐州时，便指示调一部分来北京飞专机，这样你们才来到了首都。这件事是我和黄碧云一起出席空军积极分子代表会议时，刘亚楼司令员对我说的。因此，你们应该感谢党，感谢贺帅的关怀，也应感谢黄碧云同志。"听完陈大姐的介绍，我暗下决心，一定以黄碧云大姐为榜样，好好飞，不辜负贺龙元帅的期望与信任。

这以后，黄碧云又出色地完成了一系列专机任务。由于成绩突出，她赢得了很多荣誉。先后出席了空军积极分子代表大会、全国妇女积极分子代表大会、全国建设社会主义积极分子代表大会，受到了毛泽东主席、刘少奇副主席、周恩来总理的亲切接见。这个时期是黄碧云一生中最精彩的时期，也是最幸福的时期。

1975年5月，黄碧云复员回上海当工人，1979年提前退休，1982年改为离休。如今在澳大利亚安度晚年。

武秀梅

中国第一位“奶奶”飞行员

武秀梅，河南开封市人，1931年11月出生，1951年1月入伍，1950年加入新民主主义青年团，1964年加入中国共产党，高中学历。

为响应党中央抗美援朝的号召，还在读高中二年级的武秀梅，瞒着父母报名参加了解放军，进入东北牡丹江老航校学飞行，成为新中国首批女飞行员。毕业后，武秀梅先被分到北京西郊机场专机部队，后被调到北空运输团，历任飞行副中队长、团副参谋长、副团长、飞行学院副参谋长等职。荣立二等功1次、三等功4次。武秀梅于1984年3月停飞，共飞行33年，近4000小时。

热爱飞行事业的一面旗帜

武秀梅是第一批女飞行员中，唯一飞到最高年限的“奶奶”飞行员。她的一生很平凡，飞行技术中等。33年的飞行生涯中，很少有轰动性的事例，但平凡中包含着不平凡，她的敬业精神，以及对飞行事业的挚爱程度，在所有女飞行员之中，不说是数一数二，也是最优秀者之一。她是空军树立的无比热爱飞行事业的一面旗帜。《空军报》这样评价武秀梅：“我们应当珍惜‘飞行员’这一光荣的职称，牢记党和人民的殷切期望和关怀，始终以革命利益为第一生命，以个人利益服从革命利益，像武秀梅同志那样把全部心血都用在飞行事业上。”[①]武秀梅的确是把她的全部心血都用到了飞行事业上，举一件平凡小事为证。

凡认识武秀梅的人都知道，“妈妈要飞行”是武秀梅的口头禅，每当孩子不放她走时，她总是用这句“妈妈要飞行”哄孩子。1974年夏的某一天，武秀梅在起飞线指挥，突然接到卫生队打来的电话，说她的女儿忆飞得了急性肝炎，必须立即送空军天津医院治疗，她的爱人老贾又不在家，让她陪孩子去医院。可是，眼看飞行训练就要开始了，她是指挥员，如果她离开，换旁人指挥，就会耽误起飞时间，影响飞行训练。可是不走吧，母女连心，又放心不下孩子，做母亲的在女儿最需要的时候，不能陪伴她，真是于心不忍。心里斗争了一会儿后，她狠心给卫生队回电话，请他们代为照看孩子，自己因指挥飞行离不开。打完电话后，武秀梅毅然走上了塔台，不久一颗绿色信号弹破空而起，一架架“银燕”在武秀梅指挥下，似一柄柄利剑直刺云天。

武秀梅用自己的榜样作用，教育、影响了一代又一代年轻的飞行员，她是教年轻飞行员忠于职守的好教员。

空难动摇不了事业心

武秀梅最令人敬佩的品格之一是不怕牺牲。飞行是一种高风险的事业，只要飞机一离地，就有遇险的可能。“死亡”是每个飞行员必须面对的现实问题，也是对每个飞行员事业心的严峻考验，武秀梅经受了三次大考验。

第一次，同部队的10名战友遇难。1962年2月9日，北京西郊机场发生大空难时，她也在场，亲身体验到了生命的脆弱，10名战友瞬间化为灰烬，她真切感受到了飞行的危险性，但她没有感到害怕，丝毫没动摇事业心。

着棉军装的武秀梅

① 摘自1978年7月27日的《空军报》。

武秀梅在塔台指挥

第二次，同批大姐的牺牲。新中国空军女飞行员自飞天以来，先后有6人在空难中牺牲，她们是陈志英、潘隽如、徐保安、马杰、王春、余旭，其中2人与武秀梅关系密切。一名是陈志英，是与她同一批的姐妹，两人在一起生活工作16年之久，感情异常深厚。陈志英牺牲后，武秀梅悲痛欲绝，好几天睡不好觉、吃不下饭。生与死的问题曾在她脑子里斗争过，然而那时她想得更多的是如何继承大姐的遗志，完成好大姐未竟的飞行事业。

第三次，自己的部属坠机身亡。那是一个大晴天，第四批女飞行员马杰在飞超低空课目，她驾驶运-5型飞机迎着阳光飞行，由于那天骄阳似火，光线太强，她没看到前方的高压线，结果飞机撞在高压线上，导致坠毁，机组人员全部遇难。马杰是武秀梅手下的兵，航校毕业后就被分到了她所在的单位，当时她是团副参谋长。马杰等人牺牲后，部队情绪低落，对武秀梅也是一次考验。马杰的遇难与前两次不同，这时武秀梅已超过空军规定的女飞行员最高飞行年限，自己随时可以停飞。是保一生平安而要求停飞，还是冒着一定的风险继续飞行？她处在人生的十字路口。有人劝她见好就收，给自己画上一个安全圆满的句号。再加上双膝骨质增生，何苦还要到蓝天上去拼搏、去玩命？飞机失事后，有人想停飞，苦于找不到理由，而她有的是停飞理由，却“犯傻”不用。武秀梅不愧是空军树立的飞行事业心强的一面旗帜。经过认真思考之后，她选择了继续飞行，并主动要求飞一些不少人不敢再飞的超低空课目，直到停飞前一天，她还在飞超低空课目。

冒险在震后的唐山机场降落

1976年7月28日3点42分，河北唐山丰南一带发生了我国历史上罕见的强烈地震，震感波及天津和北京，顷刻之间，地动山摇，房倒楼塌，无数正在酣睡的人被埋在瓦砾之中，数十万人丧生，更多的人受伤，交通、通信也中断。

当天8点多钟，武秀梅奉命送北京军区李一民副参谋长率领的机关人员紧急去唐山，他们是为北京军区工作组打前站的。当时，唐山机场的通信已经中断，天上还下着小雨。武秀梅在此之前，曾多次到唐山机场执行任务，她对通县（现通州）至唐山的航线很熟。凭着她多年的飞行经验，9点多钟就顺利地飞临唐山机场。她从座舱向地面望去，昔日熟悉繁华的唐山市已不复存在，变成了一片浩瀚的瓦砾场，翼下的惨状令她伤心落泪。

因为她事先没有掌握唐山机场震后的任何信息，不了解地面的情况，武秀梅在机场上空盘旋一圈，仔细察看跑道情况，并试图与地面联络。结果发现跑道基本完好，可以降落，跑道南头的导航台虽已震坏，但北导航台还有信号，地面也有人指挥。弄清机场情况后，武秀梅做了一个小航线，对准跑道安全着陆，圆满地完成了任务。

事后看来，武秀梅的唐山降落一帆风顺，没有遇到多大困难。其实，当时她是冒着很大风险的，摆在她面前的是一大堆问号：跑道有没有震坏，导航通信设施是否完好，当地天气如何，会不会遇到强烈余震等。这些问题她都与机组进行了认真研究，做好了不同情况下的应对方案。正因为准备充分，任务才得以顺利完成。

在李升堂所著《空中生命线》一书中，武秀梅驾机降落一事虽没有明确的记载，但从时间上来看，武秀梅所驾驶的飞机，应该是唐山大地震后，第一架在唐山机场降落的有机翼的飞机。

心年轻，人不老

一天早上，武秀梅与往常一样在营区的马路上跑步，有几个上小学的孩子从她身边经过时，很有礼貌地与她打招呼：“奶奶，早上好！”“小朋友好！”孩子走远了，武秀梅却站在原地没动，望着孩子们的背影发愣。“奶奶！”这是她第一次听到有人这么叫她，这声本来很亲切的呼唤，却像钢针一般刺痛了她的心。年已半百的武秀梅，最怕的就是别人说她老。她不服老的原因很简单，就是担心领导因年龄关系让她停飞。那时空军规定女飞行员的最高飞行年限为48岁，她已超过，但领导考虑到她的身体情况与本人强烈的求飞欲望，延长了她的飞行年限。处在延长期的武秀梅自然对年龄最敏感，“奶奶”二字正好刺中了她这根敏感神经。

武秀梅无心跑步了，回到宿舍找出镜子，对着镜子仔细端详自己的面容。这一照发现头上有了白头发，于是她对着镜子拔头上的白丝，她要消除显老的特征。拔了几根后，她泄气了，白发太多，无法拔完。奶奶就奶奶吧！只要身子骨硬实，心不老，奶奶也能争风流。

事又凑巧，当天上级下达了一趟运送军需物资的任务，她知道后

武秀梅飞行归来

飞行中的武秀梅

想去争取，当场有同志和她开玩笑："嗨！你的岁数，是当奶奶的年龄了，还跟我们争啥！"武秀梅为人憨厚，性格温顺，从不计较个人的名利得失，很少与人红脸怄气，可是这次她急了，当场与他们争辩起来："我为什么不能去？1976年7月唐山大地震，我不是第一个去唐山机场落地的吗？1981年9月的华北大演习，我不也和你们一样坚持下来了吗？"

大伙儿一看她真的动气了，便不再和她说笑，领导和同志们都了解她，很理解的心情，属于她的飞行时间不多了，就让她飞吧。她也不光是为个人争飞行时间，她是在为新中国第一批女飞行员这面旗帜争时间，她要停飞了，就标志着第一批女飞行员彻底退出了蓝天大舞台。领导经过多方权衡，最终决定将这次任务交给了武秀梅。

领受任务后，她激动不已，年过半百的人能执行飞行任务，对她来说就是最大的幸福。不过，感到幸福的同时，她又有几分担心。因为这次任务很艰巨，自己毕竟是50多岁的人了，双膝又骨质增生，身体吃得消吗？于是她像运动员做准备活动那样，伸伸胳膊，踢踢腿，扭扭脖子，弯弯腰，发现胳膊还灵活，膝关节虽有些疼痛，但能忍受，自己还不老。

翌日黎明前，武秀梅信心十足地驾驶着飞机向目的地飞去，直到深夜她才安全返回机场。这一天，她先后到过3个机场，整整在外场工作了17小时，空中飞行时间为7小时42分。当晚睡在床上，四肢虽然像散

笔者与武秀梅（右）

了架似的，但她并不感到累，满心是甜、是美、是幸福、是自信。今天的任务证明自己不仅还能飞，而且还能像年轻人那样执行艰巨的飞行任务。

武秀梅视飞行如生命，她除了被空军树为热爱飞行事业的标兵外，还赢得了很高的荣誉。由联合国教科文组织赞助、中国少年儿童出版社出版的《中华女豪杰》一书中收录了她的事迹。该书一共收录了15位中华女英豪，其中有宋庆龄、秋瑾、赵一曼、刘胡兰、林巧稚等名人。武秀梅能与她们并列，足见她的社会影响力之大。2009年11月，她作为老英模人物代表，受到时任国家主席胡锦涛的接见。

在33年飞行生涯中，武秀梅出色地完成过专机、军事、科研、抢险救灾等多种飞行任务。特别是在繁重艰险的救灾任务中，她表现出色，尽显巾帼英雄本色。

武秀梅于1984年3月停飞，时年53岁。她创造了2项中国第一。首先，她是当时中国历史上飞行年龄最大的女飞行员，民国时期的所有女飞行员和同批的其他女飞行员都没飞到53岁。其次，她是当时中国飞行年限最长的女飞行员，其他女飞行员都没有33年的飞行记录。

武秀梅于1989年5月退休。现在北京与老伴儿安度幸福的晚年。

魏　砾
中国女领航员的泰斗

新中国首批女航空员中，除14名女飞行员外，还有6名女领航员，她们是魏砾、林淑玉、沈靓、刘树芬、梁慧敏、陈天恩。她们既是新中国的首批女领航员，也是中国的首批女领航员，民国时期没有专职女领航员。魏砾是6名女领航员中的佼佼者，有中国的“拉斯阔娃”①之称。在6名女领航员中，我与魏砾大姐相处时间最长、感情最深，她对我的影响也最大。

引领轰炸机飞行员炸黄河冰坝

每年开春之后，黄河开河解冻，上游河水带着大块冰凌顺河而下，在包头一带河道狭窄处，形成一道道冰坝，使河水骤涨，危及包头等城乡的安全。自20世纪50年代以来，人民空军几乎每年都要派轰炸机执行炸冰坝的任务。

20世纪50年代中期，有一年黄河凌灾比往年严重，如不尽快排除险情，包头市有被淹的危险。魏砾所在机组奉命飞往包头机场，配合轰炸机部队炸毁冰坝的任务。他们的具体任务是每天拉着轰炸机飞行员，飞

① 拉斯阔娃，苏联最早的女领航员，苏联英雄。

临冰坝上空，让他们察看冰坝状况，找准轰炸点。这项任务能否顺利完成，关键要看魏砾的领航技术是否过硬。在航行地图上，只有黄河的身影，并无冰坝的标识。要让轰炸机飞行员看清冰坝的准确位置，她这位引领者自己首先要弄准冰坝的位置及全貌。为此她不顾疲劳，多次前往冰坝实地考察，尔后认真地进行地图作业。飞行时，她仔细观察地标，精确计算各种数据，让轰炸机飞行员看清目标。同时，她还精心绘制地图，为他们提供准确的资料。

功夫不负有心人，由于魏砾的精心准备，正确引导，在20多天的飞行中，创造了零差错的纪录。经过大家的共同努力，他们顺利地完成了轰炸冰坝的任务，使包头等地转危为安。包头市领导为感谢魏砾机组和轰炸机部队的飞行人员，在市政府举行了隆重的招待会。大家频频举杯，庆贺抗灾胜利。宴会上，魏砾成了明星：其一，她是嘉宾中唯一的女性；其二，她是炸冰坝任务的主角；其三，她被视为天上下凡的仙女，人间罕见的女神。因此，人们纷纷给她敬酒。面对大伙儿敬佩的目光以及充满感激的话语，魏砾醉了，她真切地感受到作为一名女领航员的荣耀，她为此自豪。

林海上空冒险空投

魏砾是位俊秀文静的姑娘，参军前是名女大学生。但当空中遇到险情时，她却比男子汉还勇猛。1956年，魏砾所在机组奉命北上，给大兴安岭灭火工人空投救援物资。魏砾所在机组到达嫩江机场后，领受了具体任务：给正在大兴安岭灭火的工人空投食品和板斧等灭火工具。领受任务后，他们装上救援物资起飞了。魏砾引导飞机沿嫩江北上，向着预定的目标飞去。由于魏砾准备充分、技术精湛，很顺利地找到了工人在火场空地处设置的空投点。机长驾驶飞机按魏砾给的精确航线通过空投目标。飞临目标上空时，机长按响了空投铃。铃响过后，救援物资却没投下去。机长只好再次进入空投航线，第二次按下空投铃，但空投物资仍没投下去。这时魏砾自告奋勇，到后舱察看情况。原来负责空投的

魏砾（左三）与同期姐妹合影

机械员是首次空投，没有经验，打开机舱门，当一股股强气流涌入机舱时，他有些紧张，没往下推空投物。第二次，他没做好准备，加上害怕，仍没敢往外推救援物资。魏砾了解情况后，并没有责怪机械员，而是帮助他将物资都推到舱门附近。铃响后，由于保险绳系在机械员腰上，她只好用左手抓住跳伞用的钢索，用右手帮助机械员往外推救灾物资。机械员见女同志都这么勇敢，也忘了害怕，两人合力，顺利地完成了空投任务。

专机部队有规定，执行完任务后机组要进行讲评，表彰好人好事，总结经验教训。讲评会上，机长没有批评机械员，而是做了自我批评，检讨自己没对机械员进行事先培训，准备不足。对魏砾在没有保险绳的情况下勇敢空投的举动进行了表扬，但对她的冒险行为却狠狠地批了一顿。魏砾冒险空投保证了任务的完成，但因违反飞行安全，既没获奖，更没立功，然而却让人们看清了她为国家利益奋不顾身的献身精神。她不是“文”学生，她是“武”将军。

为了7名食物中毒的农民兄弟

1966年2月14日，魏砾正进行夜间复杂气象的大半径转场训练，她和机组从北京出发，经济南飞到了南京。在南京加油后起飞向南昌飞

魏砾（左）送年轻的
女领航员张筱龙出航

去，按训练计划准备到广州降落。夜间复杂气象条件下的大半径转场训练，对领航员来说是难度最高的训练课目。当时的飞机还没有自动导航系统，复杂气象条件下，看不见地标地物，全靠磁罗盘和无线电罗盘指示导航，那个时期领航员就是飞机的“眼睛”，领航员就是机组的引路人，责任相当重大。魏砾所在机组飞过南昌，正准备飞广州时，突然接到地面指令，让他们到长沙大托铺机场降落，执行紧急任务。

机组夜间突然改航，对魏砾是一次考验，她必须在最短的时间内画出飞长沙的航线。魏砾不愧是领航界的高手，她对大托铺机场远近导航台的频率非常熟悉，随即将无线电罗盘调到该机场的频率上，很快便画出了飞长沙航线。飞机穿过重重夜雾，准时在大托铺机场降落。

落地后，魏砾又面临新的更严峻的考验。原来湖南某山区7名农民食物中毒，当地没有特效药，急需从省城空投救命药。时间就是生命，地方有关部门当即想到那篇编入中学课本的《为了六十一个阶级弟兄》的文章，便向空军求援，恰好魏砾机组正在不远的空中飞行，这一急救任务便落到了魏砾所在机组的头上。生命高于一切，救人刻不容缓。魏砾忘了疲劳，飞机着陆后，她抓紧时间了解当地天气情况，到航行部门借了一张军用大比例尺湖南地图，了解了降落点大体方位后，就载着药品紧急起飞了。

无巧不成书，1960年到山西平陆给“61名阶级弟兄”空投特效药的周连珊机组成员和魏砾是同一部队的战友。但魏砾机组面临的困难要比周连珊机组多得多。周连珊他们虽然执行的也是紧急任务，但有一定准备时间，而魏砾他们纯粹是临危受命，仓促上阵，思想、航线没有任何准备，特别是身体，他们在夜间已连续飞行了5个多小时，都较疲惫。更困难的是没有目的地的资料，地标地物、风向风速等一无所知。航线上没有导航台，空投点没有指挥组等一系列困难都摆在机组面前。夜里，要找到没有任何资料的小山村，真比大海捞针还难。魏砾面临一道道难关。

起飞后，魏砾利用湖南广播电台和机场导航台做背航飞行，并在大比例尺地图上找到了小山村的经纬度坐标，计算出了海拔和实际高度。她引导飞机顺利地找到了设有三堆篝火的空投点，飞机一次进入便将救命药送到了翘首以盼的农民手中。重重困难，魏砾全都迎刃而解，她一出手便从“大海里捞到了绣花针”。那么多复杂的问题，都让她波澜不惊地轻松解决了。魏砾的思想、技术、经验、身体等素质太优异了，优异者才能创造奇迹。

完成任务后，机组没有返回机场，而是按原定计划向广州飞去。魏砾他们默默在空中飞着，静等空投效果，他们仍牵挂着7名农民兄弟的安危。快到广州时才得到消息，7名农民兄弟中有1人因中毒太重，在药送到前已不幸身亡，其他6人获救。

魏砾大姐翻看老照片忆芳华

魏砾的飞行生涯中，执行最多的还是中央首长的专机任务，她执行过董必武、李先念、张爱萍以及捷克、西班牙等外宾的专机任务。每次任务完成得都很圆满，多次受到客人赞扬。

魏砾不仅是一位“四种气象”的优秀领航员，而且还是一位出色的领航教员。我与魏大姐认识是在1957年。那年她借调到长春，负责培养我们新中国第二批女飞行员，担任“女飞”中队的副中队长。她处处以身作则，每次跳伞训练，总是第一个先跳；学员家里有困难，她偷偷给学员家中寄钱；学员生病，她像亲姐姐一样日夜照顾；学员学习有难点，她耐心讲解。由于她表现突出，深受学员敬重，毕业时航校给她立了三等功。

魏砾1927年7月出生于甘肃天水[①]。1949年前家境殷实，魏砾被父母器重，上学至大学本科。她1951年1月入伍，1951年3月入空军二航校学领航专业，1951年11月毕业，1961年4月入党。在部队历任领航员、团领航参谋、副主任、主任等职。1967年4月停飞。停飞后改做财务工作，1981年退休后在石家庄安度晚年。2019年11月10日因病去世，享年92岁。

魏砾过世后，新中国第二批女飞行员黄秀清代表北京地区的蓝天姐妹和老战友，给她女儿写信表示慰问，转达了众姐妹对魏大姐的怀念之情。安息吧，我们的好大姐！

---

① 《空军飞行人员名录》中说她是河南省南乐县人。

链接：

其他5名女飞行员简介

万婉玲，湖南省衡阳县人，汉族。1931年4月出生，1951年1月入伍，1956年7月加入中国共产党，高中学历。中学期间，接受革命思想，要求进步。湖南长沙和平解放不久，便报名参军，进入汉口中南预科总队集训。她历任机长和飞行团训练参谋，飞行时间近2000小时。于1963年7月停飞，1975年转业到长沙湖南化工机械厂，1982年退休，2006年病逝。

邱以群，浙江省杭州市人，汉族。1932年1月出生，1949年7月入伍，1960年加入中国共产党。1946年初中毕业后，便积极参加革命活动，上街游行、贴标语，迎接解放军进城。杭州解放第二天，便报名参军。曾任飞行中队长、训练参谋，飞行3000多小时。于1971年1月停飞，1978年转业到广东省体育部门工作，任航空科科长。1985年离休，离休后在广州市过着幸福安逸的晚年生活。

何月娟，浙江省诸暨市人，汉族。1930年2月出生，1949年7月入伍，1959年3月加入中国共产党，初中学历。何月娟上中学时，积极要求进步，立志做一个革命青年，新中国成立前夕投笔从戎，报名参军。历任机长、学员大队副政委、参谋、团副参谋长等职。于1976年11月停飞，1978年年底离休，现在成都安度晚年。

周真明，湖南省宁乡县人，汉族。1931年2月出生，1950年12月入伍，高中学历。周真明出身于书香家庭，父亲曾留学法国，思想开明，是铁路工程师；母亲是小学教员。周真明先后在长沙、重庆、衡阳多所学校上学。高中毕业后，她参加了迎接长沙和平解放的宣传工作。经衡阳铁路团工委选送，穿上了军装。于1957年11月停飞，飞行近2000小时。1958年转业到中国科技大学，后调入中国科学院。1984年2月因病逝世。

戚木木，浙江省杭州市人，祖籍浙江省浦江县，汉族。1932年12月出生，1949年7月入伍，1950年加入新民主主义青年团，初中学历。戚木木出身于书香门第，父亲毕业于北京师范大学，母亲燕京大学肄业。新中国成立前夕，戚木木报考了华东军政大学。于1955年4月停飞，1955年12月转业到地方后，当过拖拉机手、航空模型俱乐部教练、普通工人、科室干部。1988年离休。现在北京一干休所与老伴儿一起颐养天年。

中篇

承前启后：
新中国第二批女飞行员

1956年6月，空军从应届高中毕业生中，招收了新中国第二批女飞行员。她们继承首批大姐的优良传统，茁壮成长，在蓝天上建功立业，为后来的蓝天小妹们树立了榜样。她们是承前启后的一代蓝天女儿，在党的光辉照耀下，很好地完成了这一历史使命。

诸惠芬

空军唯一“优秀女飞行员”称号获得者

空军自组建以来，只给一人授予过“优秀女飞行员”的荣誉称号，这个人就是诸惠芬。但她命运坎坷，经历特殊。她是与我同批的同学，航校毕业前的经历大致相同，我为有这样杰出的同学骄傲。本文将她的人生轨迹记录下来，为新中国女飞行员历史增添光辉而厚重的一页。

孤女选飞，上天不忘党恩

诸惠芬1937年1月出生于上海嘉定一个贫民家庭，父亲是工人。诸惠芬4岁那年，父亲因劳累过度撒手归天，留下她和母亲及刚出生的弟弟，一家3口全靠母亲给人做小工度日。母亲的微薄收入很难养活全家，不久弟弟夭折。1943年，诸惠芬6岁时，母亲也因积劳成疾不幸病故，诸惠芬被穷店员叔叔收养。那些年，正是大上海兵荒马乱、物价飞涨的非常时期，叔叔的微薄收入难以维持全家人的生活，幼小的诸惠芬经常上街捡瓜皮、烂菜叶，帮助婶婶做针线活儿。她的帮衬杯水车薪，改变不了叔叔一家穷困的日子，忍饥挨饿是常态。诸惠芬的童年是在苦水中度过的。叔叔心肠好，尽管穷困潦倒，宁肯自己的孩子不上学（4个孩子没有一个念中学的，都早早地去当学徒工了），也供诸惠芬读书。她上小学时，邻居阿姨给了她很多资助。寒暑假时，诸惠芬自己打零工挣钱交

诸惠芬佩戴大校军衔照

学费，为筹学费没少流泪。

1949年，上海解放，学校有了减免学费制度。从1950年开始，诸惠芬上中学主要是靠国家的助学金。每当她回忆起新中国成立前筹学费的种种难处，就分外珍惜来之不易的助学金，深切感受到新社会的优越性和共产党的温暖。

1956年6月，诸惠芬以全优的成绩高中毕业，正在这时，一个特大的好消息传到学校，空军要在应届高中毕业生中招收飞行员，男女生都招。诸惠芬听到这一消息，激动不已，积极报名参选。经过严格的体检、政审，7月份，诸惠芬盼来了录取通知书，她幸运地被选为新中国第二批女飞行员[①]。接到录取通知后，全家人为她庆贺，都因喜讯乐坏了。

接到录取通知书的高兴劲儿还没过去，又一喜讯接踵而至。上海市民政和兵役部门要为入选的男女飞行员举行欢送会。副市长到会并在会上发表了讲话，勉励大家："要努力学习技术，报效祖国，为全国的妇女争光。"

欢送会使诸惠芬进一步感受到了人民政府的重视与关怀，她一个贫寒孤女，刚一入伍便受到市领导人的接见，这是她做梦都没想到的事，更坚定了她当一名优秀飞行员的决心和信心。就这样，诸惠芬怀着美好的梦想，走进了徐州空军五预校校门。

我在《我是蓝天的女儿》一书中，对预校生活有详尽真实的描写，书中写道："预校不是天堂，而是'炼狱'，我们过的是一般姑娘难以忍受的军旅生活，可以说是苦不堪言，现在回想起来还不寒而栗。"

---

① 因为当时我国只有空军培养女飞行员，所以和首批女飞行员一样，统称为新中国第二批女飞行员。直到民航也培养女飞行员后，凡空军招收的女飞行员，不再称新中国某某批女飞行员。

进预校时共有女学员140多名，转入航校时只剩116人，近30名学员被淘汰。诸惠芬不是一般姑娘，吃苦是她的强项。她回忆预校生活的文章与我写的正好相反，她写道：“尽管学员生活单一、辛苦，每天8个小时在操场训练，各个晒得像黑妹，却很开心……生活环境一切都比家里好，像进了天堂，无忧无虑，1个月的时间就长了10斤。”

1957年年初，诸惠芬进空军长春二航校学习飞行。她文化基础扎实，人又聪明伶俐，再加上能吃苦，虽然遇到飞行精力分配不当等困难，但很快就在教员帮助下一一克服了。她是我们这一批中掌握飞行技术靠前的优秀学员，1958年年底以优异的成绩毕业。

诸惠芬将她所取得的成绩都归功于党，她多次说过，是党给她这个受尽苦难的孤女插上翅膀：“母亲给我血肉之躯，党救女儿出火坑，我要做一个优秀的飞行员，报答党的深恩。”

长空风云，铸就钢铁双翼

诸惠芬航校毕业后，被分到空军某运输机部队，改飞里–2型运输机。改装过程中，她在地面苦练、空中精飞，虚心向教员学习，顺利完成了改装任务，还完成了“四种气象”课目的训练，第一个成为全天候飞行员。由于飞行成绩优秀，1961年7月她被任命为飞行中队长，是我们

诸惠芬眼望云天，即将远航

这批女飞行员中的首位中队长。

刚当中队长2个月，诸惠芬便率机组到山东执行空降任务。那天，他们机组已起降多架次，飞行了8小时。最后一次起飞不久，飞机刚刚改平飞，诸惠芬突然感到不适，浑身发热、胸口憋闷、四肢无力，但神志清醒。面对突发的病情，怎么办？按飞行条例要求，飞行员不能带病飞行，必须就近找机场紧急迫降。但如果迫降，任务就无法完成。诸惠芬思虑再三，虽然身体不适，但头脑不糊涂，她自信坚持飞行不会危及安全。于是她果敢决定，抱病继续飞行。诸惠芬忍住病痛，咬紧牙关，振作精神，装作若无其事的样子，驾驶飞机向目标空域飞去。但为防万一，她提醒副驾驶，集中精力，注意飞行状态。诸惠芬以自己坚强的意志与毅力，圆满地完成了任务。飞机滑到停机坪后，诸惠芬扶着机舱壁艰难地走下飞机，脚刚一落地，人几乎瘫倒。机组其他成员才知道中队长病了，赶紧将她送到门诊部，医生一量体温，高烧39.7℃。经检查化验，诸惠芬得的是疟疾，需要住院治疗。

飞行是高风险职业，也是勇敢者的事业。常在天上飞，哪能不遇到点儿事。诸惠芬有次驾驶里-2型飞机，执行空运任务，途经开封机场准备落地，放起落架时，起落架指示灯不亮，起落架放不下来。里-2型飞机是后三点飞机，起落架放不下来是危及安全的重大故障，处理不好，会造成机毁人亡的一等飞行事故，外国有过血的教训。面对严重的机械

诸惠芬（右一）给女飞行员下达任务

故障，诸惠芬异常冷静，显示出了胆大心细的优良品质。她按平时准备的特情处置方案，有条不紊地一一排查险情。首先，她让机械师打开前舱地板查看起落架放不下来的原因。经查明，是高压油管破裂，高压油渗漏，导致压力不够，致使起落架放不下来。诸惠芬又让机械师用手动方法打开机械锁，放下起落架，这一招也不灵，机械锁打不开。诸惠芬又用手摇泵增压，也不起作用。前几项措施都不管用，就剩最后一招甩轮了，再失灵，就只有用凶多吉少的机腹着陆了。所谓甩轮，是飞行员操纵飞机做大坡度急转弯，靠离心力将起落架甩出来。这对飞行员的驾驶技术是一次严峻的考验，坡度的大小、急拐弯速度快慢都必须恰到好处，大了小了、快了慢了都不行。小了慢了，飞机惯性力度不够，起落架甩不出来；转弯坡度大了，速度快了，飞机会失速坠毁。这时，机场那边如临大敌，消防车、救护车、拖车等都赶到塔台旁，准备抢救。

艺高人胆大，诸惠芬临危不乱，她向左压驾驶盘，蹬左舵，飞机大坡度向左急转，飞机震动了一下，在惯性作用下，右主轮甩出来了。接着她又做了一个反向动作，左主轮也甩出来了。机组人员都长长地舒了一口气，地面指挥员和准备抢救的各类车辆司机及旁观者则发出了欢呼声。诸惠芬却没因2个主轮甩出而松懈，她没有贸然降落，而是先要确认起落架是否锁住牢靠。如果起落架看似甩出了但没完全到位，着陆时飞机的重量加接地的冲撞力就会使它收起，飞机就会趴下，高速旋转的螺旋桨的桨尖会被跑道水泥地打断，断裂的碎片将如炮弹一般打坏飞机，击中机组成员，兄弟部队有过血的教训。诸惠芬胆大心细，她驾驶飞机低空进场，在跑道上做了一个模拟着陆，仿佛蜻蜓点水，飞机2个主轮在跑道上点了一下后迅即将飞机拉起，认定起落架确实放好后，她才准备正式着陆。诸惠芬性格内向，说话细声细语，走路小步轻声，是典型的上海姑娘，心思特别细致。当认为双轮牢靠后，她仍不急于降落，又和机组研究飞机在液压不够的情况下降落可能出现的其他问题：襟翼放不下来，减少飞机着陆的阻力；飞机刹车失灵，更会增加滑跑距离，有冲

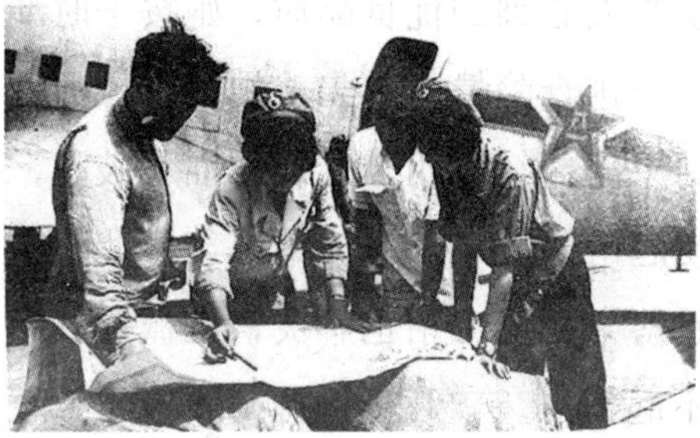
空投前，诸惠芬（左二）在地图上标明空投点

出跑道的危险等。诸惠芬与机组商量了应对上述多种情况的措施。做到一切心中有数之后，诸惠芬驾驶飞机低空小速度进场，一进场就重重落地，提前收油门，关闭发动机。失去液压的飞机在诸惠芬的操纵下安全着陆，避免了一场严重事故，甚至可能是空难的发生。

诸惠芬在开封的成功降落，可作为经典案例载入教科书，她的综合素质得到了完美的体现。我的长篇小说《女人的天空》中的“迫降”一章，就是以诸惠芬为原型创作的。

诸惠芬所在的运输机部队，除主要执行军事运输任务外，抢险救灾也是重头戏，在此类任务中，诸惠芬也是主角。

1963年8月，河北、河南、山东等地发生了百年不遇的特大洪涝灾害。诸惠芬和我一样，驾驶里-2型飞机，执行了给被洪水围困群众空投粮食、药品的任务。有一次，她率机组给顿坊店、上乐村、后河村的灾民空投粮食。顿坊店、上乐村的空投任务完成得很顺利，可后河村却找不到。后河村很小，大比例尺地图上没有标注，只有一个大体方位。她在预定目标上空盘旋了2圈，翼下只有滔滔洪水，不见后河村。当时已近黄昏，天渐渐暗下来，仍看不到空投点。我多次参加空投，知道执行空投任务的飞行员有三怕：一怕大面积雷雨云封锁航道，二怕找不到空投点，三怕云低看不清空投点。我理解诸惠芬当时的焦急心情。怎么办？返航？尝够了挨饿滋味的她，决不忍心让受灾群众得不到食品而挨饿。找！一定要找到后河村。她再次降低高度，扩大搜索范围。当她们发现一排露出的电线杆子后，便顺着电线杆子飞，终于找到只剩一个土丘露在外面的后河村。看到飞机的村民拼命挥舞衣服，还有人挥红旗。找到目标，诸惠芬和机组人员比村民还兴奋。她从日记本上撕下一页，让机械师塞进一包大饼袋子里。上面是她起飞前写的话：“亲爱的社员同志们，当我们听到你们遭洪水包围后，心里有说不出的难过，恨不得立刻飞到你们身边。党和毛主席关怀你们，派我们送粮食来了。”这张纸条落到了后河村社员孙白仙手里，后来他写了回信：“我活了84岁，换了几个朝代，只有共产党、毛主席爱护咱们老百姓。1943年，后河遭了大水，反动政府不顾人民死活，照样派款要税，逼迫俺逃荒要饭，卖儿卖女。如今发了大水，毛主席领导我们抗洪救灾，还派出飞机给咱们送衣送粮，俺要告诉后代，永远不忘共产党和毛主席的恩情。”

诸惠芬在飞行生涯中执行过军事运输、抢险救灾、科研试飞、空投演习等大量飞行任务，表现出她的刚毅坚强，以及技术精湛、胆大心细、临危不惧的超强素质，还有一心为民、颂扬党恩的初心。这一切优良品质均是长空风云锤炼出来的。

跌宕人生，无怨无悔

1964年9月，由于业绩突出，诸惠芬被空军授予“优秀女飞行员”的荣誉称号。她还曾当选为中国共产党第九次、第十次代表大会代表，第十届中央委员会候补中央委员，第三届全国人大代表，第四届全国人大常委。随着荣誉的增多，诸惠芬的职务也不断提升，由副大队长越过大队长一级，直接提副团长，1973年又越数级被任命为中国民航总局副政委（当时民航由空军管辖）。选拔政策发生变化后，1979年，诸惠芬又调回空军，任武汉空军后勤部副政委，正师级。据我所知，她的跃升没任何背景，当时全国掀起一股选拔年轻优秀干部的风潮，诸惠芬是空军中最优秀的女飞行员，又很年轻，被破格提拔自在情理之中。绝大多数人不了解内情，其实那时干部提升，职务与工资级别不挂钩，她当民航总局副政委6年，始终拿副团级80元的工资。

1974年9月29日，诸惠芬以中国民航代表团副团长的身份，乘坐波音707客机，随团首飞日本大阪和东京，正式翻开了两国通航的新篇章。她还出席过不少党政军重要会议，受到过毛主席等中央首长的亲切接见。但她都是代表女飞行员，在她的各种简介中，都有“女飞行员”4个字，说明她是凭借“优秀女飞行员”才当选为各类代表的，而“优秀女飞行员”的荣誉称号是她顽强拼搏得来的。正如她在致友人信中说的那样：“自1973年起在党组织的关怀下，我代表女飞行员出席过党中央的重要会议，这是女飞行员集体的光荣。”“从副团长直接提升到民航总局当副政委是当时中央选优选青选进去的，后来中央又有文件精神，年轻干部不宜‘急上’‘直上’‘火箭式’，‘要一个台阶一个台阶’‘要回炉’，所以调我回部队工作，一切都是党的安排。”

无论身处高位，还是“回炉”低位，诸惠芬始终是清醒的，都是以一颗平常心处之。她当民航总局副政委6年多时间，没为自己谋过私利，唯一“沾光”的是丈夫调到了北京，这是上级为解决夫妻两地分居，人之常情，无可非议。她爱人佟文森调来北京后，先安排在我们部队通信科当参谋。我和他同在师司令部共事3年多，老佟为人忠厚低调，在司令部很有人缘。他家在东郊，我们部队在西郊，老佟每星期六回家，没有小车接送，坐公交车要换乘多次，很不方便，他都是骑2个多小时自行车回家。那时北京冬天风大，他往往要骑3个多小时才能到家。4年后，民航领导才将老佟调到民航通信部门工作。

1979年，诸惠芬从北京回到武汉，职务虽降了数级，但她以一颗平常心对待落差，正如她自己所说，这都是党的安排。她不但没有任何怨尤，反而感谢党组织对她的关心照顾，将她定为正师级，授大校军衔。在我们同期姐妹中，她的职务、级别、军衔都是最高的。她很满足。特别是退休后，组织将她的关系转到了儿女所在地广州军休所。唯一让她终生遗憾的是过早地离开了蓝天。

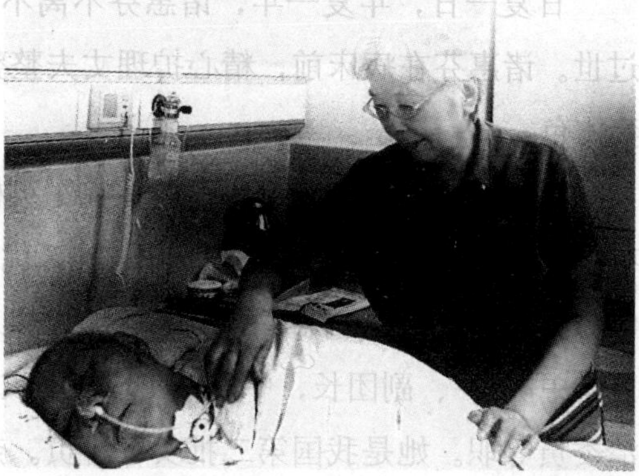

诸惠芬在精心护理丈夫

27年精心护理生病的丈夫

诸惠芬本来有一个幸福美满的家庭，同丈夫佟文森在一个飞行大队。佟文森是空中通信员，中等身材，胖胖的，常笑眯眯的，话不多，是个憨厚的小伙子，而且通信技术过硬，发收报快而准。诸惠芬虽出身贫寒，小时候吃过很多苦，但黄浦江水养人，上海姑娘各个水灵，诸惠芬也是个大美人，圆圆的脸，大大的眼，性格内向，温柔贤淑，和佟文森是天造地设的一对，非常般配。两人因常在一个机组飞行，日久生情，共同的事业使二人走到了一起。婚后生有一子一女，儿子名佟原，女儿名佟星。

老天爷有时也很不公平，诸惠芬小时候受的磨难已经够多了，老年时不幸又降临到她的头上。1991年夏天，佟文森到上海出差，突发脑溢血，幸好抢救及时，保住了性命，但落下了严重后遗症，且越来越严重，成了植物人。诸惠芬外表柔弱，内心却非常坚强，飞行时是这样，面对亲人的疾病也是这样。她不怨天尤人，勇敢地挑起了照顾丈夫的重担。她不辞辛苦，不嫌麻烦，细致周到地照顾丈夫。前往医院探视的人都会发现，躺在病床上靠鼻饲管进食的佟文森的脸始终是胖胖的，衣服也总是干干净净的，这都是诸惠芬精心护理的结果。

日复一日，年复一年，诸惠芬不离不弃，直到2018年7月，佟文森过世。诸惠芬在病床前，精心护理丈夫整整27年。她在久病床前尽显贤妻本色。

1989年，空军政治部编写的《空军英模名录》中，对诸惠芬的一生有总体评价："诸惠芬（1937～　　），优秀女飞行员。上海市人。1956年6月参加中国人民解放军，1962年6月加入中国共产党。历任飞行员、飞行中队长①、副团长，中国民航总局副政治委员，军区空军后勤部副政治委员等职。她是我国第二批女飞行员。热爱飞行事业，刻苦钻研飞行技术，成为'全天候'飞行员，多次出色地完成了空运、空投、抢险救灾和科研试飞任务……"

诸惠芬是唯一一名被《空军英模名录》收入正文的女飞行员。

① 名录中漏了1项，诸惠芬任过飞行副大队长。

李秀云
特级女飞行员的特殊航迹

李秀云，1936年10月出生于唐山市，1956年4月加入中国共产党，1956年6月被选为空军第二批女飞行员。她飞过7种机型，安全飞行近5000小时，是“四种气象”机长和飞行教员。1987年，她被评为特级飞行员，立三等功2次、二等功1次。她还参加过中国妇女第四次代表大会。

放弃留学苏联参加选飞

李秀云小学毕业后，以优异的成绩考上了知名的唐山一中。这是革命先驱李大钊的母校，李秀云在这里受到了先进思想的熏陶。初二时她加入了青年团，高中毕业前被吸收为共产党员。由于她成绩优异、思想进步、身体健壮，高中毕业时被选为留学苏联预备生，在国内集训一段时间后将前往苏联上大学。

几乎同时，空军来唐山招收女飞行员。李秀云从小就梦想当一名空军女飞行员，像苏联“空中魔女”那样驾驶“战鹰”，在万里长空保卫祖国。于是她毅然放弃留学苏联的机会，积极报名参加选拔。

没有想到的是，李秀云有位从未见过面的远房姑父在伪满政府当过差，政审认为她的社会关系不符合飞行员的政治条件，被取消了入选资格。

李秀云即将起飞

李秀云平时是个温顺听话的女孩，但当得知因远房姑父的事情不能实现飞天梦想时，她断然给唐山市委书记写信，说明她与所谓姑父的实际情况，并表明当飞行员的决心。一个中学生直接给市委书记写信，这在当时是很罕见的，足见李秀云的胆识。很幸运，她的信得到领导重视，由于各方面条件合格，她被录取了。

那年空军在唐山市共选拔了30名飞行学员，其中29名是男生，李秀云是唯一的女生，也是唐山市历史上第一个被选上的女飞行员。离开唐山时，市委书记给他们送行，特别勉励李秀云珍惜难得的机会，做一名优秀的飞行员。市委书记的支持和临别赠言，一直激励着她努力工作，奋发向上。

为留在部队给空军首长写信

1956年6月底，140多名女飞行学员从祖国的四面八方来到了徐州空军第五预校，1957年2月转入长春第二航校学习飞行。李秀云由于接受能力强，学习刻苦，毕业时被评为优秀学员并荣立三等功。

1958年年底，解放军滑翔队为在全国第一届运动会上取得好成绩，决定从刚毕业的女飞行员中借调3人去飞滑翔机。各方面都很优秀的李秀云被选中。1959年3月31日，李秀云和柴秀儒驾驶“波其安”型滑翔机，创造了双座滑翔机昼间留空时间7小时43分的全国纪录。这一成绩还打破了原男子双座滑翔机昼间留空时间6小时30分的全国纪录，她俩成为全国双料冠军。国家体委为她俩颁发了“破全国纪录”奖章，时任国家体委主任贺龙元帅亲切接见了她们，媒体也争相报道。

李秀云回到部队后，正当领导安排她改装训练时，一纸调令打破了她的全盘计划。滑翔队要调她去接班。这时，一向温文尔雅的李秀云急了，当面与领导激辩起来。她说：“当时说好了的是借调，我已完成上级交给的任务，为何还要调我回去？我需要的不是荣誉，我要的是飞行事业，是要在蓝天上为人民服务。”平时柔弱的李秀云在关键时刻“故技重施”，提笔给空军政委写信，信中重申了她要留在飞行部队的理由。信由政治机关转送空军领导，李秀云对飞行事业的挚诚，再一次感动了领导，又一次成就了她的蓝天梦。

怀孕6个月雪夜救人

李秀云留在部队后，虽然飞滑翔机落下了飞行训练进度，但她越飞越好，很快就当上了机长。她率领机组出色完成了专机、空运、值班、救灾、科研等飞行任务。

1966年年底的一天傍晚，李秀云机组在沈阳军区值班时，领受了去佳木斯接一位危重病人来沈阳抢救的紧急任务。那时她当机长时间还不长，老天爷似乎有意考验她这位新机长，起飞不久天气突变，狂风卷着大雪冲刷着飞机。飞机如同巨浪中航行的一叶小舟，时而被高高抛起，

李秀云远航归来

时而被重重按下。机外黑漆漆的，啥也看不见，她们要去的佳木斯机场的夜航保障设备又很不完善。作为新机长的李秀云还是头一次遇到这样恶劣的鬼天气。怎么办？返航还是继续往前飞？后退可确保飞行安全，前进则有一定风险。但如果返航，病人的生命就会有危险。为了救人，她选择了前进。她一面紧握驾驶盘，与狂风暴雪搏斗，保持好飞机状态，一面加强与地面的联系，在机组的密切配合和地面指挥下，她准时安全降落在机场跑道上。落地后她才发现，气温虽在零下20℃，她的内衣却被汗水浸湿了。湿透的内衣紧贴在凸起的腹部上，这时她才意识到自己已是怀孕快6个月的孕妇。想到肚里的孩子，她有些后怕。刚才空中的折腾不会把孩子折腾掉吧，这可是头胎啊！可为了抢救病人，她也顾不了许多，天刚蒙蒙亮，她们机组就载着病人起飞了。由于抢救及时，病人转危为安。

1967年五一劳动节这一天，李秀云的女儿提前18天降生了，李秀云对前来看望的姐妹们开玩笑道："她怕我总带她在天上折腾，自己提前出来了。"

排除万难，空投血浆

1970年春天，李秀云机组执行了一次极为特殊的任务，到内蒙古赤峰市大板地区空投玻璃瓶装水剂血浆。空投玻璃瓶装水剂血浆，在空军空投史上尚属首次，以往空投的药品都是固体的。如何不使玻璃瓶破碎成为第一道难关。机组与地面人员动脑筋想出了土办法，他们首先用稻草里三层外三层将玻璃瓶包成小包，然后在包与包之间塞满减震物，最后用大麻袋将它们包好后，再系上小型降落伞。

李秀云机组载着大麻袋起飞后，又遇到了一系列新的难题。当时机组没配大比例尺地图，空投区一带的地标地物不熟悉，更没有现代化的导航设备，只有几堆烟火做标志，空投难度很大。更何况地面也没有指挥组，无法与地面联系，空投点的低空风向风速无法掌握，再加上地形复杂，就是找到空投点，要使空投物准确地投到目标范围内也非常困难。

李秀云和机组成员虽然不知道大板发生了什么事，但有一点是明确的，用飞机空投血浆，一定是有人受了重伤，生命垂危，急需血浆救治，而且人数不少，用血量大。[①]因此必须尽快找到空投点，时间就是生命。这时的李秀云已是一位比较成熟的机长，面对重重困难，她不急不躁，一面利用赤峰机场导航台保持飞机航向，一面给机组成员具体分工，让领航员用机上Ab-52求空投地区的风向风速，其他成员仔细观察地面，争取尽快找到烟火堆。

很快他们发现了烟火标志，李秀云当即根据地形建立航线。当领航员求出低空偏流后，她又低空盘旋了几圈，选择最合适的空投时间和高度。时间和高度决定成败，空投时间早了晚了都不行，高度高了低了也是如此。时间早了、高度高了，降落伞打开过早，在无人操纵的情况下，肯定会被风吹离目标区，撞上周围的障碍物；时间晚、高度低，降落伞没完全打开就着地了，玻璃瓶就可能摔碎。当有了绝对把握后，她才按下空投铃。空投后，她又在目标上空盘旋了2圈，当看到有人举着红旗向空中摇晃示意时，李秀云才驾机返航。当赤峰调度员告知血浆全部完好无损时，李秀云才如释重负地舒了一口长气。她凭着高超的驾驶技术与丰富的航行经验创造了飞机空投液状物品的纪录。

烽火三月，家书无价

1979年年初，正是对越自卫反击战打得最激烈的时候，李秀云率机组到前线机场值班。值班期间他们执行了云、贵、川高级指挥员集结，到广州拉急需的设备与器材，多次运送伤员及战斗英雄等飞行任务，还执行了送方毅副总理、杨静仁副委员长去前线视察慰问的专机任务。那次值班任务环境艰苦、飞行量大，时间也比较长，共计2个多月。任务期间发生的许许多多事情，使她终生难忘。

---

① 笔者写此文时，打长途电话采访当地有关部门负责人得知，当时军队某部施工时发生塌方事故，多人受伤，急需血浆抢救伤员。

李秀云（后中）率机组在前线值班

特别记忆犹新的是在充满硝烟的战场上，她收到了自己2个孩子的来信。那年儿子刚上小学，他只写了一行字：“妈妈我想你。”女儿那时已上初中，她画了一幅画：小女孩站在山头上，面对咆哮的大海，呼喊着“mother！mother！”（妈妈！妈妈！）。儿女的来信使她激动不已，姐弟俩“妈妈”的呼唤声是那样的甜蜜、那样的亲切，使她感到无比欣慰。在硝烟弥漫的前线，儿女的信是她收到的最珍贵的慰问品，也是最大的亲情享受。这也使她懂得了“烽火连三月，家书抵万金”诗句的深刻含义。

1988年12月，李秀云因超过规定年龄而停飞，人虽离开了蓝天，但她的蓝天梦并没有终结。当刘洋和王亚平两位女航天员飞入太空后，她兴奋地向战友们写信表示祝贺，希望中国妇女为实现中国梦多做贡献。

张连芳

穿越蘑菇残云的蓝天巾帼

张连芳，1936年出生在东北，1956年高中毕业时被选为留苏预备生。后因空军招收女飞行员，她投笔从戎，成为我国第二批女航空员，进航校学领航专业，以全优成绩毕业。1958年年底，她被分配到郑州运输机部队工作。由于她聪明伶俐、刻苦好学、反应灵敏、作风泼辣，很快成为一名领导和飞行员非常信任的、技术出众的领航员。由于各方面表现突出，第二年她便荣立了三等功。正因如此，一项历史性的重任落到了她的肩上。

领受秘密重要任务

1964年年初的一天，张连芳与机长崔文生及机组其他成员，被团里郭政委叫到办公室，领导给机组下达了一项严格保密的飞行任务，具体地点是新疆的03号基地——马兰机场。郭政委异常严肃地对机组成员说道："这是一次十分重要的任务，党和国家领导人非常重视。你们每个人都是经过严格的政治审查与技术考核，经上级批准才定下来的。任务的特点是：时间长、任务重、生活艰苦，甚至有生命危险，而且要绝对保密，不许通信、不许对任何人讲。具体是什么任务我也不清楚。"最后郭政委专门将张连芳留下，征求她的意见："你是唯一的女同志，困难会更多，你有什么想法和要求，可以提出来。”张连芳想都没想，立即表态道：“没有困难，坚决完成党交给的任务。”

当时张连芳正处在热恋中，领导考虑她此去西北执行任务时间很长，而且不许和外界有任何联系，这对恋爱中的情侣来说，无疑要因长期失联而饱受相思牵挂之苦，因此给她一个与恋人惜别的机会。

张连芳的对象叫张文波，是本部队的一位优秀领航员，但不在同一个飞行大队。那次见面还很隆重，她与文波由所在大队的政委领到一个小房间见面。当两位政委离开后，一对恋人没有热拥相吻，而是相对无言，不知说啥好。她不能告诉他要去哪里、去干啥、去多久，更不能告诉他此去有风险。他虽然很想知道这一切，但他知道部队的保密规定，理解她的苦衷，因此他也沉默无语，只能用满含深情与关切的双眼久久地凝视着心爱的姑娘。良久过后，因为领导安排约会的时间到了，便相互道了一声“保重”后，匆匆离开了那间令张连芳终生难忘的小房间。这种约会的场景也许只有在军营里，在那特殊年代里才会有。

翌日，一架里-2型运输机在张连芳的领航下，飞到了位于南疆波斯腾湖畔的马兰机场。机组当即向基地指挥部报到，领受任务。这时张连芳才知道，根据毛主席“我们也要搞原子弹”的指示，中国已开始研制原子弹，而且即将成功。他们机组的任务，就是为我国第一颗原子弹爆炸提供相关的空中服务。

张连芳机组到马兰基地不久，基地指挥部召开了动员大会。会后少数同志的思想有所波动，有人私下议论，想回家生个孩子后再来执行任务。张连芳是在爆炸现场最前沿工作的唯一女性，她在航校时就学过有关原子弹的知识，当然清楚此次任务的危险性，但自己是一名党员，别说是核辐射，就是牺牲也在所不惜，因此她向基地领导表态，无论有多大的危险，坚决完成任务。她的精神激励了所有参战部队的指战员，她的名字传到了中央和国务院有关领导人的耳朵里，周恩来总理亲自指示基地领导，号召全体参战人员向张连芳学习。

动员大会之后，基地领导给张连芳机组下达了具体任务，他们当前的主要任务是对离爆炸区最近的04号机场进行勘察、试飞，然后将参加爆炸试验的有关人员、设备和物资空运到04号机场。

机组到达04号机场发现，这里的条件比想象的还艰苦，当地没有淡水，更没有空勤灶和洗澡堂，喝的水又苦又涩，米饭和馒头因碱多都是黄色的，吃起来都是咸的。用那里的水洗脸，就像蜂蜇火燎一样生疼。后来马兰指挥部对机组给予特殊照顾，送来了一批西瓜，张连芳就用西瓜皮洗脸。当地没有房子住，所有人都住帐篷。机组就她一个女同志，单独住不安全，她就和机组的男同志住一个帐篷，中间挂一床棉被。厕所都是用席子围起来的，张连芳的女厕所是她来后临时搭建的，不牢固。当地气候异常恶劣，风沙不断，经常听到机组的男同志喊："张连芳，你的厕所又被刮跑了。"

生活艰苦对张连芳来说算不了什么，她能吃苦。对她最大的考验是飞行环境，大西北的飞行环境异常复杂。首先是04号机场没有完整的导航设施，别说雷达，连远近距导航台也没有，只有一个功率极小的导航台，50千米外就收不到它的信号；其次，里-2飞机领航设备落后，只有一部无线电罗盘和一个磁罗盘，没有任何自动导航设备；再次，在茫茫戈壁和荒无人烟的罗布泊上空飞行，缺少地标参照物；还有西北多大

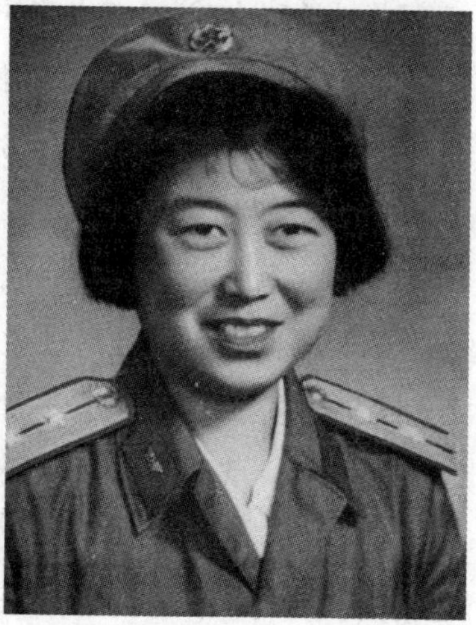

佩戴中尉军衔的张连芳

风，航线上的偏流有时高达20多度。在这样复杂的空域里飞行，要想不偏航、不迷航，没有过人的领航技术不可能做到，但张连芳做到了。在长达10个多月的飞行中，她创造了零误差的奇迹。她引导飞机顺利地完成了任务，从北京、西安、兰州、银川、哈密、武威等地多次往04号机场运送科研人员、精密仪器、重要文件和试验物品，包括猴子、狗、白鼠、飞机坦克模型等。

穿越蘑菇残云

我国第一颗原子弹爆炸的前一天，前沿总指挥张爱萍副总长把张连芳和机长叫到他的帐篷，给他俩下达具体任务，让他们马上起飞，把爆炸现场上空的各高度层的温度、湿度、风向、风速、能见度等数据测量记录下来，为第二天起爆提供依据。为了完成任务，她利用一切技术手段，一遍又一遍地反复测量，反复计算，落地后又进一步复算核对。张爱萍对她精细缜密的作风大加赞赏："你的任务完成得非常出色，你提供的资料，对明天的起爆非常重要。"

原子弹爆炸的当天，即1964年10月16日，除指挥部和地面保障人员外，04号机场只留张连芳他们一个机组。留在现场的人员都穿着防化衣，戴着护目镜，用棉花堵住双耳，趴在临时挖的露天掩体里，又激动又紧张地等待火球从102米高的爆炸架上升起。

15点整，一颗硕大的、圆圆的红色火球与蘑菇云翻滚着蹿上天空，大地也开始微微颤抖。人们欢呼雀跃，不停地蹦呀、喊呀！张连芳和机组其他成员抑制着激动和喜悦的心情，又领受了一项新任务。原子弹爆炸半小时之后，指挥部命令他们升空，去穿越并追逐尚未消失的蘑菇残云，采集各高度层的放射性微粒。这是一项危险性极大的任务，虽然半小时后的蘑菇云已变成了一团黑色残云，但残云中仍有放射性物质和未知的高温等，飞机进云后到底是啥情况，没有先例，无法预测。可是在当时的技术条件下，用飞机收集核辐射样品是唯一的办法。张连芳他们也清楚执行此次任务的后果，但他们早就下定了誓死完成任务的决心，因此明知有危险，还是毫不迟疑地拎着航行包登上了飞机，载着防化兵和测量仪器起飞了。

机组按照张连芳所给的航向，勇敢地朝着那团黑云飞去。当飞机冲入黑色云团时，仿佛航行在十二级风浪之中，上下颠簸，左右摇晃，飞机似乎就要解体。好在时间很短，半分钟左右飞机便穿出云团，尔后围绕着那团蘑菇残云一圈一圈地盘旋上升，直到飞机上升到极限高度5200米时，张连芳才引导飞机脱离。这时的蘑菇残云已变成白色的小豆角，向深邃的天空飘升。

完成采样任务后，张连芳机组按计划到哈密机场降落。飞机停稳后，防化兵战士立即检测飞机和机组成员受沾染的情况，检测结果张连芳受沾染最重。检测后，防化兵为飞机和机组进行了去污染消辐射清洗。由于张连芳是唯一的女性，没有防化兵帮助，她单独在一个帐篷里自己清洗，清洗时没清洗头发，留下了隐患。

哈密机场所有的人都知道张连芳机组穿越蘑菇残云的事迹，都以崇敬的目光欢迎从爆炸现场归来的英雄，可是有不少人担心他们身上残留的辐射物波及自己，离他们远远的，连空勤灶也不让他们进去用餐。第二天，张连芳他们又回到04号机场，将试验场的各种试验物和沾染物运到北京进行研究。

几天后，张连芳到03号基地执行任务，与同部队的也到那里执行任务的女机长于志玲住一个房间。早上张连芳发现于志玲偷偷掉泪，便问道："出啥事了？"

于志玲指着张连芳的枕巾说："你看看，自己看看！"原来粉红色的枕巾上铺满了一层黑发，张连芳已经开始大量脱发。张连芳面对自己的落发不但没表示出伤感，反而笑着安慰蓝天姐妹："没事儿，我的头发多，掉点儿没关系。"其实她心里很明白，这是核辐射造成的，因为她的例假也停了。没想到核辐射的影响这么大、这么快。然而她无怨无悔，坦然面对，做好了与辐射病长期斗争的准备。

经过10个多月的紧张飞行，张连芳和她所在的机组出色地完成了我国第一颗原子弹爆炸的采样和空运任务，上级为张连芳记了二等功。

张连芳回到部队后，领导对她和其他机组成员非常关心，安排他们疗养休息。

创造健康生孩子的奇迹

1965年国庆节，张连芳与张文波这对聚少离多的恋人，终于喜结连理，有了自己的家。可是1966年、1967年她2次怀孕都流产了，而且都是孕后4个多月。2次流产并没有引起张连芳的重视，但领导却异常重视，团里郭政委亲自找张连芳谈话：“你为我国的第一颗原子弹试验作出了重大贡献，沾染了放射性物质，组织上一定要治好你的病，一定要让你生孩子。你也要拿出执行任务时的那种坚韧精神，配合医生治疗，战胜辐射病。你能不能生孩子，不仅是你个人的事，还关系到能不能消除那些流言蜚语的问题。”原来，张连芳接连流产后，少数人认为辐射病是不治之症，无药可治，张连芳他们不仅不能生孩子，甚至会短命。

郭政委谈完话的第二天，团里派主任航医送张连芳到北京解放军301医院做全面体检。医院放射科主任检查完后对她说：“我们非常关

张连芳全家福

心你的情况，你怎么才来呀！你体内的放射性物质还没有全部排除，我以为你‘光荣’了呢。不过你不要紧张，现代医疗技术可以治好你的病。”

经过一段时间的治疗，张连芳准备返回部队，临走时医生给她开了很多药，并鼓励她说：“回部队后只要坚持吃药，坚持锻炼，以后怀孕生孩子没有问题。”

在困难面前从来没服过输的张连芳，自然也不会被体内的放射性物质所击倒。张连芳从北京回到部队后，遵照医嘱坚持按时吃药，同时自己查阅了大量有关资料，加强体能锻炼，全面提高免疫力，决心生一个健康的小宝宝。在领导的关心和自己的努力下，1968年，张连芳第三次怀孕。得知这一消息后，从领导到每个空地勤人员都为她高兴，并加倍地关照她，领导还派本大队的女飞行员轮流照顾她，不让她干任何重活儿。1968年9月20日，张连芳生下了大女儿，为了纪念到大西北参加第一颗原子弹试验任务，她给女儿取名张西验，虽不像女孩儿的名字，但含义深远。孩子出生后，师长和师政委带着营养品亲临医院看望她、祝贺她。一时间，张连芳生孩子的事被传为佳话，她创造了我国医学史上的奇迹。

3年后，即1971年，张连芳又生了一个8斤多重的胖姑娘。由于生孩子时，爱人远在外地执行飞行任务，4个月的时间里，夫妻俩只有靠写信相互问候，因此他们给二女儿起名为张鸿雁。

有了2个孩子后，张连芳又在蓝天上辛勤耕耘了13年。在这13年的飞行生涯中，她又出色地完成了多项军事运输和抢险救灾任务。1976年执行大兴安岭森林灭火任务长达3个多月，住在加格达奇，那里别说是澡堂，连自来水都没有，生活极其艰苦。又如四川某地瓦斯爆炸，张连芳机组紧急出动，连夜从上海把专家和医务人员送到南充机场。机场没有夜航设备，只摆了几盏马灯。当时进川的航线上没有导航台，没有备降机场，白天飞行都很困难，更何况夜航了。但是张连芳凭着过硬的领航技术和缜密的工作作风，引导飞机一次着陆成功。

即将告别蓝天的“比翼鸟”

张连芳1984年停飞，她在蓝天里翱翔了近30年，安全飞行3800多小时。1990年退休，结束了她的军旅生活。现在2个女儿都已长大成才，建立了幸福的家庭，也都有了自己的孩子。被放射性物质重度沾染的张连芳，不仅奇迹般地活到今天，而且有了美满的家庭与幸福的晚年。有人问她：“你的金刚不败之身是咋炼成的？”她笑答道：“按时吃药，坚持慢跑，多些宽容，少些烦恼。”

张连芳退休后，除了退休金之外，她还享受国家发给“两弹一星”人员的营养补贴。她患辐射性白内障后，军队有关部门还给她颁发了“伤残军人证”，持此证可享诸多优惠待遇。如今，她安享着含饴弄孙、颐养天年的幸福晚年。

董锁箴

飞行世家的蓝天母女情

董锁箴与刘宇环是中国历史上第一对母女飞行员，在社会上有较高的知名度。女儿宇环是空军首批本科女飞行员、南方航空公司第一位女机长，2016年被评为民航“巾帼建功立业先进个人”，她至今仍在蓝天翱翔。

我与董锁箴是同门姐妹，航校初期我俩在一个教学组，由饶教员带飞。董锁箴为人忠厚，性格内向，不善言辞。她聪明好学，飞得不错。分到部队后，她很快成为“四种气象”条件的机长、教员。执行过我国第一颗原子弹试验、人造卫星回收、飞播造林、抢险救灾、军事运输等重要飞行任务，飞行27年，近3000小时，飞过雅克-18、里-2、C-47、伊尔-12、伊尔-14这5个机种，8次立功。

在董锁箴的飞行生涯中，业绩并非闪光点，真正值得赞颂的是她多次历险而矢志不移的敬业精神。她是我们同批姐妹中历险最多、与死神擦肩而过的幸存者。她的历险经历可以拍一部惊险的大片。只可惜她的传奇事迹，成名前被历史烟云所遮盖，成名后又被女儿的光环所淹没。本文将拂去历史的尘埃，略去女儿的光芒，将真实的董锁箴清晰地呈现在读者面前。

董锁箴飞行归来

雷雨挡道，险象环生

1962年盛夏，董锁箴被任命为机长不久，上级派她率机组执行长途紧急空运任务。领受任务后，董锁箴既兴奋又紧张，这是她当机长后的处女航，自然十分激动。但她只是羽毛未丰的雏鹰，还不是全天候的机长，“夜复”课目还没飞，有些紧张也很正常。董锁箴怀着复杂的心情，驾驶着尾号808的里-2型飞机腾空而起，直上云天。

飞机改平进入航线之后，坐在左座正驾驶员位置的董锁箴对眼前的一切，感觉和以前坐在右座当副驾驶员时大不一样，似乎天更蓝了、云更白了、山更青了、水更绿了，一切都更美了。她在左座位置上，尽情享受着飞行的快乐，产生了一种“天高任鸟飞”的飘飘欲仙感。可飞行并非都那么美好而富有诗意，瞬间，风云突变，董锁箴遇到了从未见过的险情。航道被厚厚的云层挡住了，飞机开始颠簸，耳机里响起了“咔嚓、咔嚓”的干扰声。董锁箴明白，她们遇到了危险的雷雨云。不久前一架民航客机进云后，遭雷电袭击而坠毁。她一面告诫自己别紧张，要冷静，一面吃力地保持飞机状态。董锁箴艰难地飞行着，险情越来越严重，闪电频频从机前闪过，隆隆的雷声穿过机壁震撼着机组成员的心，倾盆大雨夹杂着冰雹，砸得风挡玻璃嗵嗵直响，狂风卷着云团在机前上下翻滚，飞机仿佛一叶小舟，被风雨雷电肆虐着，时而被高高抛起，时而被重重按下，随时有解体的危险。董锁箴尽管艺高人胆大，但也产生了恐惧感，头上冒出豆大的汗珠，内衣全湿透了。机组其他成员，有的呕吐，有的晕眩，他们把目光都投向机长董锁箴，此时她才真正感到机长肩上的分量。责任使她冷静，也给了她力量。

面对险情，董锁箴按平时制订的应对方案，寻找云隙突围。她驾驶脱缰野马般的飞机，在云隙中曲折地飞行着，经过一个多小时的搏斗，董锁箴机组终于脱离了险境，在目的地安全降落，完成了长途紧急空运任务。董锁箴当机长后的首航，经受住了考验，交了一份合格的答卷。

飞机坠地，死里逃生

飞行员要想在各种气象条件下进行飞行任务，必须经过“昼间简单气象、昼间复杂气象、夜间简单气象、夜间复杂气象”4种课目的训练，成为“全天候”飞行员。其中“夜复”课目，难度最大。董锁箴所在部队，为培养3名已是3种气象条件的女机长，指派1名男教员组成教学组，带领她们进行“夜复”训练，其中就有董锁箴。

“夜复”训练必须有夜间复杂天气，南方梅雨季节这种天气最多。为找“夜复”天气，教员带着3名女学员，驾驶803号里−2型飞机，转场到南京大校机场。

有一天，好不容易盼来一个“夜复”天气，教员带3名女学员进行“夜复”训练。董锁箴被安排第一个飞行，为减少换人时间，其他2名女学员也上了飞机。那晚天气还真复杂，董锁箴进入驾驶舱后，外面黑乎乎的啥也看不清，云低得从驾驶舱伸出手就能抓到，毛毛细雨中的滑行道灯、跑道灯，显得暗淡无光。面对这种复杂天气，董锁箴心里叫了一声好，这正是练硬翅膀、提高飞行本领的绝佳条件。董锁箴在教员指导下，顺利地完成了当晚的训练计划。

董锁箴飞完后飞机没关车，换第二名女学员接着飞。董锁箴这晚飞得很好，很过瘾。她飞完后回到客舱，回味着在雨夜穿云破雾的滋味。正当她沉醉在美好回忆之中时，突然一声巨响和一股强劲的撞击力，将董锁箴从沙发椅中甩了出来。随后，她就在机舱里左碰右撞，不停地翻滚，她下意识地用手护住头。

飞机又一次剧烈撞击，她从机舱一侧被抛到另一侧。当她感到死神将要把她接走时，脑海里突然闪现出结婚刚4个月的丈夫，还有年迈的母亲，她以为再也见不到他们了。正在胡思乱想时，飞机突然静止了下来。当意识到自己还活着，董锁箴便向前舱摸去，看是否有人牺牲，万幸的是都还活着。人虽然活着，却没人走动，也许伤得不轻，也许吓傻了，机舱里一片死寂。不知过了多久，突然有人大声喊道："快离开飞机，防止飞机爆炸！"飞机虽然摔坏了，但机舱门还能打开，机组人员迅速都下了飞机，看来伤得都不是太重，都能走。董锁箴下飞机后发现，飞机摔在跑道头延长线的草地里，是一个大水塘的大堤挡住了往前冲的飞机，是大堤救了机组人员的命，否则飞机冲进大水塘里，后果不堪设想，真是不幸中的万幸。

很快，一辆辆救护车、消防车、拖车、吉普车等救援车辆赶到了现场。过了不久，一辆挂着军牌的小轿车急匆匆开到了飞机旁，车门打开后，南京军区空军司令员聂凤智下了车，他下车第一句就问："女飞行员怎么样？"聂司令员关切的一问，令董锁箴和其他2位女将感动得哇哇大哭起来，大难之后见到挂念她们的首长，所有的余悸惊恐都随着泪水释放出来了。聂司令见她们都活着，嘘了口气道："都活着，我就放心了！"他这一说，董锁箴她们哭得更厉害了，这是感激的泪、欣慰的泪，司令员赶来现场看望她们，是对她们最大的安慰。聂司令员随即吩咐前来救援的医生尽快送她们和其他机组成员去医院检查治疗，千万别留下隐患。

这一幕不仅感动了3位心有余悸的女飞行员，也感动了在场的每个人，聂司令员这么关爱女飞行员，与一段往事有关。

1952年年末，中朝空军联合司令部计划轰炸汉城（现首尔）。在确定飞行员时，朝方提出由朝鲜女飞行员金顺子执行这次任务。

"女娃儿，能行吗？"聂司令员那时对女飞行员还不太信任。

英姿勃勃的董锁箴

第三天的黄昏，金顺子驾驶波-2飞机，在夜色掩护下，飞到汉城上空后，成功地轰炸了李承晚的国防部大楼，大楼顿时冒出一股股黑烟。金顺子安全返航。这次女飞行员轰炸汉城的行动，给聂司令员留下了极为深刻的印象。①

董锁箴劫后余生，不但没有留下恐飞后遗症，相反由于聂司令员亲临现场看望安慰，更增添了她做一名女飞行员的责任感和自豪感。

起飞单发，带烟着陆

飞行员都清楚，起飞降落阶段，是飞行事故多发阶段。着陆时最怕复杂天气，看不见跑道；起飞时最怕发动机出故障。1962年2月9日，我部一架伊尔-14型飞机，就因为起飞时一台发动机故障，飞行高度太低，撞山坠毁，牺牲了10名飞行人员，是我部历史上最大的“二九”空难。

董锁箴有一次就遇到了同样的情况。有一天7点多钟，董锁箴带一名男学员驾驶伊尔-12型飞机执行紧急空运任务，学员在左座，她在右座，由学员驾驶。学员开车、滑行、起飞都很正常，当飞机爬升到近50米时，意外情况发生了，飞机突然向右偏转，董锁箴一面向学员发出

① 上述故事摘编自《聂凤智回忆录》。

“蹬左舵，保持好方向！”的指令，同时自己也蹬了上去。董锁箴凭经验判断是右发动机故障，随即加大左发动机油门，将右发动机顺桨，保持飞行高度和飞机状态。谁知右发动机不仅停车，尾部还开始冒浓烟，随时有爆炸的危险。这时的董锁箴已是身经百战的老机长了，面对突发险情，她临危不乱，果敢地驾驶冒着浓烟的飞机，艰难地爬升到100米高度时，直接对正跑道着陆，避免了一起飞行事故，挽救了飞机和机组成员的生命。为表彰董锁箴，部队给她记了三等功。

董锁箴的这次历险，还引爆了家庭“地震”。她历险的一幕让丈夫和上学的女儿看到了。丈夫望着妻子驾驶的冒着滚滚黑烟、摇摇欲坠的飞机，急出了泪水。女儿望着那架发着怪声的飞机从头上掠过，惊得大哭起来。放学回家后，得知那是妈妈飞的飞机，女儿便和妈妈大哭大闹，把董锁箴的飞行图囊藏了起来，不让妈妈再飞行。

母女同心，痴情蓝天

多次历险并没吓倒董锁箴，相反她是愈飞愈勇。她常说：“飞行员之所以受人敬仰，就是因为我们从事的是一种高风险的事业。怕死怕伤就别当飞行员，当了飞行员就要有献身的准备，遇到一点儿危险就不敢飞了，对不住人民花在我们身上的血汗钱。”更难能可贵的是，董锁箴不仅自己经受住了生死关的考验，还把自己的女儿送上了蓝天，而且女婿也是一名飞行员，一家两代4人都是飞行员。我在编写《一代天娇》

董锁箴教女儿飞行

时，查阅过不少中外女飞行员的资料。外国有母女飞行员，但两代4人都是飞行员的尚未见到，可能他们是天下第一家。

女儿宇环从反对妈妈飞行到自己投身蓝天，她是怎么转向的？董锁箴亲身经历那么多危险，为何还将女儿往“危险”路上送？董锁箴停飞是解开问题的钥匙。

1982年3月，董锁箴飞到部队规定的48岁最高年限停飞，告别了驰骋27年的蓝天。只有当过飞行员的人，才能体会到停飞时那种惜别蓝天的不甘心情，对蓝天眷恋越深的人，越是难过停飞关。董锁箴停飞的当天，粒米未进，滴水未喝，跑到机场，在飞机上抱着驾驶盘落泪。晚上回到家，望着星空发呆。宇环见妈妈失魂落魄的样子，知道妈妈是难舍蓝天，为停飞难过。她很感动，更是心痛，便安慰道：“妈妈，别难过了，我接您的班，替您飞！”“真的？”宇环坚定地点了点头，董锁箴一拍女儿的肩，开心地笑了。

从这以后，董锁箴为女儿能接班，开始对她进行严格的体能训练。每天清晨，她带着女儿长跑。睡觉前，宇环必须在原地转50圈，女儿转，妈妈数，一圈不能少。后来董锁箴借来一把转椅，让女儿坐在上面转。天道酬勤，经过苦练，终于将女儿练成了飞行员。

董锁箴不仅要让女儿接班，还要让女儿接好班，比她飞得更精彩，

青出于蓝胜于蓝，女儿刘宇环在飞航班

退休后的董锁篾风采依旧

有母女的书信为证。

妈妈，飞在云中，女儿的心与您贴得那么近，是那样深深理解您。您还记得当年那个怕妈妈去飞行，悄悄藏起您的飞行包的女儿吗？她今天也飒爽英姿飞在蓝天上了。妈妈，写到这里我禁不住落泪，这是幸福的泪……

宇环，我可爱的女儿……妈妈作为一个老飞行员要告诉你：千万不可沉迷在自豪里，你要牢记，女飞行员不是一朵供自己或别人欣赏的花，而是一名军队战斗员。国家花很多钱才培养出一名飞行员，你一定要比妈妈飞得更好。

从母女的信中不难看出，母亲送女儿上蓝天是为了让她接过驾驶杆，在万里长空为人民、为祖国服务，延续自己的蓝天梦。是母女情与蓝天情的有机结合，才涌现出了我国第一对母女飞行员，才组合出了两代4人的飞行世家。

李丽真

在蓝天书写传奇的女领航员

李丽真，1937年出生在北国冰城哈尔滨。1956年8月，她高考后先后接到了哈尔滨工业大学电机系的录取通知书和空军选飞合格的入伍通知书。她毫不犹豫地选择了后者，进入徐州空军预校学习。同年12月入党。1957年年初，她到长春航校学领航专业。1958年12月，航校毕业后被分配到北京西郊机场，历任领航员、飞行大队领航副主任、师领航科参谋等职。先后在里-2、伊尔-14、伊尔-18、子爵、三叉戟、直-5、云雀等10多种机型上担任领航任务。出席过空军积极分子代表大会，受到过毛泽东、周恩来、刘少奇、朱德等党和国家领导人的接见。她荣立三等功2次、二等功1次。1988年年底，时年51岁的李丽真停飞，次年退休，共安全飞行5000多小时。

李丽真领航技术出众，有“巧姑娘”之称，是全天候领航员。她先后执行过刘少奇、周恩来、朱德、邓小平、贺龙、陈毅等党和国家领导人及胡志明、金日成等外国元首的专机任务，还执行过军事运输、测绘航拍、抢险救灾等飞行任务。

渤海救渔民

1961年4月的某一天，一架银白色的伊尔-14型飞机向着渤海湾飞去。驾驶这架飞机的机长是年轻的女飞行员沈本华，领航员正是李丽真。这是她们首次在海上执行任务，是一次极为重要而又十分艰险的任务。她们受党中央的委托，在茫茫大海之上寻找失踪了数天的渔船，给渔民空投食物和淡水。海上飞行没有地标地物可参照，那时候飞机上也没有现在这么先进的自动导航设备，全靠仪表飞行，这对首次执行海上飞行任务的沈本华和李丽真来说，是一次极为严峻的考验。

飞机飞临大海之后，从舷窗往下望去，只见蓝蓝的海连着蓝蓝的天，天海一色，无边无际。沈本华驾驶飞机在大海上空盘旋着、搜寻着，时间也在一分一秒地流逝着，可是下面除了滚滚波涛之外，一无所获。沈本华与李丽真商量后，决定降低飞行高度并扩大搜索范围，终于在机翼的左前方发现了几个小点。

“船，渔船！”李丽真高兴地喊了起来。

海上飞行天海难分，极易产生错觉而致使飞机坠海。但为了将食品和淡水准确地投放到饥渴难耐的渔民手中，沈本华不顾气流的冲击，一再降低飞行高度，飞机几乎贴着波峰飞行，直到全部空投物品落到船上，她们才胜利返航。由于她们给有关部门提供了渔船的准确位置，迷航渔船在救援船只的引导下，安全驶回渔港，渔民全部获救。事后，被救渔民专门来京，给机组送了锦旗，新华社编发了她们事迹的报道。

李丽真正在为专机领航

这次任务，沈本华、李丽真赢得了领导和同志们的信任，为她们日后执行重要专机任务打下了基础。

送越南胡志明主席

1964年5月15日，李丽真光荣地执行了越南胡志明主席的专机任务，航线是北京至南宁。得知要执行胡志明主席的专机任务时，她不相信这是真的，她想自己才是一个只有4年领航经历的领航员，和许多老领航员相比，资历还很浅，然而领导却将这么重要的任务交给她，说明领导的信任，她决心一定出色地完成任务，不辜负领导的期望。于是她在地面认真准备，把各种航行数据背得滚瓜烂熟；在空中精心计算，准确引导飞机按预定航线飞行。

当专机安全准时在南宁机场降落后，胡志明主席异常高兴，他神采奕奕地来到驾驶舱，看望机组成员。当他看到机组成员中竟有一位年轻美丽的姑娘时，既惊讶又兴奋，他紧紧握着李丽真的手，连声称赞道："了不起！了不起！你是中国妇女的骄傲，是我们越南妇女学习的榜样，也欢迎你到河内做客。"并当即送给李丽真一个小笔记本，用红色钢笔在上面签下了自己的名字：胡志明伯伯赠。李丽真至今仍保存着这个珍贵的笔记本。

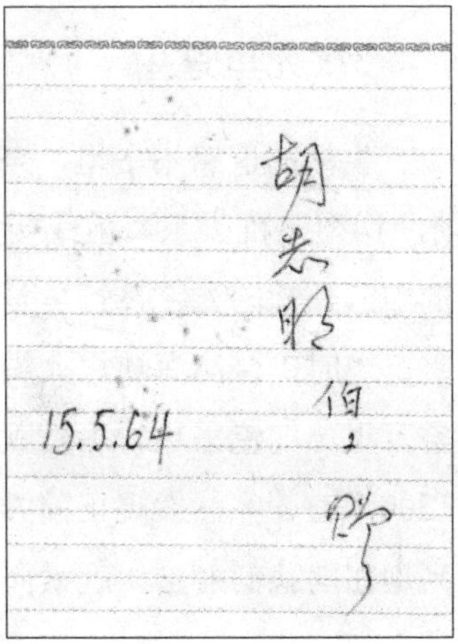

胡志明送给李丽真的笔记本签名

送刘少奇主席去武汉

1965年7月，李丽真执行了送时任国家主席刘少奇去武汉的重要专机任务，这是最高级别的专机任务。那天，李丽真机组做好起飞前的一切准备工作后，进了驾驶舱，坐在各自的位置上静候首长的到来。不久，刘少奇在送行人员的陪同下向飞机舱门走来，这时李丽真发现，送行人员中竟有周恩来总理。周总理不也要去武汉吗？怎么还来送行？李丽真在下达飞行任务时就得知，当天飞武汉的有两架飞机，一架是供周总理乘坐的伊尔-18型专机，一架是供刘少奇主席乘坐的子爵型专机。她还在惊异时，飞机已开车滑行。

飞机起飞后，地面调度部门让他们调整好飞行速度，要让后起飞的总理专机在空中超越他们，保证总理专机在汉口机场先落地。李丽真严格按要求，根据空中的风向风速，不断调整飞机的速度，保证按指定的时间在汉口王家墩机场降落。为什么要做这样的调整，当时她并不清楚。当飞机滑向停机坪时，她在欢迎的人群中看到了周总理那熟悉的身影。这时她才恍然大悟，原来是周总理要在汉口亲自迎接刘少奇主席。看到这一幕，李丽真再也抑制不住自己的感情，热泪夺眶而出，她再一次被总理谦逊的品德和一切事情都注重细节的作风所折服。这次武汉之行，对李丽真一生的影响巨大，她从周总理的言行中，悟出了很多做人的道理。

3次死里逃生

生活的道路不平坦，空中的道路更坎坷。1961年夏天，一架银色伊尔-14型飞机去东海前线接空军成钧副司令回京。机长是飞行经验丰富的中队长胡国光，飞行员是我国第二批女飞行员沈本华，领航员是李丽真。当时，台湾海峡炮火纷飞，这是一次极为机密的军事行动。那天晴空万里，气流平稳，飞机顺利到达前线晋江机场上空。当飞行高度降到1200米时，突然发现正前方爆炸着朵朵烟花。机长喊道：“不好！地面高炮在向我们射击，赶紧向他们发射信号弹！”同时他赶忙拉杆蹬舵，使飞机尽快越过高炮阵地。由于采取措施及时，专机未被击中，安全降落在晋江机场。成钧副司令知道炮击事件后异常生气，找来了指挥射击的高炮排长，责问他为何向自己的飞机开炮。他回答："我们没接到飞机通过的通知。"

"没接到通知，难道不会识别机型，国民党有这种飞机吗？哼，你们的技术蛮不错嘛，100多发炮弹打不下一架运输机。"训斥完后，成钧副司令又指着沈本华和李丽真说道："她俩是新中国的女飞行员，你今天要是把她俩打下来了，看你怎么向全国的'半边天'交代。"

100多发炮弹对李丽真只是小小的考验，1962年2月9日，对她来说才是真正生死攸关的日子。那天晚上部队进行"夜复"训练，当晚没有李丽真的训练计划，但她为了观摩老领航员夜间复杂气象的领航技术，偷偷地爬上了飞机，后被副大队长发现，将她撵下了飞机。这架飞机起飞后在爬升阶段因发动机故障，撞在了万寿山旁红山口的山尖上，机上的10名机组成员全部牺牲，李丽真又一次幸免于难。

两次大难不死，使李丽真赢得了"福星"的头衔。但她不可能总是幸运者。1981年11月13日上午，她检查2名云雀型直升机领航员的技术。直升机刚提升到300米高度时，发动机突然停车，失去动力和升力的直升机，就像秤砣一样急速坠落。正在做检查记录的李丽真，还没有来得及做任何反应，便失去了知觉。当她在医院的病床上醒来时，已是15点多了，她在死神的魔掌中整整度过了7个多小时。虽幸免一死，但已是遍体鳞伤，奄奄一息。经检查，颅底骨折、耳鼓膜严重破裂、头部出血、牙齿脱落、眼光散乱，头脑昏沉，疼痛难忍，她7天7夜没睁过眼。这次遇险不仅使她饱受伤痛的折磨，而且还使她失去了飞行能力。由于耳鼓膜穿孔医治不及时，导致听力下降，特别是左耳几乎完全失去了听力，航医的一纸身体不适合飞行的诊断书，判处了她的"极刑"。她保住了肉体的生命，却失去了飞行生命，这对一个热爱蓝天的女航空员来说，打击之大，远远甚过伤痛。伤痛她可以忍受，停飞的打击却令她无法承受。

“万里长征”创造奇迹

从不服输、从不认命的李丽真，拿着诊断书，找遍了北京各大医院的耳科专家。每次她都是带着希望而去，带回的却是更大的失望。但她没有绝望，没有放弃，一位医生的话，使她从遥远的天际看到了一线光明：“只要你坚持锻炼，增强体质，也许会出现奇迹。有些光靠药物治不好的病，却能靠病人的意志和精神治好。”

医生一句安慰的话，不仅给了李丽真希望，还给了她动力。她下定了通过野外锻炼治愈耳病的决心。从此，每当东方刚刚露出玫瑰色，绝大多数人还在酣睡时，李丽真已登上了开往香山的360路首班公共汽车。下车之后，她径直朝香炉峰攀登。香炉峰海拔575米，是香山的主峰，陡峭险峻，极难攀登，不少游人在它面前望而却步，故有“鬼见愁”之称。为了锻炼身体，磨炼意志，除暴雨天和冰雪封山之外，她几乎每天都要爬一次。登上顶峰还不尽兴，她还要顺着西山山脊的崎岖小路向南跋涉，直到八大处才下山乘车返回，全程40多里。她日复一日，月复一月，从不间断。1年、2年、3年过去了，二万五千里长征路都走完了，她仍然坚持不懈地攀登着、跋涉着。她这种锲而不舍的“长征精神”终于感动了老天，奇迹出现了，她的左耳听力逐渐恢复到了能飞行的程度。1985年5月，重返蓝天的梦想终于实现了。李丽真创造了医学史上的奇迹，也创造了航空史上的奇迹。她又在蓝天翱翔了近4年，直到1988年年底停飞退休。

李丽真在登北京香山途中

刘道义

不寻常的“三军”人生

在我国女飞行员中，人称“刘三军”的刘道义，有着许多与众不同的特殊经历。1951年年初，已是共青团员的刘道义报名参军，穿上了陆军军装，被分配到二野十军三十师野战医院，成了一名护士。她把伤员当亲人，深受伤员爱戴和领导赏识，她第一次荣立了二等功。

朝鲜停战后，野战医院改编为海军杭州疗养院，刘道义穿上了海军军服，并被提升为护士长。不久，刚满18岁的刘道义光荣加入了中国共产党。由于工作成绩显著，1953年春天，她出席了在北京召开的海军首届英模代表大会，受到朱德总司令等中央和军委首长的接见。

1956年春末，院领导决定让已是少尉军官的刘道义当医生，便安排她去军医大学深造。正当她整装待发之际，从邻近的空军疗养院传来了空军正在招收我国第二批女飞行员的消息，她当即向院领导提出放弃深造的机会，要去报考女航空员。院领导理解她的心情，同意她报考女航空员。刘道义在众多报名者中脱颖而出，项项检查合格，最终被空军录取。从此刘道义又脱下海军军服，换上了空军军装，她的这段传奇经历换来了一个雅号——“刘三军”。

在边境线上领航

1956年7月，刘道义和全国各地选送来的新中国第二批女飞行员学员，进入徐州空军第五航空预校学习，在140多名学员中，她是唯一一名从军队招收的学员，也是唯一一名戴少尉肩章的学员。

从徐州预校转到长春航校后，由于刘道义身材略矮，被分配学领航。领航专业理论深奥，领航计算涉及代数、几何和三角原理。这对那些刚毕业的高中生来说并不太难，但对只有小学文化的刘道义来说，却难于上青天。为了不掉队，只能笨鸟先飞，以勤补拙，加班加点，除了睡觉、吃饭，刘道义把其他时间全用在学习上。她在1年多的理论学习期间没出过航校校门。

一分耕耘一分收获，她的辛勤付出得到了丰硕的回报。刘道义这个没有任何学历，只上过4年学的学员，不仅没有被淘汰，反而成了班里的优等生，无论是领航理论考试还是领航实践考核，她的成绩全是优秀。1958年年底，刘道义以全优的成绩毕业。

毕业后，刘道义被分配到北京空军专机部队，从事专机领航工作。不到1年时间，她就开始单独执行任务。在执行专机任务过程中，她的领航技术让乘机首长都很满意。钱学森以及沈阳军区司令员曾思玉、广州军区空军司令员吴富善等都表扬过她。特别是时任兰州军区司令员的皮定均中将，在乘坐刘道义领航的专机视察中蒙、中苏边境的过程中，对刘道义的领航技术更是赞不绝口。每当飞机接近边界区域时，为了更清

刘道义穿陆、海、空军装照

刘道义在革命圣地延安留影

晰地看清地标，皮司令都要来到驾驶舱，指着机下的每一个地标，详细地询问刘道义，她总能准确及时地回答。因为是沿边境飞行，随时有偏出国境的危险，所以每次飞行刘道义都要仔细认真地准备，对飞行的航线、高度、速度、时间等都做了精确计算。视察完后，皮司令便设宴感谢机组，席间皮司令紧紧握着刘道义的手夸赞道：“毛主席派我来这里驻守边疆，我现在对这里的山山水水、一城一地都了如指掌，这是你这张活地图的功劳，我得好好感谢你！”

领航神秘首长专机

1969年10月17日16时，大队领导给刘道义所在的机组下达紧急任务，上级让他们飞到西郊机场执行专机任务，机长是邹立升。谁坐飞机、飞往何地、何时起飞，都不清楚，但领导要求机组成员用党性保证，在整个任务过程中，除机长和机械师外，其他人员不得离开驾驶舱。

16点半左右，刘道义机组驾驶着毛泽东曾经乘坐过的伊尔-14型3284号专机，紧急从南苑机场起飞，到西郊机场待命。飞机停在机场候机大楼前的广场上，机组成员按要求没有下飞机，全坐在驾驶舱里待命。2个多小时过去了，天已慢慢黑了下来，但航行部门仍没告知任务的具体内容，也没有送来气象预报单。广场上的气氛也与往常大不一样，以往这个时候已是华灯齐放，此时却黑灯瞎火，也不见来来往往的工作人员，却多了数名荷枪实弹的警卫战士。更为奇怪的是，以往凡是执行任务的飞机，都是机舱门朝着候机室停放，这样既便于首长和乘客上下飞机，也便于迎送人员接送客人，而这次却恰恰相反，飞机舱门正好背对着候机室，很显然这样停放专机，是防止首长登机时被人看见。刘道义预感到这次任务不同寻常，她便把北京飞往全国各大城市的航线都认真做了准备，飞行记录纸填了厚厚一摞。

晚19时左右，一辆特大型轿车开到了飞机前，车刚一停稳，首长躺在担架上被几名医务人员抬上了飞机。过了大约10分钟，机长邹立升回到驾驶舱，他阴沉着脸，只对机组成员说了一句话："立即起飞，去河南开封。"早有准备的刘道义从航行资料夹中迅速取出了飞开封的飞行记录纸。飞机起飞后，刘道义根据空中实际测出的风向风速，将应修正的航向及时报告给机长。虽然机长和机械师都守口如瓶，对客舱里的情况没说一个字，但从他俩的眼神和说话的语气中，聪颖过人的刘道义已感到首长非同一般，而且病情严重。因此，航行中她尽力配合机长，使飞机始终航行在平稳的气流层中，以避免飞机颠簸给病人造成更大的痛苦。着陆时她多次及时准确地报告高度和速度，给机长创造轻着陆的条件。当晚9时许，3284号专机好似一片雪白的鹅毛，轻轻地飘落在开封市

刘道义准备起航

南郊机场的跑道上。

这次神秘的任务，长期封存在机长和机械师的脑子里，直到给刘少奇彻底平反后，机长邹立升才透露了任务的真相，刘道义才知道自己为刘少奇最后一次坐飞机，提供了一条最为舒适的航线，为此她甚感欣慰。

在哪里领航都发光

1971年，因丈夫工作调动，刘道义由北京调到湖北当阳空军运输机部队。到新单位后，刘道义虚心学习，刻苦钻研，很快就适应了新的环境，成为技术骨干，受到新单位领导的信任和重用，很快就被任命为飞行大队领航副主任。

有一次，部队组织夜间海上超低空空投训练（离海面仅50米），这是难度系数最高的一个训练课目，不仅要求飞行员要有高超的海上超低空飞行技术，更要求领航员有极为精湛的领航本领。海上飞行没有任何参照物，当时的飞机上也没有先进的导航仪器，全靠领航员根据各种仪表的指示，准确计算出航行的各种数据。夜间海上超低空飞行，时间和高度是以秒和米为计算单位的，计算的数据只能是零误差，稍有差错，飞机便有坠入大海的危险。飞机离海面虽然有50米高度，但感觉飞机就仿佛贴着波峰飞行一般。不少机组因下面无标志、无指挥、无风向风速资料，领航员难以提供准确的航线，找不到空投目标。而刘道义领航的飞机，不仅3次进入都准确地找到了空投目标，而且次次命中靶心，得了3个5分。任务结束后，刘道义被评为优秀领航员。

1981年9月，在华北地区举行了一次我军历史上最大规模的军事演习，简称“802”演习。刘道义所在的部队参加了这次演习。刘道义把这次军事演习当成真实的战斗，所以精力高度集中，工作程序非常严谨，给飞行员的数据非常精确。每次空中演习，当看到空降兵的降落伞在飞机下方绽放时，那种我军伞兵以排山倒海之势铺天盖地出现在敌人后方的壮观场面，就像打了胜仗一样令刘道义激动不已。

演习部队最后要接受中央军委主席邓小平的检阅，空军参训的各类飞机组成不同的方队从检阅台上空飞过，其中有一个由27架安-26型飞机组成的空降兵伞兵方队。刘道义领航的飞机处在该方队最关键也是最难飞的位置。由于地面准备充分，空中机组配合密切，他们出色地完成了受阅任务，受到邓小平主席的表扬，空军党委为她所在的部队记了二等功。

1987年，因为年龄限制，刘道义离开了终生热爱的领航员岗位。她在2个空军运输机部队，共飞行了5000多小时，在30多年的领航生涯中，没有发生过半点儿差错，先后荣立二等功2次、三等功多次。当时她虽是师副参谋长，但与1956年同批入伍的姐妹们一样，还是正团级待遇。这对于一个1951年入伍、军功章一大堆、成绩显赫的优秀女领航员来说，的确有点儿亏。可是刘道义不这么看，她总是乐呵呵地说："荣誉是党给的，自己只是在飞行中做了一份应该做好的工作，这是一名共产党员应尽的义务。"退休时她没向组织提任何要求，悄悄地办了退休手续，回到闽西老区龙岩，回到了老伴儿身边，结束了夫妻两地分居的生活。

一个人在一件事情上、一段时间内表现优秀并不难，难的是事事、处处、年年都优秀，刘道义是一个一辈子都优秀的女人。

苗晓红

我是蓝天的女儿

1937年4月，我出生于出东临朐县。1956年5月，我以全优成绩毕业于济南市第三中学，准备参加高考时，空军来校招收男女飞行员。从小向往蓝天的我毫不犹豫，瞒着家人报名应征。通过极为严格的体检和政审，我被录取。先进徐州空军第五预校学习，年底加入中国共产党，是140多名女学员中被吸收入党的4名党员之一。

1957年年初，我转入长春二航校学习飞行。1958年年底毕业后，被分到北京空军运输机部队飞行，在该部队飞行了30年，近5000小时，荣立二等功1次、三等功3次，是“四种气象”的机长、教员、指挥员，历任师训练科参谋、飞行大队副大队长。

我在部队执行过专机、救灾、科研、军事运输和民航航班等飞行任务，其中有4次任务记忆深刻。

终生荣幸，飞越天安门广场

北京天安门的领空是神圣的，除大型阅兵活动外，平时任何飞行器不得飞越。历史上有幸飞越这一禁区的飞行员屈指可数，女飞行员更是寥若晨星。

女飞行员首次飞越天安门是在1952年3月8日，那天全国妇联与解放

刚授少尉军衔的笔者

军总政治部为共和国首批女飞行员举行起飞典礼，12名女飞行员驾驶6架里-2型运输机飞越天安门广场，接受首都人民和中央领导人的检阅。57年后，即2009年庆祝新中国成立60周年的阅兵式上，空军第八批也是首批战斗机女飞行员，驾驶15架红白相间的战斗教练机，拉着5色彩烟准时飞过天安门上空，接受祖国人民的检阅。

我也有幸从天安门上空飞过，那是1959年国庆10周年前夜，晚7点半，我作为副驾驶，和中队长李桂森一道，驾驶里-2型飞机，载着近20名中央新闻电影制片厂的摄影师和一批画报社记者，经丰台、杨村、通县（现通州）飞到天安门广场。

通过这次特殊飞行，我有幸饱览了天安门的夜景。国庆节前夕的北京夜晚，华灯齐放，一派节日景象。长安街似地上银河，镶嵌在灯的海洋之中。天安门广场已聚满了欢庆节日的群众，他们拉起横幅，打着灯笼彩旗，在广场上欢歌起舞。天安门城楼的灯光，尤其是那8盏大红宫灯，分外显眼，从900米高的空中望去，好似几颗透明的红色夜明珠，闪烁着光芒，静候明天党和国家领导人的亲临。天安门城楼两侧的观礼台上，摆满了鲜花，准备迎接四海嘉宾。当晚的天安门广场真是“火树银花不夜天”，美极了。

首都国庆前夜之美给了我巨大的震撼，是一次实实在在的美的享受，而且我也创造了历史：我是唯一晚上飞越天安门的女飞行员，也是在天安门上空飞行时间最长的女飞行员。这是我的荣幸，是终生的幸福，我为此自豪！

河北空投救灾

1963年8月，山东、河南、河北3省部分地区连降暴雨，造成特大的洪涝灾害。成千上万的群众被洪水围困在山头、高地、屋顶上，还有的爬到树枝上栖身。在这危急关头，党中央、国务院立即调集空军运输机部队到灾区空投食品和药物。我参加了这场历时20多天的空投救灾战斗。

有一天，我奉命到雄县07号场地空投食品，那里的灾民已经2天没有分到1块大饼了。一想到忍饥挨饿的灾民，我和机组人员都有一股子使不完的劲儿。当我驾机爬升到500多米时，飞机有时进入云层，无法保持目视地标。我和领航主任研究决定，用机场和空中走廊口导航台的背航指示保持和检查航迹，终于找到了空投点。当驾驶飞机下降到100米准备空投时，总有些浮云遮住了空投视线。为了百分之百地将物资空投到无水的场院里，我再次冒险降低高度至80米，终于清楚地看到了空投场地，才用力按响空投铃。

由于飞行高度太低，几乎贴着浪尖飞行，我要全神贯注地保持好飞行状态，稍许闪失其后果不堪设想，因此我无暇鸟瞰机翼下那激动人心的场面。事后，听后舱空投员介绍，每次飞机通过场院上空时，群众都挥动着衣服向空中欢呼。

深夜破雾救病人

1987年深秋的一个深夜，我们驾驶三叉戟飞机从北京西郊机场起飞，去山海关机场接一位重症病人来北京301医院（现中国人民解放军总

笔者在里-2飞机机舱门口

医院）抢救。

3点多钟，飞机安全降落，此时首长已在机场等候。机组以最快的速度做好了再次起飞的准备，不到10分钟我们便起飞了。航行中一切顺利，返回北京时已是清晨4点多钟。当我们进入五边下降时，耳机里传来了吴团长的声音："0429，注意收听雷达员的指挥，按仪表和雷达指挥进行着陆，地面有雾，能见度1千米，而且逐渐变坏。过近距导航台还看不到跑道，可复飞去南苑机场降落。"

北京深秋的4点多钟，天还未亮，能见度本来就差，加上大雾，等于雪上加霜，驾驶舱里的气氛顿时紧张起来。如果复飞去南苑机场，又要延误半个多小时，而接病人的救护车和医护人员已在西郊机场等候，让他们再赶去南苑机场，最快也得1个多小时。机上的病人正处在垂危之中，怎么办？机组当即商议决定，只要有一线希望，就不去南苑。三叉戟飞机进入五边，高度在降低，速度在减慢。已经接近近距导航台了，舱外一团漆黑，连地面的灯光都看不见。这时机组全体成员都屏住呼吸，按照分工，协助我保持方向、速度和高度。我继续下降，过近距导航台，高度只有40米时，仍看不到跑道，前面是雾蒙蒙的一团灰暗。复飞还是落地，正在犹豫的刹那间，我隐隐约约地看到了一溜闪动的灯光，躺卧在飞机下滑的延长线上。我判断那就是跑道中心延长线上的引导灯，说明飞机正对准跑道下滑。此时耳机里也传来吴团长的声音："0429，方向高度好，减油门落地。"

在团长的指挥和雷达引导下，飞机穿过重重晨雾，在超极限的气象条件下，安全降落了。这时我才发现自己已是一身冷汗，内衣全湿透了。当我们乘车离开机场时，雾更浓了，周围的一切被浓雾所笼罩，能见度不足10米，汽车必须开大灯。此时，我在心里暗叫了一声：好险，我们胜利了！

广州降落遇险情

从1978年开始，我们部队根据国务院和中央军委的指示，派出部分

笔者（后四）与航班机组合影

飞机和飞行员加入民航航班飞行。

我是一名三叉戟飞机的机长，曾多次率机组前往广州民航局飞航班。1980年夏天，我第三次到广州飞航班。有一天，从桂林返回广州途中，地面发来的天气预报称，雷雨正向广州白云机场靠近。一看预报，我那颗刚刚舒展的心瞬间又紧缩了。

当我们到达机场，正准备着陆时，突然大片漆黑的云层覆盖了整个机场，视野内全是浓浓的云雾，根本看不到跑道。面对骤然变化的天气，我果敢地把油门推到全功率位置，一面拉杆爬升，一面对机组成员高声喊："复飞！"因白云机场东侧就是白云山，我们必须爬升到一定高度才能保证飞行安全。当我按仪表做大航线时，飞机又进入了乌黑的云层。云中紊乱的气团，如同大海的狂澜，时而把飞机轻轻托起，时而将飞机重重按下，金蛇般的闪电不停地在舷窗上乱窜，我紧握驾驶盘，全神贯注地操纵飞机，尽力使飞机保持平稳，减轻颠簸。当我们穿出云层着陆时，又遇到了瓢泼大雨。密密的雨帘虽严重影响我的视线，但我凭着多年练就的雨天着陆本领，在机组的密切配合下，我们战胜了狂风暴雨，安全平稳地降落了。

按要求，机组要等乘客全部离机后才能下飞机，我们便都坐在座位上没动，等待乘客离机。不一会儿，乘务长来到了驾驶舱对我说："乘客都不愿下飞机，要见机长，当面向你道谢。"我只好在乘务长的引领下走进客舱。我一露面，乘客一个个都呆住了，都用惊异的目光盯着我，显然他们都不相信我是机长，因为当时民航还没有女飞行员，更没有女机长。乘务长一见这情景忙用英语介绍道："这位就是大家要见的机长，苗晓红女士。"她话音刚落，客舱里顿时响起一阵热烈的掌声。一位华裔老太太将一面绣着"祖国强盛，华人荣耀"8个烫金字的旅游团的队旗送给了我，并拉着我的手激动地说道："漂亮的女机长，我代表全体乘客向您表示感谢，没想到您是女机长，中国女飞行员了不起！"掌声和叫好声再次响起。乘客们都争着和我照相。我想脱身但找不到借口，正当我为难之时，地面一名工作人员上了飞机，出面替我解围："女士们，先生们，请尽快下飞机，机组和这架飞机1小时后还要飞海口，我们不能耽误他们的准备时间。"在工作人员和3位空姐的劝说疏导下，乘客们依次顺着有顶篷的舷梯下了飞机，上了接他们的大巴车。

我站在机舱门口，目送着雨中的大巴车远去，激动的心情难以平静。

笔者为写书向孙女学习如何使用电脑

著书立说，书写“女飞”风采与精神

1988年12月18日，我因飞到规定最高年龄停飞；1989年5月19日，我脱掉军装退休。虽然告别了蓝天，告别了驾驶杆，但我仍情系蓝天，我要用笔杆在“女飞文化”的空域里继续飞翔。

世界上第一位女性驾机上天已有111年，中国妇女“飞天”也有105年，有数千名女性翱翔蓝天，她们留下了许多可歌可泣的动人故事，她们的事迹是一笔极为珍贵的精神财富。但中国至今没有一部介绍她们事迹的历史读物，于是我决定填补这一空白，将她们的事迹挖掘出来，让“女飞文化”传承下去，发扬光大，为我国的妇女航空事业做贡献。

退休后，我几乎将全部精力都投入到写作之中。经过8年多的埋头写作，1998年，我完成了《我是蓝天的女儿——一个专机女机长讲述的故事》一书的创作，2000年12月由蓝天出版社出版发行。这是一本半自传体的纪实文学，主要讲述了我和身边众姐妹飞行生活的真实故事。该书出版后，空军政治部作为传统教育教材下发飞行部队，飞行人员人手一册。该书在社会上也产生了较大影响，一些报刊包括国外的华文报刊刊登了该书内容。中央电视台《让世界了解你》栏目，介绍了该书的简要内容。因写书，我被空军政治部评为2006～2007年度“空军先进离退休干部”。

各级党组织的鼓励更激发了我的创作热情，我又用了2年多时间，完成了《共和国首批女飞行员》一书的创作，2011年9月由人民日报出版社出版发行。该书全面、真实、生动地介绍了新中国首批14名女飞行员的传奇人生。一经出版，社会反响很大，《北京青年报》等20多家报刊连载或转载。北京、河北等地电视台录制了专题片。同时得到了空军领导和机关的肯定和鼓励，空军政治部购买了1000册，并专门派人到我家慰问。我还作为特邀代表，出席了空军举办的“纪念空军第一批女飞行员首飞60周年”活动，受到了空军首长的接见。

《共和国首批女飞行员》问世10年了，仍被媒体和读者喜爱。2019

年，中央电视台中文国际频道《国家记忆》栏目组制作的5集电视片《新中国首批女飞行员》，大量使用了该书内容。2020年4月，中央电视台科教频道《读书》栏目，分4集介绍了该书内容。更可喜的是，2020年8月，人民日报出版社决定再版该书，我深感欣慰。

2017年，我与老伴儿何孝明合作完成了长篇小说《女人的天空》，仍由人民日报出版社出版发行。《女人的天空》实际上是一部电视剧的文学剧本，主题十分鲜明：人民群众用血汗培养出的女飞行员，就应该回报人民，全心全意为人民飞行。该书刚一问世，便被一家影视公司买走版权，他们要将该书改编成电视剧。

在写书的同时，我还在报刊上发表了近百篇文章。我的创作活动全是自发的，没有立过项，没花国家1分钱。我家的收入除支付孙女的教育费和维持清贫生活外，其他部分全用在买书、写书上。我家没有一件名贵家具，更没有古玩字画，我连一件像样的衣服都没有，上电视录节目时还得找人借衣服应景。我家客厅面积不小，但无一件装饰品。和空空如也的客厅相反，我家书房却满满当当，藏书达1万多册。

2017年，《女人的天空》出版后，我与老伴儿便着手第6本书，即《中外早期妇女航空史话》的创作。这是最难写的一本书，因年代久远，史料太少，而且两人都已80多岁。但为了填补这段历史的空白，我俩克服种种困难，深入到“女飞”较集中的上海、南京、长沙、湘潭、深圳、香港、中山、开平、恩平、台山、昆明等地收集资料。还托亲友在国外帮助收集史料，购买外文图书。仅写此书购买的参考图书就多达200来本，发往国外的问询函30余封，走访有关人员20多名。

本书2019年7月由人民日报出版社出版，书名定为“一代天娇”。该书出版后，受到中外一些女飞行员的喜爱，有外国女飞行员计划翻译成英文出版。我相信随着时间的推移，它的价值会被更多的人所认识，因为它是我国目前唯一一本系统介绍中外早期女飞行员的图书。

笔者在82岁时重返蓝天

重返蓝天，高唱“女飞”夕阳红

我在撰写《一代天娇》时发现，外国有不少女飞行员80多岁还在飞行。有位叫埃德娜的，80岁还参加飞行比赛，7个单项比赛项目，她拿了4个单项冠军。还有个名为马尔旺的女飞行员，她80岁开始学飞直升机，86岁还驾驶直升机远航。她们的事迹对我触动很大。我想，我是共产党员、新中国培养的女飞行员，应该不比她们差。中国是“女飞”大国，不能留下无高龄“女飞”的空白。再者，自己不能光当“女飞”精神的宣传员，更应当“女飞”精神的践行者。“敢为人先，挑战自我”是“女飞”精神的重要内容，于是我萌发了“重返蓝天”的念头。

2019年是新中国成立70周年、人民空军建军70周年，还是世界妇女“飞天”110周年。在家人和蓝天闺密刘凤云夫妇的大力支持帮助下，我决定用重返蓝天的实际行动，向三大节日献礼，也是为了挑战自我，激励后人。经过近半年的身体锻炼、心理调整和5月21日1个多小时的带飞训练，5月28日在北京平谷区石佛寺机场，停飞30年后，我又驾机重上云霄，填补了我国没有高龄女飞行员的空白，圆了我重返蓝天的梦。

真正了解我的人，对我重返蓝天不仅不会感到意外，反而认为是顺理成章的事。只要时机成熟，我肯定会这么做，因为我是蓝天的女儿，一生眷恋蓝天。

我的冲天一飞，社会反响巨大，中央电视台的4个栏目对我重返蓝天的事迹进行了报道，给予了极高的评价。特别是《新闻联播》，用5分钟播放了我重返蓝天的事迹，在国内外引起轰动，我很快成了“网红”，成了“硬核奶奶”。面对如潮的好评点赞，我在异常激动的同时，仍保持一颗平常心。面对媒体，我反复强调自己只是个普通的老人，重返蓝天也是平凡小事，任何一名老飞行员，只要身体硬朗，只要想飞、敢飞，都能飞。对领导和媒体的高度评价，我受之有愧。我决心加倍努力，不忘初心，牢记使命，为中华民族的伟大复兴做贡献，回报祖国和人民的厚爱。

关于我重返蓝天的具体情况，我在《飞行日记》中有翔实记录。

2019年5月21日，星期二，晴。北京石佛寺机场。

上午9时，我乘坐儿子何立峰开的斯巴鲁小轿车，前往平谷石佛寺机场飞行。右座坐着摄影师韩郑。我坐在后座左边，右边是老伴儿何孝明。今天是我停飞30年后，重返蓝天的日子。

汽车离机场越来越近，我的心跳也愈来愈快。虽然我是一名有着30多年驾龄的“老飞”，但仍像当年在航校首飞一样激动，且有少许紧张。10时10分，车子驶到公司办公大楼门前，新华社3名参与策划的年轻记者早到了。飞行部孙戈菲小妹在门口等候。戈菲将我们领到会议室，简单介绍当天的飞行安排：上午教员带我体验飞行，飞2个起落；中午座舱实习；下午飞1小时空域。

10时半左右，我们按计划来到机场，教员、指挥员都已就位，飞机也准备好了，是一架泰克南B-10PJ型上单翼轻型飞机。上单翼飞机我从未飞过。在航校飞的雅克-18，到部队飞的里-2和三叉戟，都是下单翼。教员是位年轻帅哥，名叫郭佳峰，他让我坐到左座学员的位置上，自己坐到右座，即教员座。因是体验飞行，他简单介绍一些注意事项后就开车滑行。此时我倒忘了紧张，也没时间激动，精力全在飞行上。眼睛盯着各种仪表，双手紧握驾驶盘，细心感受教员每一个动作的力度。

2个起落很快就结束了，飞机滑回指定地点停稳关车后，地面等待的众人立马围了上来，纷纷表示祝贺。我实话实说："这有啥好祝贺的，我就是坐在一旁，由教员飞了2个起落。"人们都说我精神不错，驾机重返蓝天没问题，我自己的感觉也是这样。

下午，按计划飞空域。15点整，飞机由南向北起飞，起飞后做右航线，进入空域，爬升至800米高度。上午是体验飞行，由教员飞；下午则是学习飞行，是教员在一旁指导，上升、平飞、转弯、下降、加入航线等都是由我飞。我飞惯了大型喷气客机，乍飞这种小型飞机，动作量往往过大，教练不断提醒我："轻点儿，再柔和点儿。"在教员指点下，自己不断摸索，飞过一段时间后，基本上掌握了泰克南B-10PJ型飞机的操纵要领。

飞空域留空时间虽长，但我仍无暇观赏翼下景色，全部精力都用于驾驶飞机，因为我是新学员，要学的东西太多。不知不觉中计划飞行时间到了，我们只好下降高度返航。进入五边后，郭教员从安全出发，不再让我单独驾驶，而是要求我跟着他做动作，动作量不要大，以免影响安全。

第一天的飞行顺利结束，我乘车返家。归途中，他们多次问我感觉如何？我信心满满地回答："没问题，我能飞！"

2019年5月28日，星期二，晴。北京石佛寺机场。

今天飞行与上次不同，开飞时间定于上午9点，从空军指挥学院到石佛寺机场开车要1小时10分钟左右。今天由于要举行一个简单的庆祝仪式，去的人比较多，包括飞行活动策划人刘凤云和过去一起飞行的小姐妹孙透玲、张江萍、邵桂簇等，她们是新中国第四批女飞行员，过去我们一同执行过飞行任务。她们乘韩郑开的车。7点钟，2辆车在空军指挥学院北门会合，一同前往机场。因出发较早，没怎么堵车，8点半便到了机场。今天除新华社3名记者外，《中国妇女报》的3名记者也闻讯赶来了。

今天飞的飞机仍是泰克南B-10PJ型，教员仍是郭佳峰。9点整按时开车滑行。9点10分左右，飞机滑到跑道南头，然后掉转机头，向北起飞。今天按计划飞小空域，高度800米，时间40分钟。

经过上次飞行，我基本掌握了该型飞机的驾驶技术，心中有了底，飞起来也轻松了许多。本想饱览一番翼下的大好河山，一睹长城的雄伟、雁栖湖的秀丽、会展中心的奇特、世博园的锦绣等，虽万里无云，但因飞行高度太低，这些著名景点一个也看不到。正感遗憾之时，耳机里突然传来了策划人刘凤云熟悉甜美的声音："06，感觉如何？"

"太美了！我想唱歌。"

欢愉时间短，40分钟转瞬即逝，我驾机返航。飞机着陆关车后，刚一打开机舱门，老伴儿第一个给我献花。我俩还没来得及说话，他便被姐妹们挤走了，她们将我连拽带抱弄下飞机，尔后发疯似的拥抱我，比我还激动。这时，新华社、《中国妇女报》的6名年轻记者挤到我身旁，让我谈重上蓝天的感想。由于激动，我都不知该说啥，也不知说了些啥。大概说了我最想说的2句话吧："外国女飞行员80多岁还能飞，今天我82岁也飞了，证明中国女飞行员不比她们差。我老太婆能飞，年轻的中国女同胞们只要有志拥抱蓝天，都能驾机直上九霄。"

他们还未采访完，华安通用航空公司康董事长挤入人群，向我表示祝贺，我再一次向他表示感谢，是他为我提供了最好的飞机、教员和指挥员。这时他的一位助手对我说："康总对你的飞行非常重视，每一个细节都亲自检查，他要求绝对保证安全。从你们起飞开始，康总一直在控制室关注飞行动态，直到你落地，他才走出控制室。"我也曾组织指挥过飞行，知道组织指挥者肩上的分量。不到飞行结束，心总悬在嗓门上，这种滋味只有当过飞行指挥员的人才能体会到。何况今天他组织的是一场史无前例的飞行，一个82岁的中国老太婆重上云霄，有很多不确定性。想到这些，我让记者们给我们照了一张合影，留下这创纪录的瞬间，以做永恒的纪念。康总看了看围在四周的人群，才松开了一直握着我的手，让开空间，这时华安通用航空公司的男女飞行员和其他保障人员才和我一一握手祝贺。康总最后提议，大家聚在“82岁女飞行员苗晓红30年后重返蓝天”横幅后面，高唱《我爱祖国的蓝天》，歌声在首都上空飞扬。

11点左右，在众人的掌声中，我恋恋不舍地离开了石佛寺机场。

2019年11月8日，星期五，阴。四川成都金堂机场。

2019年11月6日至9日，我应邀参加了在成都召开的“志在蓝天2019国际女性飞行员大会”，这是一次开创中国航空历史的盛会。有近百名来自国内外的优秀女飞行员参加。昨天，大会开幕式在成都四川西南航空职业学院大礼堂举行。会上我做了主题报告，介绍了重返蓝天等事迹。

根据大会议程，今天是体验飞行。上午10点左右，在驼峰通用航空公司车总的安排下，由教员刘全友带飞，在成都金堂机场，我驾驶意大利火神型飞机再上云天。刘教员原是八一飞行表演大队的飞行员，飞行技术过硬，飞行经验丰富，因飞到队里的规定年限，转业到驼峰通用航空公司飞行。

火神型飞机也是上单翼，机体比泰克南B-10PJ型大一点儿。今天飞的是三角航线，高度700米。航线上有碎云和轻雾，能见度较差，我主要按仪表飞行。由于有了前两次飞小型飞机的经验，今天我飞得很轻松。按计划飞完30分钟后，我驾机返航。飞机穿过云层，冲破雾幕，平稳降落。

飞机在指定位置停稳后，我一出座舱，便被人群团团围住，有记者、有公司领导，更多的是参加会议的中外女飞行员。今天，我在外国“女飞”同行面前，展示了一个中国高龄女飞行员的风采。

2019年11月8日，是值得我骄傲的一天。

如果有一天，祖国需要我，我这个蓝天女儿，只要身心健康，我还要展翅蓝天，为妇女航空做贡献。纵使身体条件不允许，我也要用我的笔，继续书写女飞行员留在蓝天上的故事，我不老的心永系蓝天。

2019年11月8日，笔者驾机在成都上空飞行

下篇

继往开来：
新中国第三批、第四批女飞行员

空军于1965年6月，从应届高中、初中毕业生中招收了第三批女飞行员，共计55名。该批女飞行员年龄偏小，最大的20岁，最小的只有15岁。1970年9月，空军又从全军女兵中招收了第四批女飞行员，这是招生人数最多的一次，共计100名。这两批女飞行员继承老大姐的光荣传统，创造了空军史上的一系列新纪录，涌现出了一大批英模人物，为国防和社会主义建设作出了卓越贡献。

岳喜翠
肩上的金星是怎样炼成的

我国自1915年有女飞行员以来，已有100多年的历史，在这漫长的岁月里，有1000多名女性翱翔蓝天，其中不乏英雄女杰。曾有号称“女飞将军”的朱慕飞，但那只是一种褒义之称，因她是军人，曾驾机执行过军事任务，故而称她为“女飞将军”。民国时期，宋美龄曾被授予空军中将军衔，胸前常佩戴空军军徽，但她不是飞行员。直到2003年，共产党领导下的新中国，才培养出了一名佩戴空军少将军衔的真正女飞行员将军，她就是功勋卓著的岳喜翠。

我与岳喜翠将军相识已有55年，算是老战友了。1965年夏天，空军招收的第三批女飞行员下放到我们部队当兵锻炼，岳喜翠被分到我所在的飞行大队当地勤机械兵。我们大队有第一批女飞行员伍竹迪、何月娟，第二批女飞行员王慕尧和我。岳喜翠等人的到来，让我们异常兴奋，空军有近10年没招收女飞行员了，终于盼到了接班人，中国妇女航空事业有了新的生力军。

那年岳喜翠17岁，是个小姑娘，中等身材、瓜子脸、皮肤白皙红润，脸上总挂着笑容，性格温柔内敛。她人虽娇小，但胆大心细，勤奋好学，特别能吃苦，很受大伙儿喜爱，是棵当飞行员的好苗子。几个月的相处，她给我留下了难以磨灭的印象。

岳喜翠（中）与后起之秀程晓健（右）、刘文力（左）在一起

岳喜翠从航校毕业后，被分到湖北某运输机部队。我俩虽天各一方，但她的一些骄人事迹我还是时有耳闻。我们也曾多次相聚，交流过别后诸事，但都是一些零碎片段，对岳将军的真正全面了解，还是靠为创作本书而进行的书面和电话采访。

从小立下的报国之志

岳喜翠之所以能成为中国首位女飞行员将军，原因很多，但与她的家庭和学校教育有直接关系，这是她“爱国爱党，眷恋蓝天”之根，根深苗才壮。

1948年12月28日，岳喜翠出生于山东省淄博市博山区岳家庄一个矿工家庭。父亲岳志刚是民族英雄岳飞的后裔，血液里有祖先爱国的基因。因家庭贫穷，被生活所迫，他13岁便到黑山煤矿当矿工，受尽了矿主和工头的剥削压迫。新中国成立后，全家迁到泰安，岳志刚进泰安县钢铁工厂当工人。翻身当家做了主人的岳志刚，焕发出了高度的劳动热情，1956年、1957年，均被评为省先进工作者，是山东省第一、第二届人大代表。1956年，他被评为全国劳动模范，在北京受到毛主席、周总理等中央领导人的亲切接见。因表现突出，岳志刚不久被提拔为泰安县民政局局长。任职期间，他一心扑在工作上，因劳累过度，在工作岗位上殉职，时年53岁。

岳喜翠在父亲身边长大，父亲的一言一行，在她幼小的心灵里打下了“爱党、爱国”的深深烙印，父亲传给她的正能量，激励了她一生。“到部队好好干，听党组织的话，要把飞机开好！”父亲这简短质朴的嘱咐，成了她的座右铭。

岳喜翠很幸运，在泰安县（现为泰安市）上中学时，遇到了一位非常优秀的班主任杜嫦娥，她是烈士的后代。杜老师的父亲是一位抗日勇士，不幸被捕后，面对敌人的酷刑与刺刀英勇不屈，恼羞成怒的日寇用刺刀挑破了他的肚子，发现胃里全是用来充饥的棉絮。杜老师常用父亲英勇牺牲的事迹教育学生不忘国耻，好好学习，报效祖国。只有国家强盛，才能不受列强凌辱。

杜老师父亲的故事，极大地震撼了岳喜翠的心，那时她就有了参军梦，下定决心当一名战士，驰骋疆场，保卫祖国。初中毕业时，正赶上空军到泰安招女飞行员，岳喜翠喜出望外，立刻报名参军，成为空军第三批女飞行员，开始放飞她的蓝天梦。

将军的蓝天之路很不平坦

岳喜翠和所有的女孩子一样，被选为飞行员后，对飞行事业的艰辛缺乏思想准备，到了预校和航校，才感受到通往蓝天的路极不平坦，每一步都要付出汗水、泪水，甚至鲜血。

岳喜翠穿飞行服的英姿

岳喜翠在航校顺利完成内场的理论学习之后，转入外场学习飞机驾驶。但刚飞几个飞行日，她不幸患了“全身游走性关节痛”，全身大小关节不停地窜着疼痛，行动不便，被迫停飞，到北京空军总医院治疗。“停飞”是飞行员最怕听到的2个字，对初上蓝天的飞行学员来说，更是沉重的打击。

岳喜翠一颗火热的心，猛然掉进了冰水里。当医生说这种病很难治愈，让她做好改行的准备时，她犹如接到极刑判决，心脏似乎停止了跳动。但外表柔弱、内心刚强的岳喜翠并没被疾病击倒，她内心深处爆发出“停飞不属于我”的呐喊声，她要从疾病手中重新夺回通往蓝天的通行证。

为了战胜疾病，重返蓝天，岳喜翠积极配合医生治疗，只要能治病，中药、西药全吃，打针、烤电全用。同时加强锻炼，她深信加强锻炼有助于治疗，能增强体质。于是，天一亮她就到室外跑步，距离越跑越长。另外复习航空原理和回忆飞行动作，为复飞做准备。胜利属于坚强者，岳喜翠以顽强的毅力、坚定的信念创造了奇迹，2个多月后，医生在她的体检本上签上了“飞行合格”4个大字。岳喜翠打败了通往蓝天路上的第一只拦路虎。

回到航校后，同期的姐妹都放单飞了，还飞了不少新课目，岳喜翠落得太远，她再次面临淘汰的危险。但校领导、教学组没有放弃她，而是单独为她制订训练计划，教员加班加点带她飞，从星期一飞到星期六。在各级领导的关怀、教员的耐心带飞、姐妹们的鼓励帮助下，岳喜翠赶上了进度，以优异的成绩毕业。

岳喜翠是个最知感恩的人，对这段经历刻骨铭心，念念不忘。她常说：“没有党的关怀培养，就没有我的一切。”这不是作秀唱高调，而是她的肺腑之言。没有党的培养，中国的确不可能有她这位“女飞将军”。岳喜翠是用一生的实际行动回报党恩。

岳喜翠即将高飞

率机组执行我国首次人工降雪任务

岳喜翠分到部队后，从改装飞伊尔–12、伊尔–14、安–26，再到伊尔–76，飞机越飞越大。职务从飞行员、机长、中队长、副大队长，到师政治部副主任、副师长、军区空军参谋长助理、军区空军副参谋长，担子越挑越重。这一切都是岳喜翠用一杆一舵在蓝天拼搏出来的，是用汗水和生命换来的。她肩上的两颗金星，是长空风云磨炼出来的。我作为一位老"女飞"，最了解她的艰辛与不易。当人们了解她的闪光航迹后，不得不发自内心地、由衷地佩服我国首位女飞行员将军岳喜翠。

戎马生涯48年，岳喜翠飞行了36年，6100小时。她执行过战备运输、军事演习、专机飞行、科研试飞、抢险救灾等重大任务，是当时空军女飞行员中飞行时间最长的一位。她的航迹遍及大江南北、长城内外，祖国的每一寸领空几乎都留有她闪光的航迹。

1968年12月28日，她在老机长带领下，到西北执行核试验的保障任务，那天是她20岁生日。1972年夏天，她当机长后，首次率机组到山东半岛，出色地完成了高难度的模拟卫星跟踪观测任务，受到科研单位的好评。1985年夏天的一个晚上，岳喜翠载着10多位首长，从河南飞往湖北，中途突遇雷雨，雨点似冰雹击打着机身，雷电在舷窗上闪烁。面对险情，她沉着冷静地驾驶飞机从云隙中成功突围，保证了首长和飞机的安全。1987年年底，岳喜翠驾驶新改装的安–26飞机，在云贵高原上空成功地处理了"单发"故障。1993年夏天，她以政治工作负责人和第三中队长机的双重身份参加了总部的多兵种集训演习，圆满完成了任务。她还先后以带队长机和空中指挥员的身份参加过"西部969"远程机降、东南沿海"联合96"编队空降、"北线联合96"编队空降、"空降97"等，每次演习都做到了"准时到、队形好、降得准"，均取得优异成绩，受到上级部门的表彰和奖励。

1978年冬，新疆发生了罕见的旱灾，200多万亩小麦急待雨水浇灌和大雪覆盖，400多万头牲畜缺水待毙。面对严重灾情，气象部门想到用飞机进行大面积人工降雪实验，请求空军派飞机进疆实施人工降雪。这一史无前例的重任落到了综合素质出众的岳喜翠肩上。

岳喜翠领受任务后，率机组连续飞行9小时赶往乌鲁木齐。到达驻地后，机组不顾长途飞行的疲劳，迅速与当地气象部门研究人工降雪的相关资料，根据新疆冬季的气象特点，制订详细的实施方案。因为是首次，岳喜翠机组先到7个作业区进行试飞，熟悉作业区的净空环境和气象特点。万事俱备，只欠东风，只等具备人工降雪天气的到来。

11月28日，这是个创造历史纪录的日子。当晚终于盼到一层从苏联方向沿天山以北涌来的庞大云系。气温降至零下20℃，天空下起了小冰粒，这正是人工降雪的理想天气。可是能见度不到1千米，云底高不足100米，又是深夜，在这样的气象条件下升空作业，危险性极大。怎么办？对他人来说，这肯定是两难的选择。而对坚守人民利益高于一切的岳喜翠来说，她眉头都没皱一下，再次和机组熟悉安全措施，与塔台指挥员密切沟通后，果断决定起飞。她率机组登机开车，滑行，对正跑道加大马力起飞。就在飞机即将离地的瞬间，风挡玻璃突然被迎面扑来的冰霜糊住了，前方的两行跑道灯顿时消失，啥也看不见。危急时刻，方显英雄本色，面对突发的险情，岳喜翠果敢地加大油门将飞机拉起，靠仪表指示向着黑漆漆的前方爬升。她如果有零点零零几秒的迟疑，中止起飞，处在高速滑行的飞机没有跑道灯的指引，很可能偏出或冲出跑道，造成飞行事故，救灾不成，反成空难（起飞和降落阶段是飞行事故多发阶段，历史上有多起一等飞行事故都发生在这两个阶段）。千钧一发之际，岳喜翠冷静果敢，机组默契配合，凭借平时练就的仪表飞行功力，他们与死神擦肩而过，顺利地穿过结冰层，沿着天山北麓向着预定的作业区疾驰。

岳喜翠机组到达作业区后，按预定方案，在上风头开始播撒催化剂。大约40分钟后，耳机里传来了指挥员的欢呼声："开始下雪了，下大雪了，我们胜利了！"要不是在飞行中、在座舱里，他们一定会跳跃相拥，庆贺我国首次人工降雪成功。什么是幸福？此时就是岳喜翠机组

岳喜翠（右一）机组人员在起飞前研究人工降雪方案

最幸福的时刻。

岳喜翠机组带着万分喜悦的心情继续作业，直到天亮他们才播撒完催化剂，胜利返航。可当岳喜翠驾机穿出云层降落时，天空纷纷扬扬下着鹅毛大雪，能见度不足1千米。岳喜翠凭借平时练就的“盲降”本领，在机组特别是领航员的精确引导下安全降落。望着自己铺就的银色世界，岳喜翠抹了一把脸上的雪花，露出了胜利的笑容。首次人工降雪成功，填补了我国航空气象史上的空白。这一喜讯，随着电波迅即传遍全中国，《人民日报》、中央人民广播电台等媒体争相报道这一喜讯。总参向岳喜翠所在部队发出贺电，师党委给机组记了集体二等功。

岳喜翠机组发扬连续作战的精神，与旱魔斗争了3个多月，飞了120多小时，春节都没回家与亲人团聚，直到确保冬小麦和牲畜都能安全过冬时，他们才凯旋。新疆人民和自治区政府为感谢机组所做的杰出贡献，临别时给机组送了一面锦旗，上面绣着“雄鹰腾空催瑞雪，银装素裹兆丰年”14个金色大字，表达新疆人民对子弟兵的感激和热爱。机长岳喜翠更是被新疆人民尊称为“散花天女”。

岳喜翠这位“天女”，不仅能降雪、降雨，还能消云、消雨。1993

年5月，第一届东亚运动会在上海举办，开幕式那天气象预报上海有雨。已是师政治部副主任的岳喜翠带领3架安−26赶赴上海消云，经多方努力，他们消云成功，使运动会开幕式得以顺利举行，岳喜翠又创纪录，再立新功。

改装大飞机，享受“特殊”待遇

1994年，46岁的岳喜翠奉命改飞俄罗斯进口的伊尔−76型飞机。这是一种装有4台涡轮喷气发动机的大型运输机。飞这种庞然大物，岳喜翠面临前所未有的挑战。46岁已接近军队女飞行员48岁停飞的年龄，体力、精力、记忆力、理解力等均已过了巅峰期，而伊尔−76是一种较先进的大型运输机，要学的原理和新知识很多，要背记的飞行数据、座舱仪表、电门及操纵手柄位置等，多得如同卢沟桥的狮子，数也数不清。困难再多再大，难不倒岳喜翠，因为她是个从不服输的女人。当飞行员后，她就坚信天空没给性别设限，操纵飞机，男女都一样。如今年龄大了，她同样坚信，天空也不会给年龄设限，只要努力，年轻人能飞，中年人也能飞。组织上让我改装就是相信我，决不能辜负领导的信任。于是岳喜翠用“笨鸟先飞”的办法，找来伊尔−76的全部资料，利用所有业余时间学习背记，为后来掌握伊尔−76的飞行技术打下了坚实的理论

岳喜翠在驾驶飞机

基础。

不久，已是副师长的岳喜翠，与20多名改装人员一起，在屈永源副师长带领下，乘机飞往莫斯科，向俄罗斯教官学习飞伊尔-76的模拟机。到莫斯科的当天，岳喜翠便表示："咱们是为祖国出来学习的，一定要把外国人的技术学到手，要多问，不要客气。飞一个小时350美元的学费，这是人民的血汗钱，每个同志必须以优异的成绩过关。"她这样要求部属，自己率先垂范。

在俄罗斯学飞行与在国内学飞行的方法大不相同。上飞机之前，岳喜翠他们先在模拟机上直接飞特殊情况处置，这对从未接触过伊尔-76的岳喜翠来说难度是比较大的。好在她事先在国内做足了功课，再加上她多年飞行的经验，机型和方法的升级没将她难倒。岳喜翠首个飞行日飞下来，俄罗斯教官很满意。第二天一开飞，教员当众宣布，今天起，岳喜翠可以破例自选课目，不受规定课目的限制。岳喜翠喜出望外，心想怎么还给了这样的特殊待遇？她很感谢俄罗斯教官的信任，下决心一定要珍惜难得的机会。她立即选了一侧"双发"停车的处置训练。由于早先学理论时就熟悉了程序，岳喜翠一招一式地精心操作，准确发出每一个口令，在机组成员密切配合下，她驾驶一侧双发停车的大飞机安全降落了。教官在监控室里边看边讲评，给机组很高的评价。他让翻译告诉岳喜翠："飞了多年伊尔-76的老飞行员，飞一侧双发停车课目也就飞这样。"

国外改装很快结束了，每人飞了近20小时，圆满完成了十几种特殊情况的训练。教官给岳喜翠全部课目打了高分，她带着优异的成绩回到祖国。她将中国女飞行员所特有的风采，留在了俄罗斯教官们的心里，留在了莫斯科大型模拟机的驾驶舱中。

回国之后，岳喜翠又按飞行大纲进行了一段时间的飞行训练，全部掌握了伊尔-76的飞行技术，可以率机组进行各种飞行任务，她的翅膀更硬了，可以飞得更快、更高、更远。过去她驾驶的安-26型飞机，因升高有限，无法飞越青藏高原，改飞伊尔-76型飞机后，高原不再是她的禁区。她多次驾机到拉萨机场降落，给西藏边关部队输送战备物资和

岳喜翠在拉萨机场

兵员，实现了她飞越天险的夙愿。她和机组人员总结积累了不少高原飞行的宝贵经验。

在执行拉萨任务时，还留下了一段佳话。1997年9月，岳喜翠飞到拉萨后，因天气原因住在了那里。正值中秋前夕，她率机组成员带上月饼、水果，乘车去甘巴拉空军雷达站，看望引导他们飞行的雷达官兵。当他们来到5200多米高的雷达站时，全站官兵欣喜若狂，跳着、笑着欢迎他们。岳喜翠和机组人员虽因缺氧脸色发青、眼睛发花，却深深被官兵的热情所感染，有的边吐边跑边和战士握手，有的和战士紧紧拥抱在一起。岳喜翠则艰难地爬到最高的一块巨石上，看望在那里站岗的战士。她向战士敬了礼，战士举枪回礼后，仍然目视前方，如青松一般挺立在哨位上，一动不动。岳喜翠上前摸了摸他的手和脸，冰凉僵硬，战士两眼里却饱含着热泪。顿时她的脸上也挂满了泪珠。多少年过去了，回忆起这一幕，岳喜翠仍旧感慨万千：永远不要忘记保障我们飞行的高山雷达兵。

自力更生，创造高空投放历史纪录

1996年，岳喜翠领受了一项我国航天工程试飞任务，让她率伊尔-76小分队，到大西北某空军基地，执行“神舟”号载人飞船返回舱模型高空投放试飞。这又是一项创新任务，岳喜翠面临更严峻的考验。

领受任务后，岳喜翠和机组成员做好了战胜各种困难的准备，但到达基地亲眼看到返回舱模型后，岳喜翠倒吸了一口凉气，任务的难度大大超出她的想象。返回舱模型重3吨，直径3米，它装在空投传动装置上。这个装置也是3吨重，加起来共6吨重。空投前，要将6吨重的庞然大物从机舱前半部移到机舱后半部，再从尾部大门口将它投放出去，这个过程难点太多，几乎无法实现。其一，6吨重的物体从前往后移时，飞机的重心从前极限到后极限，飞机向上仰起的角度必然达到临界状态，速度也接近最小。在这种情况下，飞行员的操纵量要异常精准，毫厘之差将导致飞机失速而坠毁。其二，在1万米高空上，打开尾部大门，必然要解除后舱密封，后舱人员要暴露在零下40℃～零下50℃的低温、低压和严重缺氧的条件下进行操作，空投时间稍有延误，他们将有生命危险。

怎么办？伊尔–76型的《飞行手册》中也没有说明这个办法。他们曾向外国专家请教，答复是："高空开后舱大门干什么？从来不在高空开后舱大门。"俄罗斯人拒绝了。还是毛主席说得对，"自力更生，丰衣足食"。在师领导与专家初步科学论证的指导下，岳喜翠机组进行了仔细摸索和载重试飞，取得了可靠的数据后，"神舟"号返回舱模型终于装上飞机。岳喜翠驾驶飞机向大戈壁靶场飞去，地面几十个部门单位的所有人员都为他们捏着一把汗。俗话说，"外行看热闹，内行看门道"。在外行看来，这一次空投和普通空投差不多，只有我们飞行员明白，岳喜翠是在刀尖上跳舞，极其惊险。特别是"真投"，风险更大。试飞成功不等于"真投"成功。试飞主要是飞技术，"真投"主要是检验心理素质，稍许紧张，技术走样，前功尽弃。"真投"既是考验岳喜翠和机组的飞行技术，更是考验他们的心理素质和毅力。

岳喜翠将飞机爬升到万米高空后，飞机徐徐进入空投航路，"放襟翼，减速！"仰角增大到临界点，伊尔–76这个庞然大物似树叶一样轻轻地在空中飘摆着。此时，因在万米高空，岳喜翠机组无法目视地面，全按仪表和雷达显示保持飞机状态，动作必须非常准确柔和。后舱大门直径3.42米，打开后，气流的呼啸声充斥整个机舱，后舱失密，操作空投的人员穿着厚厚的保暖衣，戴着氧气面罩仍然很难受，禁不住流泪（地面做好了抢救准备）。

"准备！"黄灯亮，短铃响；"投下！"绿灯亮，长铃响。随着重心的明显变化，岳喜翠紧紧把住驾驶杆，前稳后拉，严格保持飞机状态平衡稳定。返回舱顺利离机，1200平方米的巨型降落伞打开了，缓缓地向靶场中心飘落。岳喜翠机组成功了，他们依靠自己的智慧和力量，攻克了伊尔-76高空空投返回舱模型的难关，创造了我国高空投放重物的历史纪录。我这个“老飞”大姐也要为她点赞：“岳喜翠好样的！”

空军领导将此项重任连续5年都交给岳喜翠执行，是知人善任的明智之举。为此，空军领导还特别批准延长岳喜翠的飞行年限，由50岁延至53岁。

初心不变，“当官不像官”

岳喜翠在蓝天叱咤风云创纪录，是个干大事的将才。但她的日常生活却非常平凡，不过她的平凡小事也很精彩。

1985年，军队精简整编，岳喜翠所在的飞行大队被撤编。作为副大队长的她从大局出发，带头表态拥护上级决定。关于撤编后人员的去向有三个选项：一是可以去民航继续飞行；二是可以改做地面工作；三是留在部队飞行，但要离开大城市。有人建议她去民航，当时正是民航大发展时期，飞行员待遇要比军队高不少。当领导征求她的意见时，她毫不犹豫地选择留在部队飞行，并向组织保证：一、不要职务，当普通飞行员；二、不留恋大城市；三、改装新机型保证尽最大努力，一定尽快飞出来。组织上采纳了她的意见，将她调回鄂西山区老部队飞行，变成了一名普通飞行员。

佩戴空军少将军衔的岳喜翠

后来有人问她为何不选择去待遇优厚的民航？她回答很干脆：“个人待遇再高，也不及人民培养一个飞行员的零头。”岳喜翠的感恩之心溢于言表，她始终不忘人民培育的深恩。

岳喜翠任某航空兵师政治部副主任时43岁。师领导为了活跃部队文娱生活，成立女飞行员军乐队，岳喜翠和姐妹们人手一件乐器，差点儿被一把小号难倒，但她是带头人，得带头拼命练。多少个清晨傍晚，在家里对着大衣柜，在野外对着庄稼地苦练，硬是和姐妹们用每人手中的不同乐器，奏出了嘹亮的军歌。演出时，全礼堂爆发出了有节奏的热烈掌声。

岳喜翠在政治部任职3年期间，每到春节，都忙着带领业余文艺小分队深入基层慰问演出。部队小、散、远单位很多，他们一个不落地都要走到，仅有一名士兵的点也要去。每到一地，他们与官兵同唱同跳同乐，时常见到战士笑脸上挂着热泪。除慰问演出外，岳喜翠还与官兵促膝谈心，关心他们的值勤生活，为他们排忧解难。同时岳喜翠把下基层慰问的过程，当作向基层官兵学习的过程，他们中的一些先进事迹，使她感动，令她难忘。

岳喜翠是飞行干部，让她做政治工作，开始有人认为她不可能干好，没承想她干得有声有色，赢得了广大官兵的信任与好评："岳副主任当官不像官，是我们信得过的好大姐。"

岳喜翠当师政治部副主任3年后，被提为副师长，授大校军衔。1997年12月，又被任命为广州军区空军参谋长助理，2001年当上了广州军区空军副参谋长，2003年被授予空军少将军衔。对职务、军衔的变动，岳喜翠有清醒的认识。职务、军衔的变动是上级的信任，是责任的加重。但要做到"当官不像官"，永葆普通一兵的本色，并非易事。为像"南京路上好八连"那样，"防腐蚀永不沾"，她给自己立下了"约法三章"：不把荣誉当资本，不把职务当特权，不忘密切联系群众。岳喜翠说到做到，始终是两袖清风，一身正气，联系群众，心系蓝天。

与岳喜翠同期的女飞行员张文秀，是特级飞行员、飞行大队副大队长，党的十二大代表，全军"巾帼建功"先进个人，湖北省"学雷锋先进个人"。她热爱飞行胜过自己的生命，多次隐瞒病情参加飞行。1992年1月，她患肠癌住院治疗，同年6月因治疗无效不幸去世，终年45岁。

张文秀在武汉空军医院治疗期间，同期的姐妹们分工轮流在医院陪伴照顾。岳喜翠也利用业余时间，去医院看望陪伴她，鼓励张文秀战胜病魔，像洪连珍那样重返蓝天。岳喜翠知道文秀是石家庄人，喜欢吃饺子，便亲自包水饺给她吃。西瓜一上市，赶紧买来让她尝鲜。在病床前，岳喜翠一边轻轻给她按摩水肿的肢体，一边告诉她两个孩子学习和身体都好，让她放心。

张文秀的丈夫张合军被蓝天姐妹们的真情所感动，经常对岳喜翠等人说，很感谢大家在最困难的时候对文秀的呵护照顾，充分体现了姐妹间的手足之情，不是亲姐妹，胜似亲姐妹。

在张文秀弥留之际，岳喜翠一直守候在她身边，30多小时没有合眼。岳喜翠摸着张文秀的脸，不时给她合上张开的下颌，不断地呼唤着她的名字。看到一个生死与共近30年的优秀蓝天姐妹如今成了这个样子，岳喜翠心疼、心碎，止不住的泪水一串串落在文秀的枕头边上。

真情没有留住文秀，她安详地走了。姐妹们早些时候给她准备的寿衣，是两层洁白的内衣，以及她非常珍爱的新呢子军装、军帽。岳喜翠和护士一件件给她穿好，又和同志们一起，亲手将文秀的遗体抬上灵车，并送至殡仪馆。

写到这里我也流泪了，为文秀的不幸早逝而痛惜，也为喜翠对战友姐妹的真情所感动。

情暖退伍战士

1996年年底，正值部队老兵退伍时期，已是副师长的岳喜翠分工负责某团站退伍老兵的离队工作。她深入到基层连队，与退伍老兵进行座谈，了解他们的家庭情况、今后的打算以及对连队的意见和建议等，如有实际困难，她都想法协调帮助解决，不让老战士背着心理包袱离开军营。同时鼓励他们勇敢面对社会，迎接新挑战，为祖国、为家乡多做贡献。

退伍老战士离队时，无论是刮风还是下雨，也不管是送一批还是送一个人，岳喜翠都要亲自将其送上车。有一次深夜，只有一名老战士离队，团站领导担心近50岁的她身体吃不消，便没有告诉她。谁知岳喜翠仍按时出现在送兵现场，原来送退伍老战士的时间安排表早在她心中装着了。她的出现感动了那位离队老战士和在场的送行人员。送走老战士后，团领导劝她："您都快50的人了，要注意身体，以后这种情况您就别来了。”岳喜翠深情说道：“战士们当兵4年，把自己的青春年华都奉献给了部队，如今退伍了，我不代表师领导来送一送，情理和职责都不容啊！”

岳喜翠一个不落地送走了100多位退伍老兵，他们都被岳副师长的一片真情所感动，临别时，老战士们纷纷请她签名留念。他们带着军营的温馨和祝福，踏上了新的征程。

抗洪抢险

岳喜翠当副师长时，曾协助师长分管作战方面的工作。汉江大堤上，他们部队有12.5千米的护堤防汛任务。1996年夏天，汉江有处闸门发生了将要决口的险情。傍晚，岳喜翠奉命带领100多名官兵赶赴现场抢险。他们从稻田里挖出黑泥，一袋袋背上大堤堵闸口。几十斤一袋的黑泥，战士扛上就飞快地往堤上奔。岳喜翠也想和战士一样，背着泥袋上堤。战士看她真要上，只给她装半袋，上堤时，后面的战士一手拽着自己背上的泥袋，一手从后面托着副师长的泥袋。就这样，岳喜翠和战士们一起，在酷暑中背着泥袋在大堤上爬上爬下，汗水和泥水混成一片，在迷彩服上流淌着。经过一整夜的奋战，险情排除了。战士们尽管又累又困，仍高唱着《团结就是力量》回营。望着泥塑似的战士，岳喜翠忘记了自己的劳累，眼眶里含满热泪。她连续几年都参加了防洪抢险，被武汉市评为“抗洪先进个人”。当给她颁发奖牌时，她对师政委说：“抗洪抢险不是我个人的事，这块牌子我不能收，应放在师史馆里。”

事业高于一切

女飞行员为了飞行事业，一般都晚婚晚育，岳喜翠也一样。1974年，26岁的岳喜翠才与歼击机飞行员聂传春喜结良缘。他俩的良缘称得上奇缘。他俩不仅同年出生、同年入伍、同是飞行员，还是中学的同班同学。这种罕有的际遇就决定了他们未来的家庭模式。度完婚假，夫妻二人便各奔东西，丈夫回歼击机部队，妻子回运输机部队。第二年，他们有了儿子聂鹏。岳喜翠是回娘家生的孩子，生孩子时，丈夫在福建前线轮战，不在身边。56天产假结束，岳喜翠将孩子留给母亲，自己回部队继续飞行。一家三口分住三地，这一分就是10年。这10年正是人生最宝贵的黄金时段，其间有过多少牵挂、多少思念、多少煎熬、多少辛酸，只有她自己最清楚。但岳喜翠无怨无悔，因为这10年也是她报效祖国、回馈人民的黄金10年。

岳喜翠所付出的一切，各级领导都看在眼里、记在心上，为了让岳喜翠与丈夫团聚，他们将聂传春调到了岳喜翠所在的运输机部队。组织上的照顾让夫妻二人十分感激。但飞惯了歼击机的聂传春，飞运输机很不适应，他努力过，但效果不明显。夫妻团聚的欢乐渐渐被改飞不顺的苦恼冲淡。知夫莫如妻，岳喜翠感到这样下去，他飞不好运输机，歼击机的技术也荒疏了，白白浪费空军一个歼击机战斗力，那可是人民用金子堆出来的啊！于是两口子商定，事业高于一切，聂传春仍回歼击机部队飞行。

岳喜翠全家福

聂传春重飞歼击机的申请报告递上去后，领导找岳喜翠谈话："好不容易在一起，应该珍惜，你们已不年轻了，何苦再分开？"岳喜翠坚定地表示："一切以事业为重，让传春回去是我俩反复商量决定的，请领导理解批准。"领导见她态度这么坚决，只好说："为了成全你们这对热爱事业的飞行员，只好让你们再次分开了。"

不久，有关部门正式下达调令，聂传春回歼击机部队飞行。他一直飞到最高年限停飞。空军有过两地分居的"双飞"夫妻，但调在一起后又主动要求分开的还未听说过，岳喜翠夫妇很可能是中国唯一的一对。

有付出就有收获，岳喜翠的付出与奉献，都镌刻在诸多光环中。岳喜翠立过1次一等功、1次二等功、6次三等功，还先后被评为"全国三八红旗手""中国十大女杰""全军优秀基层干部""特级飞行员""空军优秀飞行人员""抗洪抢险先进个人"。荣获过空军授予的"功勋飞行员金质荣誉奖章""长期在一线献身飞行事业特殊奖"。岳喜翠是党的十四大、十五大、十六大代表，十五届、十六届中央候补委员，十一届全国政协委员。党和国家领导人毛泽东、周恩来、胡锦涛等都亲切接见过岳喜翠，她是我国受中央领导人接见次数最多的女飞行员。

面对这些荣耀，岳喜翠多次表示："地位和荣誉是党和人民给的，属于集体，不属于个人，我只是女飞行员的代表。"她说的是真心话，她这位中国第一"女飞"将军，始终保持着普通一兵的本色。

附：岳喜翠的金句

离地三尺不分男女，上了飞机都一样，女飞行员不能当花瓶摆，要和男同志一样真飞真干才行。

要成为一名合格的女飞行员，就要珍惜机遇，乐于奉献；要成为一名合格的指挥员，就要在实践中锤炼，迎接挑战。

我们眷恋祖国的蓝天，因为奉献的价值在那里实现；我们深情地俯瞰大地，因为那是母亲的怀抱；把翅膀练得更强硬吧，愿年轻的蓝天女儿飞得更高更远！

人民哺育练就飞翔的翅膀，忠诚党的事业化成拼搏的力量。

我的地位和荣誉是党和人民给的，我不过是普通一兵的代表，我愿意为祖国的飞行事业奉献一辈子。

我有一种迫切感，感到飞行的年限不多了，应该创造条件，争取多做点儿工作。在今后回顾现在的时候，少留下点儿遗憾和后悔。

对待生死，我可以发自肺腑地说，选择了飞行，就意味着奉献和付出，当党和国家需要我的时候，我定会毫无畏惧，义无反顾。

我和其他人一样，爱自己的家，爱自己的丈夫和孩子。但我思想上始终有个标准，那就是只有事业干得好，生活才能更加美好。

如果人生能有再次选择的机会，我将仍然选择蓝天上的事业。

现在，我虽然停飞了，但每当看见飞机，手还会痒痒，眷恋蓝天的心永远不会改变。

洪连珍

视飞行如生命的“钢铁女飞”

1948年10月，洪连珍出生于辽宁省金州一个半农半渔的贫困家庭。1965年8月，初中毕业后，被选为空军第三批女飞行员，进空军哈尔滨一航校学习飞行，1966年11月在航校入党。1967年8月航校毕业后，洪连珍被分到空军运输航空兵某师，历任飞行员、团训练参谋、飞行副大队长、大队长、副团长等职。1989年12月，洪连珍转业至厦门航空公司飞行，历任机长、教员、飞行队教导员、飞行队队长、飞行部工会主席等职。2008年10月停飞，共飞行43年，1.6万小时。停飞后，洪连珍仍在地面模拟机上带飞新飞行员至今，又飞行了12年，8000多小时。

洪连珍的人生轨迹中，蕴含着许多极不平凡的故事。

战胜癌魔，重返蓝天

洪连珍入伍后，在保定空军二预校学习了3个月，然后下放到我们部队锻炼，分到西郊机场伊尔-18飞行大队当机械兵。那时我还在沙河机场工作，与她没见上面。但听过有关她的一些传说，知道有个叫洪连珍的淳朴小姑娘特能吃苦。北京的冬天很冷，最低能到零下20℃，北风也比现在凛冽，清晨到机场准备飞行，手脚冻得发麻。机械兵在汽油桶里洗抹布时，手被冻得雪白，跟刀绞一般疼痛。男机械员心疼小姑娘

洪连珍着军装照

细皮嫩肉的小手，洗抹布的活儿不让她们干，可洪连珍偏抢着洗，冻得上下牙打架也不哼一声。冬天，洪连珍和地勤机务人员都穿地勤皮工作服，外层是黑色帆布布套，里层是白色羊皮袄，里外层可拆卸。洪连珍擦飞机时，为了干活儿利落，就把里面的皮袄拆掉，只穿黑外套。幸好被机械师发现，把她狠狠地批了一顿，她才没被冻成冰棍。这件小事在部队传开了，我才知道洪连珍是个干工作敢玩命的狠角色，这是块当飞行员的好料，从此我记住了洪连珍的名字。

洪连珍从航校毕业后，没有分到我们部队，而是去了外地另一个运输机师。因为那个部队有不少与我同期的姐妹，从她们那里能听到洪连珍的一些消息。她到部队后便改装飞伊尔-12型飞机，进展非常顺利，第三年便当上了团分管作战训练的参谋。

随着飞行时间的增加，她的“双翼”越来越硬，正准备大展宏图之际，1972年，她患了淋巴癌。医生对部队领导说，洪连珍的病因为没及时发现医治，癌症已是晚期，最多只能活半年。医生的话不知怎么传到了洪连珍耳朵里。这突如其来的打击，对只有24岁的洪连珍来说实在是太残酷了。要是一般人在那谈癌色变的年代里，肯定会被突然降临的“绝症”吓倒。洪连珍也有过短暂的惶恐，但她毕竟是从不信邪的“钢铁女飞”，“我绝不能向命运低头，绝不能向病魔投降，我不但要活下去，而且我还要飞行，还要回报党和人民！”她很快就确立了战胜病魔的信念。从此，洪连珍与医务人员联手，以北京空军总医院为战场，展开了一场与死神争夺生命的决战。

为了飞行，洪连珍向部队领导和医生表示：“只要能治好病，让我重返蓝天，治疗再痛苦，我也能忍受。请放心，我保证配合治疗。”洪连珍说到做到。由于大剂量的化疗、放疗，她的头发几乎掉光了，脖子上的皮肤因长时间放射治疗被严重烧伤，至今还留有一块大伤疤。治疗过程中，洪连珍伤处疼痛、全身无力、头晕目眩、口干舌燥、恶心呕吐。面对常人难以忍受的痛苦，洪连珍自始至终没皱一下眉，没哼一声。她深知，要想治好病，光靠药物治疗还不行，还得增强自身抵抗力。首先要多吃饭，但因药物反应，洪连珍一点儿胃口都没有，啥都不想吃，但她强迫自己进食。米饭似沙子，馒头如木屑，那种感觉下真是难以下咽，但她硬是一口一口地往嘴里塞。增强抵抗力的另一个方法就是体育锻炼。她坚持跑步，从几米、十几米，逐渐增加到几百米、几千米。战胜癌魔的最好良药是心情，洪连珍的性格本来就不错，平时就乐观开朗，为了使自己更快乐，她经常轻声哼唱一些抒情歌曲。

同时，在医务人员精心治疗护理下，在各级领导和战友姐妹们的关怀鼓励下，奇迹发生了。1973年10月，洪连珍战胜病魔恢复了健康，医院体检组在她的体检本上，签上了"飞行合格"4个大字。当洪连珍看到这4个比生命还珍贵的大字时，入院以来从未流泪的"钢铁女飞"，红润秀丽的脸颊上瞬间挂满了泪珠。

一个晚期癌症患者，不仅保住了命，而且还能重返蓝天飞行，实在让人难以置信。有人就说，洪连珍得的不是癌症，更不可能是晚期，那是医生的误诊。最初诊断洪连珍患癌症的是汉口空军医院，洪连珍转到北京空军总医院后，经活检化验，她的确患的是淋巴癌。这一切都是

飞行中的洪连珍

有据可查的。是不是误诊，最有发言权的还是病人自己，洪连珍吃过的苦、受过的罪，只有她自己清楚。我认为重返蓝天的坚强信念是她创造奇迹的关键因素。现代医学发现，人的意念能够影响身体状况。精神虽不是万能的，但缺乏精神是万万不能的。治病离不开药物，但有些病的治疗，如果没有精神支撑，是万万治不好的，洪连珍就是经典案例。

破格使用，勇挑重担

洪连珍出院归队后，有些好心的同志劝她："你能从死亡线挣扎回来已是万幸，以后象征性地飞一飞，不要再像以前那样玩命了。"领导考虑她的身体，也大幅度地减少了她的飞行时间。很快，洪连珍就感到气氛不对劲儿，领导和战友仍把她当病人看，处处照顾她。吃苦遭罪受熬煎，好不容易赢来了"飞行合格"4个字，本想回部队后使出牛劲儿大干一场，把住院一年多时间落下的飞行时间补回来，没承想倒成了照顾对象。急于多飞的洪连珍自然不愿意，她要真飞实干，在蓝天建功立业，而不是当个徒有虚名、当作花瓶摆设的女飞行员。

洪连珍找领导请缨，要真飞多飞，她是战斗力，不是病号。领导劝她正视现实，毕竟是大病初愈，需要休养恢复。洪连珍对领导的关心

洪连珍的飒爽英姿

表示感谢，但对减少飞行量的做法提出了自己的意见。她说：“我的身体医生最清楚，自己最了解，正常飞行没问题。另外，我能不能坚持正常飞行，要由飞行实践来检验。”领导被她强烈求飞欲望所感动，同时认为她说的有一定道理，于是采纳了她的意见，将她列入正常飞行人员名单，给她补齐了落下的飞行训练课目。飞了一段时间后，洪连珍嫌进度太慢，要求加量。根据她前一段飞行表现看，她的精神和身体状况的确不错，领导再一次同意了她的请求，为她单独制订训练计划，加大了她的飞行强度和难度。她在恢复飞行的10个月内，飞行了213小时（与现在比，这点时间少得可怜，但在当时算是多的了），不仅补上了飞行进度，还飞完了昼间复杂气象、夜间复杂气象条件下的训练课目，成了“四种气象”全天候飞行员。在全师举行的岗位练兵竞赛中，她获得第一名。洪连珍总能给人惊喜，她又创造了一个小小的奇迹。只有她自己清楚，在奇迹背后，她付出了多少艰辛和汗水。清晨，他人还在酣睡时，她已在长跑；夜晚，战友们就寝后，她还在背记飞行数据。她的一切努力不仅换来了优异的飞行成绩，也得到了领导的赞赏和信任。1981年年底，洪连珍由飞行大队副大队长提升为飞行大队大队长。

飞行大队长，官虽不大，却非常重要，它是飞行部队最关键的主官之一。女飞行员当飞行大队大队长，在民国女飞行员中没有，新中国第一、第二批女飞行员中也没有，洪连珍是中国第一人。任命她当飞行大队长，不光是她飞行训练成绩优异，当机长率机组执行飞行任务有过突出表现，也是领导对女飞行员的信任和肯定，更是对洪连珍思想、作风、技术和组织能力的全面锻炼。

1979年1月，洪连珍机组奉命给前线部队运送作战物资，她经常打破常规连续飞行，在超强度飞行条件下，她率机组克服想象不到的困难，圆满地完成了每次空运任务。有一次深夜，她刚从前线返回，人还没下飞机，又接到飞往前线的紧急任务。飞到桂林上空时，遇到雷雨风暴，飞机似脱缰野马难以驾驭，漆黑的夜空，闪电在飞机四周乱窜，分外刺眼。飞机随时有遭雷击的危险。这是作战任务，关系战斗胜负，不能返航、不能备降，必须准时到达前线。洪连珍冷静沉着，凭丰富的航行经验，绕过雷雨，安全准时到达前线机场，受到前线指挥首长的表扬。

1981年秋，洪连珍还率机组出色地完成了华北地区实兵演习的任务。华北演习（代号“802”演习）是全军经过整训后军委组织的一次大规模实兵联合演习，动用的兵力、部队、装备和飞机都是空前的（仅洪连珍所在师就有30多架飞机参演）。整个演习标准高、要求严、影响大。洪连珍机组担负演习指挥部的天气侦察任务，责任重大。她们领受任务后，周密制订各种方案和具体措施，团结协作，密切配合，克服困难，出色地完成了任务，机组荣立集体三等功。

洪连珍率机组完成了许多战备任务，取得了很好的成绩，作为机长她是合格的。但一名合格的女机长，不一定能当好大队长。洪连珍当大队长后，不少人持怀疑态度。

洪连珍是个从不言败的女人，女飞行员当大队长在中国虽没有先例，但苏联有；外国女人能当好大队长，为什么中国女人就不行？男人能当好大队长，为啥女人就不行？洪连珍暗下决心，一定当好中国第一个女飞行大队长，不辜负领导和战友的信任，不辜负党和国家的期望。

洪连珍所在的飞行部队，当时是军委战略预备队，她带领的大队，共有88名飞行员。她认为带领好这支队伍没有什么诀窍，只要身先士卒，处处做表率，关键时候能喊一声“跟我上”就行。于是她上任之后，高难度的课目她先飞，难带的学员她亲自带飞，复杂的飞行场次亲自指挥，重大机群任务亲自带队当排头兵。

1983年7月，空军在新疆举行“反空袭、反空降”演习，洪连珍担任安-26型飞机9机楔形编队的长机机长。这是她第一次担此重任。演习那天，她率领9架飞机，以整齐的队形，准时出现在目标上空，准确将伞兵投放到目标地，出色地完成了首次率9机编队伞降的任务。在有地方干部和群众参加的总结大会上，地方参会人员得知9机编队长机机长是位患过癌症的女飞行员，而且还是大队长，都惊叹不已，纷纷夸赞空军女飞行员“亚克西”。

洪连珍不仅能胜任飞行大队长一职，而且还是一位优秀的大队长、一位出色的指挥员。她率领大队全体飞行人员，完成了战备训练、空降演习、科研试飞、抢险救灾、军事运输、支援地方等一系列急难险重的任务。他们大队多次被评为师、团先进单位，1982年，被空军树为标兵单位。1988年，洪连珍本人被空军党委树为“热爱飞行事业的优秀飞行员标兵”，并荣立一等功。在此之前，她还立过1次二等功、5次三等功。

空军的2项奖励都是最高奖项，洪连珍有了这2顶桂冠，在部队将如虎添翼，前途无量。但谁也没有想到，获奖不久，她却主动打报告申请转业。洪连珍为何这时打报告要求转业，这正是她的可贵之处，她要给自己的军旅生涯画上一个闪光的句号。那2个大奖，就是句号上的2颗明珠。

转业民航，困难如山

一石激起千层浪，洪连珍的转业报告在部队引起了轩然大波。关于洪连珍申请转业一事，有些情况需要说明。1985年，洪连珍在空军指挥学院学习，接到爱人来信，告知福建要在厦门成立航空公司，省里请求空军支援一批空地勤骨干。空军为支援民航建设，同意从运输和轰炸机部队选调福建所需人员。洪连珍爱人是福建人，想报名参加，征求她的意见。洪连珍表示尊重他本人的选择，她没意见。1985年6月，洪连珍爱人作为厦航第一批引进的技术骨干到了厦门。3年后，厦航扩大规模，急需飞行员，公司领导建议洪连珍爱人让她也去，于是出现了洪连珍写申请转业报告一事。

洪连珍申请转业的理由有2条。首先是转业到民航可以多飞10来年，可延长来之不易的飞行寿命，用飞行技术多为国家经济建设做贡献。空军规定，女飞行员的最高飞行年限是48岁，民航是60岁。其次是可解决夫妻两地分居问题，同时也可以加深与孩子的感情。作为母亲，她欠孩子的爱太多了。

对洪连珍的转业理由，部分领导和群众是认同的。但也有人有不同看法，认为她要求转业去民航是图民航的高薪；还有人认为，她是空军培养的飞行员，部队又给了她那么多荣誉，她却要跳槽去民航，是忘本，与她的各种荣誉称号不相称；也有不少人替她惋惜，她留在部队肯定受重用，为了钱而放弃大好前程，得不偿失。以往写洪连珍的文章都回避了这段历史，怕影响洪连珍的形象。我认为写历史应该真实，对洪连珍的负面反应不能回避，也没必要回避。她在部队干得风生水起的时候，为了多飞、多为社会做贡献而提出转业，这才是真实的洪连珍，才是天不怕、地不怕、敢想敢干的洪连珍。她打申请转业报告，并非一时的感情冲动，事前有过深思熟虑的权衡，对负面反应有充分思想准备。暴风骤雨、雷鸣电闪她都不怕，更不惧闲言碎语了，因为时间会替她作出解释。

洪连珍不怕人们的误解非议，但她怕领导不放人。她的顾虑并非多余，像她这么有影响的人物，又刚刚获得空军2个最高奖项，谁敢放她走。洪连珍的转业报告，师党委无权批，军区空军党委不敢批。因此她的转业报告呈上去后，迟迟没有下文。洪连珍理解领导的难处，因而她虽着急，也没有上门催问。1989年，她与师政委到北京参加空军党代会。会议期间，政委建议她利用开会的机会，找空军首长解决转业问题。于是，洪连珍大着胆子找了空军首长，向他们详述了自己转业去民航的想法，首长都很理解，同意了她去民航的请求，最后王海司令员特批洪连珍转业。

1990年2月，洪连珍结束了24年的军旅生活，告别了军营，到厦门航空公司报到，开始了她人生道路上的新征程。报到时，厦航领导知道洪连珍是空军的一等功臣，又是团职干部（洪连珍转业时任副团长），便征求她的意见，愿做什么工作？洪连珍毫不犹豫地答道："当普通飞行员，我要飞行！"她之所以转业，就是冲着飞行来的，想当官就不来民航了。

厦航使用的主要是美国波音系列大型民用客机，洪连珍在部队飞的是苏式中小型飞机。虽然都是运输机，但两者差别很大。洪连珍到厦航后必须先进行改装训练。她在空军部队先后飞过运－5、伊尔－12、伊尔－14、安－26等，也进行过数次改装训练。每次都是顺风顺水，没遇到啥难处。而这次却大不相同，从不把困难放在眼里的“钢铁女飞”，面对座舱里密密麻麻的英文，傻眼了，她是英文盲。波音飞机座舱仪表板上有几十块仪表，开关、信号牌100多个，上面全是英文。对一点儿英语基础都没有的洪连珍来说，仿佛天书一般。洪连珍要想成为一名波音飞行员，英语是她必须迈过的第一道坎。对一个40岁出头，又因重病化疗、放疗过的女性来说，短时间内要掌握常用的航空英语词汇，难度可想而知。但洪连珍深知，闯不过英语关，她就上不了天；上不了天，生命也就失去了意义。死神都没能挡住她上天的路，难道让英文挡住？！“钢铁女飞”的犟劲儿又上来了，她拿出战病魔的劲头，又与英文展开了搏斗。那段时间她经常将自己“禁闭”起来，不外出，家务活儿全让丈夫干，自己关在房间里学习。为强化记忆，她把英语单词抄下来，睡觉前、起床后看一看，记一记。谁会相信，生病时未因剧痛流泪的洪连珍，却因记不住英语单词急得哭过。为突击英语，她走路时嘴里念叨的全是英语单词，同志们笑话她，英语快把洪连珍逼疯了。

民航飞行时的洪连珍（左）

一分耕耘，一分收获，洪连珍又创造了奇迹。仅1个多月的时间，她不仅闯过了英语关，考试成绩竟是优。

闯过了英语关，扫除了通天路上的最大拦路虎之后，洪连珍再接再厉，又熟练地掌握了波音飞机的惯性导航仪、GPS定位系统、盲降及计算机等各种新设备的使用和飞机驾驶技术，按时、保质地完成了改装波音飞机的任务。对她的神奇表现，当时美国波音公司高级教官竖起大拇指，夸她："中国女飞行员太神了！"

发扬传统，再立新功

洪连珍完成改装训练之后，便开始航班飞行。由于飞惯了军用运输机，对航班飞行不太适应，操纵动作有些粗犷。但她虚心向老机长学习，改掉了旧习，加上她有丰富的航行经验，很快便成了责任机长，开始承担繁重的飞行任务。民航飞行与军航飞行最大的区别是：民航飞行是固定的时间和航线，连续性强、飞行量大；军航飞行则是任务不固定，航线也不固定，具有突然性和间断性。洪连珍转业来民航就是为了多飞，但没想到旺季飞行量竟是如此之大，有时累得她只想睡觉。

"以安全求生存，以优质求发展"是厦航的经营理念。洪连珍深知航班飞行责任重大，关系到上百名乘客生命财产的安全，必须万无一失，不能有丝毫闪失。洪连珍责任心强，每次飞行准备都认真细致，把可能发生的问题都尽量估计到。飞行中她始终全神贯注，一丝不苟。在洪连珍的飞行生涯中，无论在军航还是民航，她都没发生过错漏，保证了飞行安全。

1992年8月12日，洪连珍驾驶波音737客机从大连机场起飞。飞机在跑道上滑行一段距离准备离地时，突然听到一台发动机声音异常，凭经验判断，可能有鸟撞上了发动机。她当机立断，收油门中止起飞。滑回停机坪检查，果然在发动机里发现一只被搅碎了的鸟，从而避免了飞行事故的发生。

1998年7月18日，洪连珍飞桂林至厦门的航班。14号台风即将到达厦门，厦门机场的天气已开始变坏，云低风大，低空气流紊乱，而且下着暴雨。飞机进入五边后，颠簸剧烈，飞机被浓云包裹，视野很差。当时机场盲降设备还不完善，在机组协同和地面正确指挥下，洪连珍按飞机仪表指示，安全降落。当旅客得知机长是位女飞行员时，都夸赞道：“厦航女机长这么优秀，乘厦航的飞机真让人放心！”

2008年春节前后，我国南方遭受了历史罕见的冰雪灾害，大量旅客滞留机场。为使被阻在旅途的旅客早日与家人团聚，洪连珍夜以继日地加班飞行。20天飞了90多小时，已50岁的她实在是有些支持不住。好不容易盼到休息日，可刚刚睡下，机场来电话，有趟长途紧急任务，问她能不能去。“钢铁女飞”一听有任务，劲儿就来了，当即表示：“行，我去！”在大雪纷飞的夜里，洪连珍又飞了一个通宵。机组的小伙子们心疼大姐，纷纷痛惜道：“可把我们的老太太累坏了！”她却满不在乎地说：“没啥，吃苦耐劳是军人的本色，脱了军装，军队传统不能丢。”洪连珍真是位名副其实的“压不倒，拖不垮”的“钢铁女飞”。

洪连珍到厦航后，飞过100多条航线，国际航线和香港、澳门地区航线、国内航线几乎都飞过。飞行中从未发生过差错，在全世界的女飞行员中并不多见。

洪连珍给学员上课

洪连珍来民航只想多飞，当一个普通飞行员，并没想当干部，但通过一段时间的观察了解，公司领导发现她不仅飞得好，是位优秀机长，而且有很强的组织能力，特别热心为大家办事，群众威信很高，年轻人都亲切地叫她“洪大姐”。1991年3月，洪连珍被公司任命为飞行队教导员。做思想政治工作是她的强项，她发扬军队的光荣传统，干得有声有色。1993年，公司又任命她为波音737飞行队的队长，给她肩上压了重担。与在部队当大队长一样，洪连珍事事带头做表率，把好事让给群众，把困难留给自己。那几年春节她都没在家待过，将与家人团聚的机会让给其他人。除多飞行外，她还亲自带飞学员。她带学员有四大特点：一是严厉，要求严、标准高，学员都有些怕她，她这位“铁面教官”在厦航几乎无人不晓；二是耐心、因人施教，再难带的学员也不放弃；三是无私，倾其所有，将自己的全部技术经验都传授给学员；四是全面，除了教技术，还教思想、教作风，给学员灌输奉献意识、敬业意识、集体意识。据统计，至今她带过200多名飞行员，各个思想技术作风过硬，其中有110多人已成为公司的主力机长。

洪连珍先后被厦门市评为“巾帼建功”双学标兵、“劳动模范”“优秀共产党员”“时代女性”；还被福建省评为“劳动模范”“优秀党员”；获得过民航总局授予的安全飞行奖章；当选过党的十一大和十五大代表。2000年4月，洪连珍被评为“全国劳动模范”，并荣获全国“五一劳动奖章”；她还获得过“全国十佳女职工”的荣誉，受到时任国家主席胡锦涛的亲切接见。

多年来，很多部队老首长到厦门旅游时都会专门看望为厦航作出贡献、为空军争得荣光的洪连珍，对她当年的选择给予赞许。几位部队老领导看望洪连珍时，还为她赠了一首诗：“巾帼英模洪连珍，航空事业献终生。砥砺奋进人称颂，心系蓝天永年轻。”

一生荣耀，归功于党

《十五的月亮》中，有两句脍炙人口的歌词：“军功章啊，有我的

洪连珍与外孙女

一半，也有你的一半。”在洪连珍众多的“军功章”里，的的确确有爱人郭启迪的一小半，另一小半属于女儿郭琳。

1974年5月12日，是洪连珍与郭启迪大喜的日子，两人已携手走过了46个春秋。

洪连珍患癌症前，正和同一飞行大队领航主任郭启迪处在热恋之中。当她知道自己得了绝症，首先想到的是如何处理自己的恋情。特别是知道自己被诊断只有半年的生命期之后，她决定不拖累所爱的人，于是给郭启迪写了一封断绝恋爱关系的信。郭启迪接信后慌了神，立马跟领导请假，不远万里，风尘仆仆地赶到北京空军总医院，看望“变了心”的未婚妻，挽救她的生命，挽救自己的爱情。

洪连珍面对病魔做好了两手准备，一是战胜病魔活下去，同时也做了最坏的打算，接受命运的安排，有尊严地结束短暂的一生。一个星期天，她在郭启迪的陪同下，来到她向往的天安门广场，看看天安门城楼，看看伟大领袖毛主席画像，看看人民英雄纪念碑。在纪念碑前，望着为革命献身的烈士浮雕，她叹惜道：“他们都是为革命牺牲的，他们的死重于泰山，而我这么早就离去，真是心有不甘啊！”

“你千万不要这么悲观，这可不是你的性格。我相信你一定能战胜疾病，重返蓝天。我会一直陪伴你，直到胜利的那一天。你自己一定要有这个信心。如果有万一，我也一直陪伴你，爱你永不变！”

洪连珍为爱人的心语感动了：“多好的小伙子，为了他，我也要顽强地活下去。”

洪连珍去天安门广场，本是带有诀别之意。没想到革命广场给了她继续革命的力量，更加坚定了战胜死神的信心，这也是爱情的力量。爱情的力量是无限的、永恒的。洪连珍能战胜绝症，创造奇迹，爱人郭启迪功不可没。

洪连珍军功章的另一小半属于女儿郭琳。1975年3月15日，她的女儿诞生了。休完56天产假后，她将郭琳留给母亲抚养，这一留就是5年。后来虽将女儿接到了身边，但因忙于飞行照顾也很少。她在自己写的一篇文章中，有这样一段描写：

记不清有多少次，我回家推开门，看到女儿搂着小书包，蜷缩在沙发上睡着了，眼角还挂着一丝泪痕。女儿在厦门湖滨小学读书，上学要走半个小时再转车，每当看到她顶风冒雨独自上学的瘦弱身影时，我心里就发酸，经常说要接送女儿，可一忙起来又耽误了。有一次女儿在作文中写道：“我很想念妈妈，希望妈妈周末陪我去鼓浪屿玩儿，可这个周末妈妈又要飞，为了妈妈安心飞行，我只好装着高高兴兴地去送妈妈，可看到妈妈坐上去机场的车走远后，我自己孤独地掉下了眼泪……”老师在班上念我女儿作文时也哭了。[①]

平心而论，女飞行员的母爱一点儿也不比他人少，只是她们要飞行，没有更多的时间给孩子，她们将全部母爱都浓缩在少有的与孩子相处的时间里。郭琳是个懂事的女孩，她爱妈妈、理解妈妈、支持妈妈、敬重妈妈。她常说：“妈妈是事业型的，特别爱飞行，我得到的母爱虽不多，但却很骄傲。”如今，大学毕业的郭琳已是厦门政府的一名公务

---

① 摘自《2001年全国全军先进军转工作者表彰大会经验交流材料》。

员，她与一名飞行员成了家，有了自己的女儿和儿子，生活幸福美满。

洪连珍军功章的另一半，自然要归功于她本人了。可洪连珍却不这么认为，在她心里，一切荣耀都应归功于党，没有党的培养，就没有自己的一切。这一根植于她血液中的信念，是她成为“钢铁女飞”的原始动力。而追本溯源，是她的家庭环境，哺育出了她的爱党之心与刚强的性格。洪连珍的父亲是遗腹子，奶奶怀她父亲时，祖父就过世了。奶奶带着3个男孩、1个女孩艰难度日，过着食不果腹、衣不遮体的苦日子。洪连珍的父亲长大后，家里仍然缺吃少穿，为了糊口，父亲种地打鱼，啥活儿都干过。洪连珍赶上了好时代，她一出生便是艳阳天，大连解放了，穷人翻身做了主人，全家过上了吃穿不愁的好日子。为感谢党的大恩，父辈常常对洪连珍进行“忆苦思甜”教育。在洪连珍幼小的心灵里，深深留下了“没有共产党便没有自己的一切”的烙印。这种根深蒂固的、朴素的阶级感情，是洪连珍成为“钢铁女飞”的基因。

李燕生

永葆青春的“蓝天飞燕”

李燕生，1949年5月4日和新中国同年诞生，学生时代就读于北京第十三女子中学，1965年初中毕业时报名参军，被选为空军第三批女飞行员。先到保定飞行预科学校学习3个月，后下放到北京沙河机场当兵锻炼。她虽不在我们大队，但我俩同在一个机场，9个月里经常见面。第二年，她进哈尔滨空军第一航校学习飞行，毕业后分配到空军运输航空兵某师。是“四种气象”的机长、教员，执行过战备运输、抢险救灾、科学试验、空投军演、降雪降雨等重大任务，荣立安全飞行三等功和二等功各1次，在空军部队服役27年。1992年转业到新华航空公司（后并入海南航空公司）飞行，是该公司的首位女机长和波音737的C类资深教员。在民航又飞行17年，一直飞到国际民航法规定的最高年限60岁才停飞。其间荣获过中国民航总局颁发的铜、银、金质飞行安全奖章，还曾被国家计委评为“巾帼建功标兵”和“优秀共产党员”。

2009年，李燕生从海南航空停飞后，被多个单位聘为模拟机教员，继续培养新飞行员，在模拟机上又教学了7000多小时。为了不离开眷恋的蓝天，她又去意大利取得了单双发小型飞机的飞行资格，有时还去北京华安通用航空公司飞小型机，以保持自己的飞行状态。李燕生是我国唯一一位跨越“三航”（即军航、民航、通航）的女飞行员。

至今，她在航空领域里整整驰骋了55年，共安全飞行1.8万多小时，模拟机教学1万多小时，是我国从事航空事业年头最长、飞行和教学总时间最多的女飞行员，同时还是我国仍持有飞行驾照年龄最高的女飞行员，是航空领域里名副其实的常青树。

李燕生为何能青春常在？有人说是她的生日使然，因为她的生日是五四青年节，所以她才岁岁年轻，永远年轻。当然，这是笑谈，她永葆青春的真正原因，是她一生与蓝天有缘，她永远眷恋蓝天。

父女情深

李燕生出生于军人家庭，一生在事业上受父亲影响最大最深，父亲是她真正的良师益友。父亲李克如，1904年出生于湖南衡阳一个手工作坊的赤贫家庭，自幼性格豪放，好打抱不平，1925年参加革命，1926年6月加入中国共产党，南昌起义后随朱德上了井冈山，反“围剿”中屡立战功。1938年5月，他进入延安抗大学习，并曾与其他在延安的井冈山同志一起和毛主席合影留念。他荣获过“第一次国内革命战争”“抗日战争”和“解放战争”3枚勋章。新中国成立后，李克如历任华北空军政治部主任、海军航空兵副政委兼政治部主任等职。1998年2月16日，病逝于北京，享年94岁。李克如逝世后，江西有关部门给他塑了铜像，现陈列在井冈山革命烈士陵园的铜像馆内。

佩戴勋章的李燕生

李燕生的父亲是一位为党的事业作出过卓越贡献的优秀战士。那么女儿身上继承了父亲的哪些优秀品质呢？他们父女之间又有哪些故事呢？就先从父亲给女儿起名说起。

1949年5月4日，李燕生在河北石家庄降生，父亲给她起名“燕生”。石家庄是古代燕赵之地，以出生地为孩子命

李燕生与父母的合影

名，是中国父辈常用的起名方法。不过，在成长中经历了各种风雨后，李燕生对自己的名字有了新的理解，她认为父亲给自己起名“燕生”，不单是表明出生地，而且还有希望她的一生如海燕一般翱翔蓝天，是父母对自己人生的期盼。故而李燕生给自己起了一个昵称“蓝天飞燕”。

机会总是光顾那些准备好了的人，1965年，空军在北京、上海、山东、河北、辽宁等省市的应届初高中毕业生中招收女飞行员。一心想继承父业、入伍当兵的李燕生当即报名应征，经过极其严格的体检、政审之后，幸运之神真的降落到她的头上，她被录取了，成为新中国第三批女飞行员。她将这一喜讯告诉了远在甘肃工作的父母。李燕生的父亲曾任华北空军第一任政治部主任，1952年三八妇女节，新中国第一批女飞行员在北京西郊机场举行起飞典礼时，他就在现场，亲眼见证了首批女飞行员的飒爽英姿。如今自己的女儿也要展翅蓝天了，父亲万分欣喜，不远千里赶回北京为女儿送行。最让女儿难忘的是父亲的谆谆嘱托。父亲说：“你既然选择了飞行，以后就要向你的大姐们学习，一定要克服困难飞出来。无论在什么时候都不能因为私事耽误本职工作。”父亲的叮嘱成了李燕生的座右铭，终身践行。由于父亲在空军任过职，知道飞行员成才的诀窍之一就是“胆大心细”，于是他将这4个字写在笔记本上，作为珍贵礼物送给了即将踏上征程的爱女。李燕生虽然当时没有掂量出这份礼物的分量，但在之后几十年的飞行中，“胆大心细”这4个字，成了她穿云破雾战胜一切艰难险阻的法宝，是她成为优秀飞行员的定海神针。

时光荏苒，1998年2月，李燕生的父亲患上阿尔茨海默病和脑萎缩，由甘肃转到北京博爱医院治疗。2月15日，父亲病情恶化进入昏迷状态，随时都有可能离世。这时，李燕生本想陪伴在病危的父亲身边，但是2月16日，按计划还有一趟北京—广州—北京的航班要执行。是陪伴父亲，还是按计划去飞行？李燕生内心纠结万分：“当时母亲刚去世10天，父亲就是自己唯一最亲的人了，在他病危期间理应陪伴在他身边尽孝，可自己始终遵循父亲的教导，从未因私事放弃过工作……”一向处事果断的她竟不知如何选择好。思虑再三，飞行重于一切，她选择了蓝天。翌日，李燕生毅然驾机起飞，向广州飞去。当她在万米高空航行时，父亲离去了。2月16日是李燕生终生最难忘的一次飞行。她虽牵挂病危的父亲，但飞行中始终按父亲“胆大心细”的嘱托兢兢业业工作，确保了航班的顺利完成。李燕生落地后，接她的车子已在机场等候。当她赶到医院时，大家已经给父亲换好了寿衣，就等着她见父亲最后一面，送父亲最后一程。

李燕生给父亲铜像敬献的花篮

父亲走后有很长一段时间，李燕生的歉疚感久久不能释怀。因为在父亲临终的时候未能陪伴在老人身边，她的心里充满了自责和不安。直到哀伤治愈后，李燕生才用父亲的教诲平定了不安的心：“那天我按计划去飞航班是正确的，我是按照父亲‘任何时候都不能因私事耽误本职工作’的嘱托去做的，父亲九泉之下不但不会怪罪我，反而会为我对事业的尽职尽责骄傲。我也为教我做人，支持我飞行事业的父亲骄傲。”

时间一晃又过去了11年。2009年5月4日是李燕生60周岁的生日，按规定也是她人生中最后一次执行航班任务。那天，她提前向领导申请了一趟北京—厦门—北京的航班，因为她父亲的铜像就在井冈山上，她最后一次航行要从井冈山的上空飞过，要在九霄之上大声告诉九泉之下的父亲：“女儿从16岁到60岁，44年里，从来没有忘记您‘胆大心细’的嘱托，现在我终于尽职尽责地实现了您的期望。安息吧，爸爸！”

峥嵘岁月

李燕生在飞向蓝天的道路上，其实并不是一帆风顺。1966年，她进入飞行航校学习，1967年8月，李燕生航校毕业后，和姐妹们一起分到了湖北某运输机师，开始了真正的飞行员生涯。在航校，她们飞的是运-5

李燕生在部队的飞行照

教练机，到部队后改装里-2和C-47型运输机，这2种飞机是后三点机型（2个主轮在前、1个尾轮在后）。改装训练很顺利，李燕生第一个放了单飞，她对未来充满了美好的憧憬。然而天有不测风云，20世纪60年代后期到70年代中期，李燕生却因为一封寄到部队对她父亲的诬告检举信被停飞了。飞行，飞行，不飞不行，一个飞行员被停飞，就如同拔掉她翅膀上的羽毛。看着别人翱翔，自己却不能展翅，这是她一生中最难熬的岁月。她种过地，喂过猪，烧过锅炉……但是无论干什么工作，她都没有失去过理想信念，也没有忘记自己的追求。她爱自己的父母亲，牢记他们对自己的教诲，深信父亲一定是清白的，坚信自己一定会重返蓝天。她一次次地反复向领导表白申诉，她的努力和不放弃，终于得到了回报。2年后，团领导批准她恢复飞行，给了她第二次飞行生命。

停飞前前后后的苦难、考验锻炼了李燕生，她说：“深爱的东西如果失而复得，才会更加珍惜。”她甚至感恩苦难，感恩人生的坎坷，因为这些坎坷不但让她变得更加坚强执着，而且还使她拥有了一颗对飞行事业永远不离不弃的心。恢复飞行后，她刻苦努力奋起直追，在短短的时间内就赶上了同期姐妹们的飞行进度，并与她们并驾齐驱地在蓝天上叱咤风云，成了“四种气象”条件的机长和教员，率领机组飞遍了祖国的大江南北，万水千山。巾帼不让须眉，她执行过男飞行员执行过的所有任务，并荣立了安全飞行三等功和二等功。

李燕生在几十年的飞行任务中，有一次任务让她感触最多、受教育最深，同时也飞得最过瘾，因为这次任务真正体现出了做一名女飞行员的价值，她一生为能执行那次任务而感到自豪。

有一年，李燕生率机组驾驶安-26飞机赴前线值班，全机组除了机械师外，副驾驶、领航员和通信员都是女飞行员，是一个真正的“三八”女子飞行组。她们在前线执行运送指战员、战备物资和伤病员等任务，其中执行最多的是运送伤病员。飞机一到前沿机场，机组就看到了跑道周边临时搭建的帐篷，里面都是由直升机从前线转运过来的伤病员。机组的主要任务就是尽快将他们运送到各大城市的大医院抢救治疗，所以到达后，机组马上开始了抢运伤员的任务。这一干就是36天。李燕生说：“不到前线，你感受不到战士的勇敢、可爱；不到前线，你不会真正理解什么叫奉献；不到前线，你看不到战争的惨烈悲壮。”而这一切，李燕生在这次任务中都真真切切地看到了，概括这36天的感受，她就用2个字归纳——震撼。特别是那些伤员坚韧意志的表现，让她学到了和平年代教科书上学不到的内容。她一贯自认很坚强，但和那些伤员一比就感觉相差甚远了。

一位失去双眼、蒙着纱布的伤员不坐担架，而是扶着另一位重伤员的担架，摸索着自己上飞机；还有那些一条腿受伤的战士，也不用人搀扶，自己拄着单拐，一蹦一蹦地上飞机。坐满伤员的机舱里，很少听到呻吟声，更没有哭声，这里看不到凄凉、消沉和怨仇，而是悲壮、浩气与坚强。与其说是李燕生在挽救他们的生命，还不如说是伤员们给机组成员上了一课，用现实讲述他们用血与火写成的战斗故事。有一次，李燕生问一位失去右臂的小战士：“你为什么这么坚强？”小战士只回答了6个字：“因为我还活着。”面对小战士和满机舱的热血男儿，李燕生的灵魂陡然升华，她这只“飞燕”如凤凰在战火中经历了涅槃。伤员们的英勇坚强给了李燕生的“三八”女子机组无穷的力量，在连续高强度、高密度的飞行中，她们忘记了危险，忘记了疲劳。飞行中机组多次

李燕生（左二）与机组合影

遇到恶劣天气，有一次甚至被雷雨包围，雷电在机舱外不停地闪烁，通信员的耳机里传出震耳欲聋的噪声，飞机随时有遭雷击而损毁的危险。但李燕生带领全机组姐妹，沉着冷静，驾驶飞机突出恶劣天气重围，将伤员准时安全地送达目的地。这个“三八”女子机组在前沿值班36天，工作了33天，飞行143小时，平均每天飞行近5小时，加上飞机准备和外场停留时间，每天的工作时间接近10小时。在李燕生的带领下，她们克服了一切困难，安全圆满地完成了每一次任务，受到前沿指挥所首长的多次表扬。

再次高飞

1992年，43岁的李燕生已接近空军规定的女飞行员48岁的最高飞行年限。迷恋飞行的蓝天飞燕，自然不甘心过早终结自己的飞行生命，看到民航飞行员的最高飞行年限是60岁，她决定申请转业去民航延续自己的飞行生命。一个偶然机会，她在北京新华航空公司设在王府井的办事处，遇见了该公司的几位高层管理人员。那时新华航空公司正处在初创阶段，缺飞行员，更缺有航行经验的老飞行员，而李燕生正想去民航公司飞行，二者一拍即合。经体检和各项考核，李燕生被新华航空公司录用，成为该公司的第一位女飞行员，开始了新的航程。

转入民航工作后，李燕生凭借她在空军飞行积累的经验和过硬的飞行技术，加上她的聪明才智以及独特的魅力，到新华航空不久，便崭露头角，成为公司的主力机长，还担任了公司第一任飞行标准处处长。李燕生就像一道亮丽的风景线，成了公司的标志性人物。随着飞行时间的增多，她的知名度与日俱增，自然引起了媒体的关注，她的倩影开始出现在一些杂志上，上门采访的记者也越来越多。采访时记者问得最多的两个问题是：第一，女性适不适合飞行；第二，如果说女性和男性一样适合飞行，那么为什么中国的女飞行员这么少。李燕生不仅是一位形象俊俏、身材高挑、技术出众的美女机长，还是一位见多识广、饱读诗书、性格豪爽的北方才女。面对记者的提问，她侃侃而谈：“我们都知

李燕生身着民航飞行服的英姿

道中国曾经是一个有着几千年‘男尊女卑’‘重男轻女’思想的封建社会，这种残余思想根深蒂固，不是短时间能清除的。正是这种封建残余思想的存在，整个民国时期，女飞行员总共不到50人，与同期的苏联和发达国家比较，相差几十倍。新中国成立后，妇女的地位提高了，在航空事业上也受到了党和国家的重视，女飞行员队伍逐渐壮大，从军队到地方，已有1000多名女性翱翔蓝天。虽然传统观念仍制约着妇女航空事业的发展，但我深信随着社会的进步、思想的解放，妇女文化、身体素质的提高，中国一定能够成为‘女飞’大国、‘女飞’强国。中国女飞行员一定会飞得更高、更快、更远，中国未来的太空站一定会有女航天员的身影。”

首飞宝岛台湾

从军航转入民航后，李燕生在新华航空公司（后并入海南航空公司）飞行了17年。17年里，她不仅承担了大量航班任务，还培养了上百名飞行学员。她自信、干练的风采还是公司的一张名片，为公司赢得了信誉，扩大了社会影响。其中，以飞宝岛台湾的社会影响力最大，因为她是大陆飞台湾的首位女机长。

2006年，经大陆与台湾有关部门协商，单向包机飞行改为双向包机飞行，大陆包机允许直飞台湾。这年中秋节，海南航空公司承担了由北京国际机场直飞台湾桃园机场的中秋包机任务，执行这次首航包机任务的机长就是李燕生。其实公司选派女机长并非刻意打造“女飞”牌抢新闻，而是考虑到她的综合素质和几十年担任机长的突出业绩，认为她执行这种有历史性的任务最合适。尽管公司对这次任务特别重视，但并没有高调宣扬机组成员，给对方通报机组人员名单时，在机长李燕生名字后面没有特意标注性别，所以一开始，桃园机场并不知道大陆来的是一位资深的女机长，也就没引起特别关注。

9月30日中秋前夕，李燕生带着大陆人民对台湾同胞的节日祝福，载着100多名回家过节的台商，从北京首都国际机场起飞后，按预订航线向台湾桃园机场飞去。作为大陆第一位飞越台湾海峡的女性，李燕生的心情万分激动。当飞机飞临海峡上空时，虽然是在云海之上航行，见不到茫茫大海，但她的心却穿越了厚厚的云层，看到了阻隔两岸亲情的万顷波涛。这道多年不可逾越的海峡，如今她载着台湾同胞从它的上空飞越了，她为两岸人民架起了一座空中桥梁。此时此刻，她为自己是祖国培养的女飞行员而感到自豪。

终于看到宝岛了，她按下激动的心情，全神贯注地操纵飞机，飞机在她的驾驶下，像一只轻盈的燕子平稳地降落在桃园机场。在客人都

李燕生首飞台湾时，接受记者采访

离机后，李燕生与机组人员才步入候机楼休息，这时有人发现大陆飞来的是一位女机长。很快“华航”高层领导就知道了这一消息，当李燕生和机组成员们再次登机时，“华航”经理已领着一众工作人员列队在登机口，欢迎大陆来的首位女机长。面对这种场面，李燕生落落大方地与欢迎人群握手言欢，“华航”人员都被李燕生飞行多年形成的气质、散发出来的气场与个人魅力所征服。那位经理对李燕生的“强势”难以理解，便冒昧地问道：“请问机长，您的驾龄是多少？”李燕生如实答道：“40年！”此话一出，把“华航”的工作人员都惊呆了，那位经理更感迷惑，李燕生看上去顶多40出头，怎会有40年驾龄？便开玩笑道：“难道你们大陆是从1岁就开始开飞机了？”但当他们了解到李燕生是从16岁开始飞行，现在57岁了还在飞时，真正被震撼了。现场发出一片赞叹声，大家争相与李燕生机组合影留念。

是的，李燕生的确很年轻，外表年轻，内心更年轻，虽然已经飞了44年，还是没有飞够。从海航退休后，她仍未停止踏云浪、驭长风的脚步，继续在模拟机上带飞学员，同时还在北京华安通用航空公司驾驶小商用飞机，延续着她的蓝天经历。如今她已经年过七旬了，还要飞多久？没有终点，只要心里有春天，她就永远是年轻的蓝天飞燕。

李燕生画报封面照

邢淑华

做梦都在飞行的女强人

邢淑华是共和国同龄人，出生于北京干部家庭。1965年初中毕业时，她报名参军，被选为新中国第三批女飞行员。她先是到保定飞行预科学校学习3个月，后下放到北京沙河机场当兵锻炼。1966年，她进哈尔滨空军第一航校学习飞行，18岁在航校入党，毕业后分配到空军运输航空兵某师。军旅生涯40年，飞行35年，飞过6种机型，安全飞行5000多小时，立二等功1次、三等功6次，多次被评为“三八红旗手”、先进个人、优秀共产党员。

邢淑华于2001年停飞，2004年退休。停飞时为陆航某部飞行大队大队长，特级飞行员，大校军衔。退休后，她仍为航空事业做贡献，任维他那公司通航事业部总飞行师，之后任华盟通用航空投资有限公司副总经理。邢淑华在航空理论教学和实际飞行训练领域都有很高造诣，是航空界不可多得的高端人才。

梦想成真

邢淑华在北京第十三女子中学读初中时，学校请新中国首批女飞行员黄碧云做过报告。报告深受师生欢迎，给邢淑华留下了极为深刻的印象。自此她有了飞天梦想。她在回忆录中写道：“我梦想有一天也像小

穿军装的邢淑华

鸟一样在蓝天上自由飞翔，我白天想，晚上梦，梦见自己真的长出了一双翅膀，高高飞起，好美呀！”

1965年夏天，邢淑华即将初中毕业时，空军到学校招收女飞行员，做梦都想当女飞行员的邢淑华知道这一消息后，乐得蹦了起来，忙跑到校部打听消息。一打听，她有些失望了。原来先从应届高中毕业生中招，如招不够名额再从初中毕业生中招。邢淑华虽然失望，但还没绝望，希望之灯还有复燃的可能。那段时间，邢淑华天天看着医务室进进出出的人们，心里万分焦急。终于有一天，学校贴出通知，高中毕业生无人合格，要从初中应届毕业生中选招，这让邢淑华喜出望外。经过校、区、市的层层严格体检政审，邢淑华被录取了。几天后，她接到了入伍通知书。

高兴得合不拢嘴的邢淑华，拿着通知书就往家跑。谁知乐极生悲，跑得太急，被四合院的大门槛绊倒，摔了一跤，左膝盖严重受伤，险些摔碎她的蓝天梦（留下严重后遗症）。邢淑华拖着伤腿，忍着剧痛，进到屋里，把入伍当飞行员的事告诉父母，满以为他们会和自己一样高兴。不承想一瓢冷水迎面泼来，父母反对她当兵，让她报考航院附中，继续读书。

邢淑华跟父母解释，自己如何如何喜欢蓝天，做梦都在飞行等理由，父母不但不听，还让她退回入伍通知书。当时的邢淑华虽然只是个16岁的小姑娘，但她人小志坚，认准了的路，就要排除前进路上的一切关卡，坚定地走下去。邢淑华没听父母的话，而是投向军营，开始了40年的戎马生涯。

勇闯“三关”

邢淑华从入伍到航校毕业的经历，和前面写过的第三批女飞行员的经历相同，所不同的是她吃的苦要多得多。在航校学飞行她要过“三关”。

第一关是晕机关，空中气流稍有不稳，飞机一颠簸她就呕吐。有时胃里酸水、苦水都吐出来。为了克服晕机，她用了很多办法，打旋梯，转滚轮，闭着眼睛原地不停地转圈。她还用装青霉素的小瓶子装上汽油经常闻，晚上放在床头柜上，将汽油洒在枕头上，睡觉还闻着，她给汽油小瓶起了一个浪漫的名字——“航空牌香水”。这“香水”还真管用，闻惯了，她再不晕机呕吐了。

晕机关在“三关”中是吃苦较少的一关。其他两关不但难过，还难于启齿，不能让领导、教员、同学等外人知道。这两关是神经性尿频和腿伤。航校教练机上没有卫生间，飞行时也不可能离开驾驶座去方便，机场也没有女厕所。北方的冬天零下二三十摄氏度，滴水成冰，女性更不可能在野外“小解”，那时也还没有尿不湿。而邢淑华有神经性尿频。俗话说，“活人不能让尿憋死”，可她常常被憋得苦不堪言，又不敢让外人知道。蓝天梦不能让尿憋“碎”，她采取了“干渴法”控水，飞行前一天就少喝水甚至不喝水，实在渴了，就用水润润嗓子、漱漱口。尿频问题虽解决了，但便秘问题愈来愈严重，甚至达到了一周不大便的程度。就这样，邢淑华忍受不被人知的痛苦坚持飞行35年。邢淑华自那次摔伤后，因没治疗，落下严重的后遗症。为了不被淘汰，她瞒着不让他人知道，她在人前装得跟正常人一样，跑步、打旋梯、滑冰时，腿钻心地痛，她咬牙一直坚持。

邢淑华在驾驶飞机

邢淑华以超强的毅力，不仅学会了飞行，而且成绩优异，是第一个放单飞的学员。她梦想成真，可以驾驶“银鹰”，如小鸟一般在天上自由飞翔了。

暴风雨中成长

航校毕业后，邢淑华被分到空军某运输机部队。该部队是一支英雄部队，出色完成过许多“急难险重”的飞行任务，新中国第二批女飞行员中有不少人在这里飞行。邢淑华到部队后，处处以她们为榜样，虚心向她们学习，经常听她们讲飞行故事。

通过“二姐”[①]们的讲述，让邢淑华进一步懂得了飞行的艰辛，也让她做好了战胜一切艰难困苦的思想准备。她暗下决心，继承“女飞”的光荣传统，像姐姐们一样，在暴风雨中成长，做一名合格的蓝天女战士。

邢淑华当机长后，第一次执行任务便遇到了危险。她率机组到南宁执行人工降雨任务，住在田阳机场，一住就是3个月。这种人工降雨任务，一般都是在复杂气象条件下飞行。有一次邢淑华机组起飞后，按预定计划，飞机由西向东播撒催化剂。当她驾驶飞机180度由东转向西飞时，天气突变，原有的100多千米间隔的云系合拢了，四面八方全是积雨云，飞机被带电的乌云团团包围了。这时耳机里传来了吴圩机场的气象通报：10个CB[②]，机场关闭。宁明机场10个CB关闭，田阳机场8到10个CB关闭。北面的柳州桂林也无法通过。四周光线越来越昏暗，只好打开夜航灯飞行。耳机里雷电干扰的噪音越来越大；无线电罗盘指示器的指针大幅度无规律地摆动；飞机上下颠簸，左右摇摆，如同12级风浪中的一叶小舟，随时有倾覆的危险；风挡玻璃上蹿动着瘆人的蓝色火苗，频繁闪动着刺眼的电光和红色火团，让人头皮发炸。飞机如临深渊，走投

① 新中国女飞行员排辈，称首批女飞行员为大姐，第二批为二姐。

② 气象用语，即机场全是雷雨云。

邢淑华（右一）和战友在地面练习

无路，驾驶舱内气氛沉闷紧张。

邢淑华当时才20出头，又是初当机长，面对“绝境”，开始也难免有些慌乱。但她很快镇定下来，为了稳住大家的情绪，她大声喊道：“没关系，听我的！”她向地面报告，要返航到田阳机场降落。飞到机场上空，无法落地。邢淑华驾驶飞机几次通过远近距导航台，均无法降落，她只好在云中穿行。突然，她发现一个能见到地面的云洞，便毫不犹豫地抓住转瞬即逝的机会，用大坡度、大下降率极速盘旋下降出云。穿出云洞后，顺着弯弯曲曲的河谷摸回机场。这时由于邢淑华机组人工降雨成功，机场下起了瓢泼大雨。当飞机安全着陆后，邢淑华刚一迈出机舱门，她的手便被冒着大雨来迎接他们的首长握住了，首长不停地说着：“谢谢！谢谢！”原来邢淑华机组在空中与雷雨云搏斗的同时，地面指挥员和其他保障人员异常紧张，已经下令进入一等战备，准备寻找飞机残骸。

在35年的飞行生涯中，邢淑华多次遇险，她都凭着过硬的飞行技术和丰富的航行经验一一化险为夷。飞行遇险，从未让邢淑华退缩，她是愈战愈勇，越是艰险越向前。她在回忆录里写道：“为了飞行，我达到了不顾一切的地步。”“飞行不会都是一帆风顺，也会有许多风险和困难，但任何艰险都挡不住我云中行。”“我爱飞行，我爱蓝天。”

邢淑华在暴风雨中很快成长为一名优秀的机长、指挥员、教员，执行过大量的重要任务。1984年，为庆祝新中国成立35周年，在北京举行阅兵仪式。北京10月多雾，为保证阅兵式顺利进行，邢淑华机组执行空中观测天气和消雾任务。他们机组克服诸多困难，消雾成功，保证了10月1日上午的受阅飞机顺利通过天安门广场。晚上，邢淑华及其他受阅机长在人民大会堂受到时任军委主席邓小平等领导人的接见。时任空军司令员王海给予机组通报表扬。

母亲与儿子的传奇故事

邢淑华爱飞行、爱蓝天，也爱孩子、爱家。邢淑华的丈夫也是飞行员，和所有“双飞”家庭一样，婚后生活总是聚少离多，同一机场的“双飞”家庭都是如此，两地分居的“双飞”夫妻更是如此。邢淑华在宜昌，她爱人在当阳，两地分居多年。邢淑华生第一个孩子的时候，丈夫在执行飞行任务，不在身边。由于孩子一出生就夭折了。看到其他产妇的丈夫和家人在床前陪伴妻子、照顾孩子，有说有笑，温馨幸福，而自己远离部队、儿子夭折、丈夫不在，身边没有亲人、没有战友，陪伴自己的只有孤独的眼泪，这是邢淑华一生的最痛。她生第二个孩子时，丈夫仍不在身边，第一个孩子夭折的阴影挥之不去，孤独、恐慌、期盼、等待……终于等来了儿子的降生，看着重9斤半、健康的儿子，邢淑华不再孤独。

没有孩子想要孩子，有了孩子又无暇哺育孩子，因为要飞行。邢淑华生完孩子后，将孩子留在北京，由母亲抚养，转眼就是2年。母亲见邢

邢淑华准备飞行

淑华总不回来看孩子，便给她写信："孩子过百日，你不在；孩子过周岁，你不回来；现在孩子都2岁了，你这个做母亲的，能否回来看一看？"邢淑华边看信边落泪。她是母亲，也有母爱！只是忙于飞行，无暇去爱。母亲的信深深刺痛了她母爱的神经，邢淑华决心和丈夫一道请假回北京看儿子。

邢淑华以儿子为原型创作的雕塑《凌云志》

邢淑华在回忆录中详细描述道：

回到家，发现儿子不在，这才知道儿子一周半就全托，送进了离家很远的幼儿园。当时我心里涌出了一种说不出的滋味，非常想尝尝做母亲、听儿子叫妈妈的滋味。我按母亲提供的地址，单独到幼儿园去接儿子。临出门时，母亲让我换上军装。换好衣服后，我真想插上翅膀飞，兴冲冲地一路跑一路乐。可是到了幼儿园门口，我却没有勇气进去。我真糊涂，我只知道儿子是个大个子，可是2岁的孩子到底大到什么程度，我却不知道，不要说我不认识儿子，就是认出来了，儿子不认我这个妈怎么办？不跟我走怎么办？又哭又闹怎么办？一脑子的"怎么办"使我的心怦怦乱跳。我犹豫了好一阵子，终于下了决心，进了幼儿园。

母亲告诉我，儿子在三楼。我找到三楼，儿子的班级还未下课，我站在教室门外，做着深呼吸，稳定一下激动的情绪，想好进去后是先找老师，还是先喊儿子的名字，看孩子们的反应？孩子们没下课，我往门口一站，只见孩子们面对大门一字排开在桌子上摆积木，中间一个比其他孩子高出半头的男孩，瞪着双眼，轻轻地冲我叫了一声："妈妈！"没错，是他，我的儿子，和他父亲长得一模一样。儿子竟然先认出了我。儿子睁着大眼，慢慢地朝我走来，只剩几步时，猛地扑了过来，紧紧地搂着我的脖子。当时我脑子里一片空白，双脚也麻木了，不会动弹，搂着儿子失态地哭了，哭得泣不成声。良久过后，才感到有许多小手拉着我叫着："解放军阿姨，你为什么哭呀？"女老师也站在一旁掉眼泪。

2岁的孩子怎么会认出从未见面的妈妈？这时我才想起母亲让我穿军装的原因。肯定是母亲经常给他看我穿军装的照片，孩子在小脑袋瓜里形成了印象。那个幼儿园是地方办的，家长中没有其他军人。儿子并不认识我，他认识的是那身绿军装。为了证明这一点，回家后我偷偷换上一身便衣，到街上买了个玩具回来送给儿子，他抬头看着我说："阿姨，谢谢你！"脱掉军装，妈妈就成阿姨了。可见在儿子幼小的心灵里，妈妈只是个军人，一个女飞行员。

邢淑华的这段回忆录，使我感动落泪。这并非她独有的故事，绝大多数女飞行员有过类似的故事，只不过都是孩子不认得母亲。

6年后的春节前夕，邢淑华将儿子接到当阳，准备全家人过第一个团圆年。邢淑华中午刚到家，就被叫回大队。春节前夕，任务很多，有趟飞福州的任务，政委征求她的意见能否执行。"行！"她立即接下了这趟任务，政委让她与爱人商量一下，她立刻表态："我是军人，服从命令是天职，没什么好商量的。"下午飞行准备，第二天她驾机去了福州。除夕晚上，在电话里，全家过了一个不是团圆的团圆年。半个多月后，邢淑华完成任务返回当阳。飞机刚一落地，便见儿子脖子上挂着钥匙，被人带着来接她。"妈妈，爸爸飞行去了！"邢淑华擦着儿子的"小花脸"，心疼地看着眼前的"流浪儿"，潸然泪下。年后任务依旧很多，为了不影响飞行，第二天随飞机再次将儿子送回北京母亲家。

蓝天白云与大地泥土的融合

泥塑是我国的一种古老的民间手工艺，历史悠久，极善于表现各种人物形象。20世纪五六十年代，部队进行政治思想教育时，忆苦思甜是必不可少的内容。邢淑华所在部队中的第二批女飞行员诸惠芬是个孤儿，家里很穷，便常为部队做忆苦思甜的报告。邢淑华为增强教育效果，受民间泥塑的启发，毛遂自荐，要将诸惠芬的苦难家史做成泥塑，在部队展出。这一想法领导大力支持。于是从未搞过泥塑的邢淑华凭借聪明才智和毅力，经过几个月的努力，竟用胶泥塑出了5组9人的诸惠芬家史。她成功了，她的泥塑上了《解放军画报》。

泥塑的成功，进一步激发了邢淑华的创作热情。她和教员陈修林合作，利用业余时间，又创造出了《我爱蓝天》《长空利剑》《空中金桥》等花岗岩石雕作品，分别安置在汉口部队办公楼和福州军区大门两边。创作的丰收进一步开拓了邢淑华的思路，她想："我是女飞行员，为何不用雕塑的艺术形式，让蓝天白云与大地泥土有机地融合起来，创作反映广大女飞行员的蓝天情怀，再现她们飒爽英姿的作品。"首先，她以自己与儿子的故事，创作出了以儿子为原型的雕塑《凌云志》：一个天真可爱的光屁股小男孩，扭动着幼小的身躯，高举着飞机，骄傲地大步前进着，表现了一个女飞行员的孩子，既为母亲骄傲，又祈求得到母亲更多的关爱与温暖。作品饱含了作者对儿子的无限思念，艺术地再现了母子间的传奇故事。该作品获得了全国计划生育美术展的优秀奖。

邢淑华（左二）与老师正创作雕塑作品《飞行归来》

1995年，在北京召开第四届世界妇女大会，为配合大会的召开，小汤山航空博物馆举办了“中国女飞行员风采展”，邢淑华和她的老师为风采展创作了大型铜雕《飞行归来》。锻铜圆雕由4个2.3米高的女飞行员组成。4人身穿飞行服，昂首挺胸，阔步前行，面带微笑，意气风发，好一幅身披长空风云，凯旋的“四美图”。

《飞行归来》生动表现了中国女飞行员的英姿与豪迈，以及她们对祖国蓝天的热爱与忠诚。作品也是作者邢淑华自身的缩影，她对飞行的那股痴情全部融进了作品之中，使她们有了“军魂”，成了栩栩如生的蓝天女英豪，有她的诗作为证：

天做画案云为卷，战机彩列织锦缎。
英姿飒爽蓝天女，长空利剑展笑颜。

闪光的句号

邢淑华的回忆录中有这样一段文字：“我明明白白地知道，到陆航来就是一名飞行员，可我还要来，我要扎扎实实地把我的飞行事业，在陆航画上一个圆满的句号，我做到了。”邢淑华在陆航飞行了9年，是她飞行总里程的四分之一。在这段航程中，她的确飞得很精彩，在蓝天上

邢淑华在做报告

画出了一个硕大的闪光句号。

20世纪80年代末到90年代初期，是陆航初创期，需要从空军选调一批直升机和运输机的飞行骨干，富有开拓精神的邢淑华准备报名去陆航。同时有领导推荐她去民航，民航待遇高。是去民航享受高待遇，还是去陆航艰苦创业？邢淑华毫不犹豫地选择了陆航，原因很简单，她舍不得绿军装，舍不得火热的军营。

1991年，邢淑华跨军种到陆航报到。这里的条件的确简陋，有顺口溜形容道："远看像农场，近看像牧场，仔细一看是陆航。"面对有些荒凉的环境，邢淑华无怨无悔，她早做好了艰苦创业的准备。到陆航后，她先被任命为副中队长，没多久提升为飞行大队长。她当大队长后，重点抓飞行员队伍建设。初上任时，大队飞行人员青黄不接，老飞行员年纪大、身体弱，年轻飞行员羽翼未丰，难当重任。部分从飞行部队调来的人员需要改装。为了尽快培养出一批高素质的飞行员，她从建立规章制度入手，从难、从严要求教员和学员。同时增大训练强度，她亲自带飞，仅她带飞出来的教员就有10多人。经过几年的努力，他们大队已是兵强马壮，人才济济。1997年年底，他们大队荣立了集体三等功。这是邢淑华为陆航作出的重大贡献，为此她感到无比自豪。

这些成绩的取得，邢淑华付出的艰辛，有的领导和群众都看到了，但她忍受的伤痛却无人知晓。她的伤腿几十年来从未彻底好过，过度劳累时就会加重。这些年她又患上严重的结节性脉管炎。医生曾警告过她，如不及时治疗，有被截肢的危险。但工作一忙，邢淑华又顾不上了，为了不让他人知道，还得装成没事人一样，自己悄悄吃药了事。有一次陆航为庆祝成立10周年举行汇报表演，邢淑华率3架运输机参加编队飞行。训练期间，她参加劳动骑三轮时，那条伤腿撞到电线杆子上，皮肤被撞破，流了不少血。为了不影响编队训练，她同样隐瞒了伤情，自己悄悄上点儿药了事。由于没及时治疗，发展为骨膜炎。为尽快消炎，她恳求医生加大青霉素的注射量。整整半个月，她一直坚持飞行。邢淑华就是个飞行起来不要命的人，她在蓝天上的35个春秋，几乎都是与伤痛共舞，她称得上是条“硬汉子”，女强人。

按空军规定，女飞行员的最高飞行年限是48岁，她早该“解甲归田”了。但由于陆航事业的需要，邢淑华只有一年又一年地延期，51岁还在飞。她表示，只要部队需要，她就一直飞下去，因为她爱蓝天、爱绿军装、爱她的“战鹰”飞机。但军队是战斗单位，是要打仗的。铁打的营盘流水的兵，指战员必须年轻化，保持强壮的体质和活力。根据需要，邢淑华从大队长岗位上退了下来，成了一名普通飞行员，她带出来的飞行员接替她的职务，成了她的顶头上司。职务的转换，丝毫没影响她的情绪，还主动给年轻的领导传经验、带作风。退下来有了更多自由支配的时间，她开始编写《运输机训练大纲》《运七飞行员实用手册》等航空资料。这是她留给陆航的宝贵财富，也是她飞行生命的延续。邢淑华于2001年停飞，2004年脱掉军装退休，退休后仍在为祖国的航空事业做贡献。

邢淑华这位蓝天女强人，将人生最美好的年华献给了蓝天，献给了军营，在万里长空留下了一道五彩缤纷的航线。

张玉梅
中国首位女试飞员

中国自1915年有女飞行员以来，至今已有1000多名女性飞上蓝天，但直到20世纪80年代前期，她们中没有女试飞员。1984年9月，张玉梅打破了试飞职业长期被男性垄断的局面，跻身试飞员队伍，成为中国第一位女试飞员。她改写了历史，填补了我国无女试飞员的空白。[①]张玉梅成为女试飞员有其偶然性，但必然性都是通过偶然性表现出来的，偶然性中有必然性。

为上蓝天放弃高考，飞行高于一切

做一名试飞员，最基本的一条，必须要有很强的事业心，视飞行如生命，对蓝天有种难以割舍的情怀。

1945年5月2日，张玉梅出生于河北省定兴县高里乡长安城村一户农民家庭。她品学兼优，是村里的第一个高中生，也是定兴一中的高才生。父母、老师都对她寄予厚望。

1965年6月，张玉梅正准备高考时，空军来学校从应届毕业生中招

① 现有不少文章说，她还是我国唯一的女试飞员，此说不实。北京通用航空公司的毛艳霞是第二名女试飞员。

穿单皮飞行服的张于梅

收男女飞行员。2年前河北发大水时，空军飞机曾给张玉梅家乡空投过粮食药品，那时她就有了蓝天梦，梦想当一名飞行员。现在有了圆梦的机会，岂能错过？于是，她没与老师、父母商量，便报名应征。对她寄予厚望的老师、父母得知她要参军的消息后，都极力反对。理由有2条：第一，张玉梅成绩拔尖，考大学没问题，甚至有可能考上北大、清华，将来学业有成，前途无量，何苦去当兵；第二，招收女飞行员的条件异常苛刻，是万里挑一，入选的概率极低，而体检、政审等过程较长，势必影响复习。到时飞行员没选上，高考也考不好，两头耽误。因此他们都力劝张玉梅放弃选飞，专心复习功课准备高考。但张玉梅铁了心要当飞行员，“一意孤行”，毅然到招兵点接受体检和政审。不过她并没放弃学业，除参加招飞体检等活动外，仍抓紧时间复习，她很自信地报考了南开大学。7月，招飞结果出来了，张玉梅梦想成真，她被录取了，成为新中国第三批女飞行员。

誓将驾驶杆当作自己的生命

张玉梅入伍后，进河北保定空军预校学习了3个月，主要是学习政治理论和队列训练，尽快完成学生向军人的转变。

当时的政治教育以提高学员的阶级觉悟为主。在一次全校召开的学习体会交流大会上，张玉梅的发言语惊四座，在全校引起了轰动。她说：“我家里很穷，父辈们曾经要饭度日，是新中国让我扔掉父辈的麻袋片换上飞行服，扔掉打狗棍换成驾驶杆。过去中国妇女只能围着锅台转，现在我们驾驶飞机可以围着地球转了。我要把驾驶杆当成自己的生命，当个出色的女飞行员。”

张玉梅第一次当众喊出了“要把驾驶杆当成自己生命”的豪言壮语，这正是她后来能成为试飞员的原始动力、必然因素。

1973年9月，空军在最高学府——空军学院（后更名为中国人民解放军空军指挥学院），举办营、团干部培训班，培养优秀年轻干部，学制2年。张玉梅所在部队选送她前往北京学习，她是培训班里最年轻的学员，才28岁，也是职务最低的学员，她只是个飞行中队长，连级干部。

张玉梅十分好强，飞行不输须眉，学习也不让男学员。在培训班不仅成绩优异，班里的劳动、文体活动也积极参与。学习中期，根据周恩来总理的指示，要从培训班抽调部分表现优秀的同志去从事特殊工作，张玉梅被选中。其他被选中的同志都兴奋不已，工作特殊、环境舒适，又能接触上层领导，前程远大。这么好的事，他人求之不得，张玉梅不仅高兴不起来，反而发愁。原因很简单，她不愿离开驾驶杆，她的前程在蓝天。但作为一名党员，如果不服从调动，又有违纪之嫌。

命运将张玉梅推到了人生的十字路口。视驾驶杆如生命的张玉梅没有徘徊迟疑，她毫不犹豫地选择了回归蓝天的路。她将自己的想法向领导如实汇报。她说："飞行员是国家用黄金堆出来的，现在正是自己回报国家的黄金年龄，我不愿离开蓝天。把机会让给其他同志吧，班里比我优秀的同志有的是。"领导看她心意已决，而且她的话也有道理，便同意了她的请求。张玉梅留下了，留在了蓝天，这才有了后来的中国第一位女试飞员。

1985年11月，张玉梅不幸患了肾病综合征，她被迫停飞住院，暂时离开了驾驶杆。张玉梅住院后，只想一件事，就是如何尽快将病魔夺去

张玉梅即将驾驶安-26起飞

的驾驶杆夺回来。她一面积极治疗，一面加强锻炼，在医生的精心治疗和丈夫的细心照料下，7个月后，张玉梅康复了，从病魔手中夺回了驾驶杆。谁知不久，张玉梅因胆部发现阴影再次住院，经医生检查她患了胆结石。医生告诉她，这种病有两种治疗方法：一是保守治疗，二是手术摘除。张玉梅虽不是医生，但她清楚，手术切除肯定比保守治疗快，她没丝毫犹豫答道："手术摘除！"

"手术失血多，也很痛苦，而且……"

还没等医生说完，张玉梅坚定地表态道："手术，请尽快安排手术。一个小小的手术，就想让我告别蓝天？笑话！"她看都没看，便在手术责任书上签了字。

手术很成功，张玉梅再次从病魔手中夺回了驾驶杆，8个月后，她又在万里长空叱咤风云，自由翱翔了。

张玉梅这种飞行高于一切的敬业精神，是试飞员必备的品质。

风云中练硬翅膀

飞行员是天之骄子，试飞员则是骄子中的骄子。试飞是勇敢者的事业，是冒险者的事业，有人称他们是蓝天"驯虎人"。空军试飞员都是从全空军飞行员中挑选出来的飞行高手，各个身怀绝技，机智勇敢。

张玉梅所在的部队是一支英雄部队，有一个人才济济的女飞行员群体。我同期的大部分同学都在该部队飞行，她们中有不少优秀飞行员，如诸惠芬、于志玲、张凤云、孙玉兰、薛文淑、董锁箴等。另外还有一批技术过硬的领航员，如张连芳、于富兰、叶佩佩等。张玉梅被分到部队后，见到这么多"二姐"分外高兴，能和她们比翼长空，一定能从她们身上学到不少飞行技术和飞行经验。张玉梅是个虚心好学的姑娘，从不放过向"二姐"学习的机会。

1969年4月，张玉梅在机长张凤云带领下，执行试飞新跑道起降的任务。这次任务异常艰巨：一是跑道短而窄，长只有900米，宽只有30米；二是净空条件很差，跑道位于湖北省狭窄的山谷之中，跑道四周全

张玉梅（左二）率机组胜利归来

是水稻田，稍有不慎，飞机就会冲进水田之中。

张凤云是位有着10多年驾龄、飞行技术出众、航行经验丰富的老机长。起飞前，她与机组详细了解了新机场的全部资料，针对各种不利情况，制订应对方案，做到一切心中有数之后，张凤云才驾机起飞，向新机场飞去。天有不测风云，中途遇到了暴风雨，飞机颠簸起伏，难于驾驶，机外电闪雷鸣，形势危急。张凤云遇险不惊，先是避开雷雨区，尔后穿过窄谷，越过丘陵，低空进场，一次着陆成功，在恶劣天气条件下，安全圆满地完成了试飞短窄跑道的艰巨任务。

这次历险对张玉梅影响很大，她在回忆文章中写道：“我一辈子都忘不了那次艰难的任务。”张玉梅经过“二姐”及其他“老飞”们的言传身教、耳濡目染，加上她虚心好学、刻苦努力，她的双翼愈飞愈硬，很快成为“四种气象”的机长。

沙海捞针，巾帼胜过须眉

1971年8月，张玉梅刚当机长不久，便领受了一项特殊的国防科研任务，到新疆沙漠戈壁寻找一种新型导弹的弹着点，为科研单位提供相关数据。试验单位只提供弹着点的大体方位和弹坑的估计大小，他们估计弹坑口约1平方米。执行同一任务的还有兄弟单位的1架运-5和1架直升机。

张玉梅作为一名新机长，执行这样高难度的任务，压力很大。但她是位从来不向困难低头的女汉子，困难越多，越能激发她的斗志；同时她又是位办事谨慎、思维缜密的女性。起飞前她在地图上根据试验单位提供的大致方位，标出了数条导弹可能击中地点的航线，将飞机油箱装满油，做长期留空的准备，机组成员备有高清晰度太阳镜和望远镜，便于搜寻。机组做了明确分工，张玉梅主要驾驶飞机，副驾驶员主要负责寻找目标，领航员集中精力计算航向，确保飞机在无地标和导航台的情况下飞行不偏航、不迷航，通信员主要负责与地面和其他2架飞机的联系。做好一切准备工作后，张玉梅驾驶飞机向茫茫沙海戈壁飞去。

飞到预定空域后，张玉梅机组开始作业。这天，上苍保佑，天朗云疏，头上是无垠的蓝天，翼下是无边的沙海。张玉梅驾驶里-2型飞机，在天地之间疾驶着、搜寻着。按预定航线飞了一圈又一圈，除零星帐篷外，没发现任何蛛丝马迹，兄弟单位的飞机也是一无所获。时间在一秒秒流逝，油料在一滴滴减少。怎么办？返航？飞机无功而返，找不到弹坑，得不到可靠数据，科研人员的心血将付之东流，国家上千万科研经费将白白浪费，更重要的是要迟滞国防现代化的进程。不行，豁出命去也要把弹坑找到。张玉梅一推机头，降低飞行高度，超低空进行地毯式搜索。在沙漠戈壁超低空飞行，和海上超低空飞行一样，天地相连，看不清地平线，飞行员极易产生错觉，稍有差池，飞机就有触地坠毁的危险；而且长时间超低空飞行，易产生视觉疲劳，危险性更大。功夫不负有心人，他们终于找到直径约1米的弹坑。张玉梅强压激动的心情将飞机拉起，让领航员记下弹坑的准确方位，也让通信员立刻向地面和另2架飞机通报喜讯。

张玉梅驾驶的里-2型飞机，搜寻条件比运-5和直升机要差，结果却是她找到了弹坑。事实证明，她这位巾帼胜过须眉，她当试飞员完全合格。

不是考核的考核

张玉梅所在的飞行大队，除装备有苏式里-2型飞机外，还有美式C-47型飞机，两种飞机外形和性能基本一样。两者的区别是里-2是从苏联进口的，比较新，C-47是国民党空军用过的旧飞机。

1983年4月，张玉梅带学员进行转场训练，航线汉口—当阳，机型C-47，有几位师领导搭便机去当阳检查工作。飞行途中，右发动机突然停车，飞机陡然右倾下沉。面对突发事故，坐在右座（教员座）的张玉梅当即紧握驾驶盘，亲自操纵飞机，加大左发动机油门，蹬舵拉杆，将下降倾斜的飞机改平。她的应急动作，干脆利落，一气呵成，显示出了临危不乱的大将风度。飞机姿态正常后，她向当阳机场指挥员报告右发动机停车，请求直接加入五边着陆，同时让机械师重新启动右发动机。临近机场时，右发动机启动成功。在机组的密切配合下，张玉梅在当阳安全降落。飞机在指定位置停稳后，一位师领导专门走进驾驶舱，对张玉梅说道："谢谢机组的沉着冷静，避免了可能发生的事故。"他还表示："这架'二战'时的老旧飞机该退役了！"此次飞行后，该师C-47型飞机全部被淘汰。

此次不是考核的考核，张玉梅快速敏捷的应变能力、沉着冷静的心理素质，不仅赢得了师领导给的满分，也为她日后当试飞员增添了砝码。

抓住机遇，做"第一个吃螃蟹"的人

1984年夏天，中国飞行研究院试飞大队到张玉梅所在部队挑选试飞员，她丈夫阎舍元被选中。丈夫被调走后，夫妻开始两地生活，张玉梅萌生了一个大胆想法——当试飞员！她想成为试飞员，并非好高骛远，她自信不比丈夫差到哪里去，她有底气。她已在长空拼搏了近20年，安全飞行2700小时，是“四种气象”的机长、教员、指挥员，一级飞行员；飞过4种机型；受到过毛主席、周总理等中央领导人的接见，在人民大会堂代表女飞行员做过事迹报告。她要毛遂自荐，进入试飞员队伍，再次与丈夫在新的空域里比翼双飞。

张玉梅是位雷厉风行、说干就干的女性，有了梦就开始追。在追梦的路上，更充分地展现了她迷恋蓝天的痴情和不达目的决不罢休的倔强个性。

张玉梅向姐妹们透露了想当试飞员的意向，遭到多数人的反对，姐妹们劝她：“你在部队干得好好的，何苦折腾。再说你都40岁的人了，干吗放弃平坦的路不走，偏要去爬坡上坎冒风险？！”张玉梅不顾姐妹们的劝阻，向领导正式提出调动请求。

领导的态度明确：“试飞大队选试飞员，都是通过组织，按一定的程序选调，哪有自己找上门去的？你的想法太天真了。”

“万一他们收我呢，你们能放我吗？”

那位领导笑笑道：“不可能！”

“万一可能呢？”

“只要他们同意收你，发商调函，我们就放你走。”领导嘴上这么说，心里却在笑她：“你就做梦吧！根本不可能。”

张玉梅却偏要把不可能变成可能，她利用探亲的机会，向试飞大队递交了当试飞员的申请。结果可想而知，被拒绝。理由很简单，女同志当试飞员没有先例。

张玉梅估计到会是这个结果，她早就收集好了说服他们的资料，她是有备而来。

“女性当试飞员不是没有先例，外国不仅有女试飞员，而且还不少，有的还很优秀。如美国的多拉·道尔蒂就是位令男飞行员汗颜的女试飞员，还有德国的哈娜·莱奇、史陶芬·贝格等。”

“但她们都是外国人。”

“你认为新中国的女飞行员，就不如外国女飞行员？”

那位领导顿时语塞，有些尴尬。

张玉梅见对方无语，便进一步表白道：“正因为中国没有女试飞员，是个缺憾，我愿做“第一个吃螃蟹”的人。我的政治思想觉悟和飞行技术不比男飞行员差，通过努力完全能达到试飞员的标准。”

“试飞大队没有女同志，就你一个女同志不便管理。”

“我都40岁的人了，又不娇气，有什么不好管理的。还有，你们总不能让我们两口子长期分居吧！”

在张玉梅的力争下，考虑到她在部队的突出表现和两地分居的实际困难，试飞大队破例接受她为试飞员，使不可能变成了可能，偶然性转化成了必然性。1984年10月，中国有了首位女试飞员。

实践证明，女性也能当好试飞员

张玉梅尽管很自信，能胜任试飞员工作，但她知道，要真正成为一名合格的试飞员，还有很多知识和技能要学习。她到试飞大队后，虚心向老试飞员学习，刻苦钻研，查阅了几十万字的国内外有关试飞资料，争取尽快完成从飞行员向试飞员的转变。好在身边有丈夫这位不用交学费的老师，在他和其他老试飞员的帮助下，加上自己的勤学苦练，经队里考核，张玉梅可单独执行试飞任务了。

她虽获得了单独试飞的资格，队里却迟迟不交给她试飞任务。一

张玉梅（左三）与机组研究航线

张玉梅在试飞新飞机

心急于飞行的张玉梅，哪里耐得住不飞的寂寞，便找领导请缨，要求执行试飞任务："我是试飞员，要真试真飞，不是花瓶摆设。再不安排我飞，我就不进空勤食堂了。"

在张玉梅的一再要求下，她终于等来了首次试飞任务。领导为慎重起见，试飞前，准备安排老试飞员先带她飞个起落航线。她领受任务后虽然高兴，但又有些疑惑，既然我已放单飞了，为何还要让老试飞员带我一次，是不是不信任我？

回到家后，张玉梅问丈夫阎舍元："是不是每个试飞员，在试飞前都要带飞？"

"也有不带飞的。"

"既然男同志可以不带飞，我也不用带飞，我自己能飞！"她立马向领导提出请求，不用带飞，她保证完成首次试飞任务。

大队领导再次认真研究了张玉梅的请求，他们分析她的综合素质之后，取消了带飞环节。

张玉梅的首次任务是试飞刚出厂的运-7型飞机。1984年11月，正是深秋季节，试飞那天，秋高气爽，张玉梅信心满满地坐到正驾驶的位置上。由于事先在地面进行了认真的准备，她顺利地完成所有试飞项目，取得了开门红，也取得了领导的信任，从此开始了长达10多年的试飞员生涯。

在试飞员岗位上，张玉梅先后出色地完成了飞机出厂试飞定型、“载荷谱”试验、GPS、惯导系统等15项重大科研项目的试飞任务，飞行553架次，总飞行时间3124小时，被空军评为特级飞行员。她荣立二等功1次、三等功2次。1987年被总政评为“全军先进妇女”，并出席了全军先进集体和先进个人表彰大会。1994年被评为西安首届“巾帼十杰”和“三八红旗手标兵”，参加过第十次和第十三次全国党代表大会。

1995年2月25日，阳光明媚，春意盎然。50岁的张玉梅驾驶一架新型运输机，翱翔在八百里秦川的上空。按计划飞完所有试飞项目后，她驾机返航，在熟悉、宽敞的阎良机场安全降落。这天，她滑行速度很慢很慢，仿佛一个不愿离开母亲的孩子。此时，只有在停机坪等候迎接她的人，才能理解她此刻的心情。这是张玉梅的最后一次飞行，从此她将告别蓝天，告别驾驶盘、飞机和战友。

飞机停稳后，张玉梅缓慢地走下飞机，将挂满泪珠的脸颊，紧紧地贴在机身上，双手不停地抚摸着“战鹰”，嘴里念叨着：“老朋友，再见了！”良久过后，张玉梅才在众人的劝说下，恋恋不舍地离开了机场。

1997年6月，张玉梅正式退休，退休时为正团职，授上校军衔。2011年1月18日，张玉梅因病离世，享年66岁。

中国第一位女试飞员张玉梅，用她光辉的一生证明，只要抓住机遇，通过不懈努力，就能使不可能变成可能。

底建秀

第一位获中国和美国双重驾照的女机长

回族女飞行员底建秀，是我国第一位取得美国联邦航空局和中国民航总局颁发的波音737型飞机双重驾驶执照的女机长。她是怎样由一名普通的女中学生成长为一名天之骄女的？她在蓝天里翱翔了近40年，演绎出了哪些感人而又浪漫的故事？让我们顺着她的人生航迹去寻找答案吧！

一通电话改变了人生轨迹

1996年10月27日，石家庄机场候机楼前，彩旗飘扬，人声鼎沸，厦门—石家庄航线的首航仪式在这里隆重举行。欢迎的人群翘首以待，期盼首航飞机的到来。16点15分，一架厦门航空公司的波音737−500型客机出现在南方天际，不久就平稳地降落在跑道上。当银白色的飞机缓缓滑向欢迎人群时，人们都以十分激动的心情等待首航机长的出现，都急于一睹天之骄子的英姿。飞机停了下来，舱门打开了，只见一位身穿蓝色制服、留着齐耳短发的女机长，在公司领导和机组其他成员的簇拥下，神采奕奕、满面笑容，迈着矫健的步伐，顺着铺有红地毯的舷梯逐级而下，接受献花，与欢迎的人们握手致意。

这位女机长就是具有中国民航高级职称的一级飞行员底建秀。公司

穿民航飞行服的底建秀

之所以选派她为首航机长，除飞行技术过硬之外，还因为河北是她的故乡。

1953年2月，底建秀出生于河北保定市，祖籍石家庄藁城。父母是革命干部，他们希望底建秀长大成人后能建设锦绣中华，故给她起名为“建秀”。底建秀没有辜负父辈的厚望，没有忘记养育她的燕赵大地。久别故乡的女儿回来了，驾驶着现代化的波音飞机飞回来了，她为故乡与外面的世界架起了一座空中桥梁，为家乡父老铺起了一条真正的通天大道。当欢迎的人群得知首航的女机长是石家庄人时，热情顿时达到了沸点，掌声和欢呼声响彻机场上空，人们为她自豪，为河北有这样的好女儿骄傲。

石家庄是新航线的首航之城，也是底建秀一生的起飞之地，40年前她就是从这里“飞”出去的。

1969年3月，底建秀应征入伍，成为一名话务兵。凭借她的灵气与吃苦精神，在守机员岗位上干得有声有色，是一名非常优秀的电话兵。

1970年9月，空军到底建秀所在部队招收女飞行员。这一消息使底建秀兴奋不已，彻夜无眠，她想：“飞上蓝天是一件很神秘，也是一件很有挑战性的事，如果我能当一名飞行员多好。”于是她争先报了名。可是在参加体检的女兵名单中，却没有她的名字。怎么办？就让这千载难逢的机遇失去？外柔内刚的底建秀，关键时刻显露出坚毅的性格，她毅然大胆地越级打电话给负责招收飞行员工作的参谋长：“参谋长，为什么不让我参加体检？”

“你是1953年2月出生的，不符合招飞条件，还差半岁哩！”

“我从小就羡慕飞行员，做梦都想当飞行员，开飞机更适合我的性格，我胆大，能吃苦，当飞行员能为人民多做贡献。半岁在我的一生中只是个小数点后面的年龄，完全可以忽略不计，而招飞的机会在我的一生中也许是唯一的一次。请让我参加体检吧！再说了，我是回族，国家高考招生对少数民族有优惠政策，领导也该照顾照顾我吧！”

听完底建秀的倾诉，参谋长被她执着的蓝天情怀感动了，破例批准她参加体检。后来经过一系列的严格审查考核，她被录取了，成了我国第一名少数民族女飞行员。正是这通电话改变了她的人生轨迹，从此她踏上了通往云端的路。

怀着飞天的梦想，底建秀走进了哈尔滨空军第一航校学习飞行，度过了酸甜苦辣的3年。她是第一个放单飞的女学员。1973年秋天，哈尔滨已是寒气逼人。这天，在马家沟空军机场，一架架运-5型飞机在不停地起飞降落着，机场里洋溢着一股既喜庆又庄严的气氛。这不是一个普通的飞行日，是我国第四批女飞行员在此举行隆重的毕业考试。底建秀与其他学员一样，身穿咖啡色毛皮飞行服，迈着自信的步伐跨上了飞机。在她驾驶的飞机上，除了考官之外，还多了一位特殊乘客，那就是我。我此次从北京来的任务，就是从第四批女飞行员中挑选将来飞专机的优秀学员。从30多名学员中，我遴选出了预选名单，底建秀就在其中。虽然掌握了底建秀的不少情况，但我还要亲眼看看她的飞行技术，于是我登上了小底驾驶的飞机，从此我俩结缘至今。

底建秀在航校飞行

底建秀也知道我的身份和登机观摩的用意，刚上飞机时，难免有些紧张，但很快她就镇定下来了。飞机在她的驾驭下滑行平稳，腾空矫健，航线规范，落地轻盈。太好了，不仅考官对她飞的2个起落给了2个优秀，她的出色表演也征服了我，我在心里也给她打了最高分。

1973年12月，底建秀以全优的成绩毕业，同时领到了去北京空军航空兵某运输师飞行的通知书，这是她在航校刻苦学习的最好回报，也是她今后展翅高飞的起飞线。

努力拼搏获中美双重飞行驾照

底建秀来到我们部队，开始我俩没在一个机场，她被分到了市郊的沙河机场，改飞伊尔-14型飞机。底建秀凭借扎实的技术功底和“永争第一”的精神，顺利地完成了改装任务，很快便成了该机型的机长。她的出色表现，受到了部队领导的高度重视。1978年2月，师里决定将她由沙河机场调往西郊机场，改飞该部队的主力机型——英制高速喷气式三叉戟型飞机。当时全国飞这种型别飞机的女飞行员只有汪云、韩淑琴和我三人，她是第四位有幸飞三叉戟飞机的女飞行员。在改装训练中，她的带飞教员是我国第二批女飞行员韩淑琴，飞行指挥员则是挑选她来北京的我。在我们两位大姐的精心教导指挥下，加上她那扎实的飞行功底与刻苦好学的精神，非常顺利地完成了改装训练，实现了由低速小型飞机向高速大型飞机的跨越，为底建秀日后的腾飞再一次夯实了基础。

1978年是底建秀双喜临门的吉庆年份，除改飞三叉戟飞机外，还因为她各方面表现优秀，光荣地当选为全国人大代表，出席了第五届全国人民代表大会。

我国实行改革开放之后，民航运力跟不上经济发展形势的需要，成了制约国民经济发展的瓶颈。为此，中央军委和国务院作出决定，从空军部队抽调一部分飞机和技术骨干支援民航建设。

1986年8月，底建秀抓住支援地方民航建设的契机，毅然决定放弃在部队飞专机的优越条件，主动要求和爱人一道转业到厦门航空公司工作。她要求转业的消息一传出，人们都不敢相信是真的，都认为她是犯傻，干得好好的干吗要走？而她要求去民航的真实原因，我最了解，她作出这样的选择是经过激烈思想斗争的。底建秀作为飞三叉戟型飞机的女机长，应该是很有发展前途的，因此，她不愿轻易放弃这份极其难得的工作。同时，她在部队里生活工作了10多年，熟悉这里的飞机和机场，与战友们结下了深厚的友谊，也舍不得离开大家。但她是一个酷爱飞行事业的女人，她要多飞，希望自己成天都在天上飞，而部队的飞行时间有限，不能满足她多飞的愿望。经过反复的权衡和思想斗争，她选择了后者。经领导批准后，底建秀脱掉军装，举家南迁，开始了一种崭新的生活。我俩也天各一方，但人走情未散，至今一直保持联系。

到厦门航空公司报到不久，底建秀便领受了改装飞波音飞机的任务。同年10月，她同7名男飞行员到美国波音公司接受培训。在培训过程中，她充分展示了中国女飞行员的风采，发挥了飞专机时养成的操纵动作精准柔和的特点，以及飞三叉戟飞机的经验。波音与三叉戟飞机的各种仪表数据均为英制，有许多相似之处。同时，底建秀通过多年自学，英语基础比较扎实，语言障碍不大。在教官的指导帮助下，经过自身的努力，她出色地完成了本场起落、单发飞行、仪表穿云、航线飞行等课

底建秀在飞民航班机

目。底建秀的飞行功底、飞行悟性和拼搏精神感动了美国教官，不仅对她做了“最好的成绩属于底建秀”的最高评价，还将准确显示她飞行动作的自动记录纸当作最珍贵的资料收藏起来。这是留在美国的唯一一份中国女飞行员的航行资料。由于成绩突出，底建秀提前三分之一时间完成了全部训练课目，成为我国第一位波音飞机的女驾驶员，也是我国第一位取得美国联邦航空局和中国民航总局颁发的波音737型飞机双重驾驶执照的女机长。

在2万多小时的飞行实践中，底建秀无论遇到何种艰难险阻，她都能克服。她曾去日本、美国、新西兰、挪威、马来西亚等国家飞模拟机，每次都受到外国教官和中国同行的好评与称赞。

1993年6月，公司决定派她和几名男飞行员一道将从挪威南美远东航空公司租赁的波音737-500型飞机，由挪威奥斯陆机场飞回中国厦门机场。这是一次横跨欧亚大陆、长达20多小时的长途连续飞行。在这次特殊的调机任务中，底建秀克服了航线生疏、气候复杂、时间反差大以及妇女生理上的诸多困难，圆满地完成了史无前例的调机任务。当她驾驶的波音飞机飞越北京首都上空时，地面人员通过电台向她表示由衷的钦佩与赞赏，热烈祝贺她又创造了一个中国女飞行员“长途连续飞行”时间最长的新纪录。

临危不惧，遇事果敢智慧

1995年5月的一天，底建秀驾驶载有100多名乘客的波音-737客机，从重庆机场起飞，不久，她那鹰隼般的眼睛发现液压A系统漏油。作为一名老飞行员，她知道飞机失去液压将意味着什么，严重时将使飞机操纵系统失灵而导致机毁人亡。她没有一丝惊慌，而是沉着果断地按紧急情况操作程序操纵飞机返航。仅仅用了20多分钟，她就驾驶带有严重故障的飞机在重庆机场安全降落。着陆后检查A系统液压油已全部漏光。由于她发现故障及时，处置得当，保证了飞机和100多位乘客的安全，书写了中国女飞行员空中紧急处置的新纪录。该年，她被厦门市政府评为

“共建文明积极分子”。

2006年夏天的一个夜间，底建秀从广州飞厦门，飞机进入航线不久，天气骤变，乌云密布，狂风暴雨冲打着飞机，机舱外黑黢黢的，什么也看不见，只有偶尔掠过舷窗的电花。面对这一恶劣天气，底建秀沉着冷静，双眼审视着仪表，仔细观察雷达显示器。这时，同一航道上的飞机有的已经返航。民航航班讲求正点率，它是航空公司信誉好坏的重要标志，如无特殊情况，一般不得晚点。作为民航级别最高的一级机长，底建秀是不会轻易向老天爷低头的。凭着她多年的飞行经验和丰富的气象知识，经过周密的分析计算，她终于从密密的雷雨云中，找到了一条穿越的缝隙。她大胆地向云隙飞去，很快便甩掉了电闪雷鸣的云层，驾驶飞机在厦门机场准时降落，再一次为厦航赢得了声誉。

2008年3月，底建秀驾驶飞机从福州飞大连。当飞机飞临上海空域时，客舱里有名乘客突然站了起来，举着双手高声嚷道：“你们别靠近我，有人要抓我，飞机不能落地，飞机不能落地！”面对突发事件，底建秀没有惊慌失措，她镇定自若，果敢处置，颇有大将风度。她当即指示安全员和空姐一方面检查那名乘客随身所带行李，看是否有易爆易燃物品或其他违禁品，另一方面尽快弄清乘客的基本情况。原来，与那位举止失常乘客同行的还有一人，他俩是从瓦房店被贩毒集团骗到福州打工的农民工，到福州后就被管制起来，为贩毒集团制造毒品。他俩知道这是犯罪行当，不愿意干，便想办法逃跑。第一次逃跑被抓了回去，被折磨了3天3夜，不仅拷打他们，还不让睡觉，也不给饭吃。不久他俩又趁机逃了出来，跑到火车站时发现有人跟踪，便跑到机场，用身上全部的钱买了两张回大连的机票。由于出逃仓促，两人没带任何行李。飞行途中，一人精神恍惚，脾气暴躁，精神失常。他的行为严重影响了机组的工作，危及其他旅客的安全。于是，底建秀让空姐将他周围的乘客疏散开来，两名安全员分坐在他的两旁，乘务长和乘务员轮流开导他、安抚他，缓解他的精神压力，控制他的思想情绪，避免他在机上继续闹事。

在这种特殊情况下，是继续飞行还是中途降落？机组对情况进行综

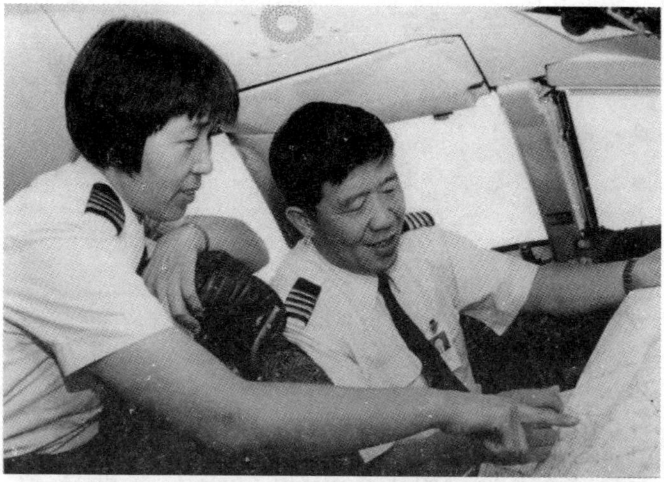

底建秀与沈志群在研究航线

合分析后，底建秀作出了继续飞大连的决定。她下定这样的决心是有充分道理的。其一，两名安全员身强力壮，经过专门的训练，完全有能力制服一名精神失控的乘客；其二，中途降落必然耽误旅客的行程，损害他们的利益；其三，也是最主要的，不久前刚发生了恐怖分子企图用汽油劫持新疆飞北京航班的事件，当时正是奥运圣火传递期间，各方面对安全问题非常敏感，飞机中途降落会成为中外舆论关注的热点新闻。如果我们也因机上有人闹事而中途迫降，势必造成更大的负面效应，甚至对北京举办奥运会产生不好的社会影响。

底建秀将机组的决定及时向地面有关部门做了报告，并请大连区域调度室通知当地公安机关，飞机落地后请公安人员先上飞机将两人带走，这样既保证了他们的安全，又便于他们及早报案。得到地面指挥部门批准后，底建秀驾驶着载有精神失常旅客的飞机继续飞行，按预定到港时间，准时在大连机场安全降落。

由于这两人的报案，福州的那个贩毒团伙被破获。得知这一喜讯，底建秀脸上露出了欣慰的笑容，她又为人民立了一功。

底建秀夫妇攀登珠峰

飞行事业与家庭生活两不误的楷模

底建秀中等身材，苗条匀称，鹅蛋形的脸庞在乌黑短发的衬托下，显得白净红润，两个小酒窝里总是含着笑；说话柔声细语，充满女性特有的甜润。刚分配到沙河机场，她出众的相貌与贤淑的性格，便引起了男同胞的注意，自然成了部队小伙子们追求的对象。在众多仰慕者中，底建秀看中了同行沈志群。小沈比她大2岁，不仅飞行技术出众，而且是一表人才，1米84的个头，魁梧潇洒。沈志群为人正直，很快两人便坠入爱河，在爱情的空域里飞起了“双机编队”。但为了飞行事业，他们这对“双飞”情侣并没有急于组建家庭。

1979年3月31日，功成名就的底建秀与沈志群才走进了婚姻的殿堂，建立了幸福的小家庭。3年后有了爱情的结晶，他们唯一的女儿沈洁降生了。婚后的女人，特别是年轻的母亲，往往面临家庭、孩子与事业的两难选择。而女飞行员要想做一个贤妻良母，同时又不影响飞行事业，就更难了。事业与家庭的矛盾，已成为我国前几代女飞行员一道解不开的难题。有的女飞行员为了集中精力飞行，只好将子女送到父母家哺养，不少在老人家中长大的孩子不认识自己的母亲。多数女飞行员则将哺养孩子的重任，交给随军的父母或雇请的保姆。而底建秀却是例外，她既是一位出类拔萃的好飞行员，又是一位相夫教子的好妻子、好母亲。

为了亲自哺育女儿，底建秀始终将女儿带在身边。女儿上幼儿园后，她能接送就接送，有时实在因飞行不能按时接送，就请其他的女同志代劳。有一次因天气原因，底建秀在外执行任务未能按时归队，我帮她从幼儿园接回孩子。她深夜回来时，小沈洁已在我的床上睡着了。像这样的小插曲、小花絮还不少，但她从未影响过飞行，出色地完成了一系列专机任务。领导与同行都佩服她这种既顾家又不耽误工作的精神，都夸她是位精力充沛，极会安排工作与生活的奇女子。

底建秀小两口儿特别会享受生活，将自己的小家经营得令人羡慕，家中的家具和一应摆设在当时都是最时尚的。底建秀不仅爱无垠的蓝天，也爱辽阔的大海和高耸的山峰。转业时，她之所以选择厦航，是因为厦门是个美丽的海滨城市，这里有海滩礁石，有鼓浪屿。来到厦门后，她的大部分业余时间都给了大海，到海滨漫步、到大海中游泳、到礁石上休憩……但她最热衷的却是航海，乘坐海轮在大海中遨游成了她仅次于飞行的一大爱好。底建秀不仅喜欢驾驶飞机在长空穿云破雾，还热衷驾驶游艇在大海乘风破浪。

底建秀（左）来北京看望笔者时的合影

2008年秋，底建秀在丈夫沈志群的陪伴下，和一些登山爱好者一道，从尼泊尔一方，由南坡向着珠穆朗玛峰攀登，她不仅要征服蓝天和大海，她还想征服世界第一高峰，尽情享受冒险攀登的乐趣。

由于能正确处理飞行与生活的关系，底建秀与沈志群不仅生活幸福美满，事业也蒸蒸日上。他俩转业到厦航之后，职务与级别逐年提升，社会地位和知名度更是一年一层楼。底建秀不仅成为厦航的主力机长和教员，还担任过飞行三大队的书记，是民航具有高级职称的一级飞行员和功勋飞行员，“安全飞行”金质奖章获得者。2005年，被评为第四届福建省“十大杰出女性”、福建省“三八红旗手”，福建省党代表。

沈志群则先后担任过飞行部副经理、航空安全部经理、厦航副总经理，后为调研员。自2005年以来，他每年都执行两岸春节包机任务，多次飞往台湾。他飞行了1.7万多小时。

底建秀已于2013年2月停飞，共飞行42年，总飞行时间为2.26万小时。她先后飞过运-5，伊尔-14，三叉戟，波音737-200、737-300、737-500、737-700、737-800等机型。停飞后仍担任模拟机教员，带飞新改装的飞行员和定期复训的飞行员。至今已在模拟机上飞行了8千多小时，继续为我国的航空事业做贡献。

两口子飞行时间之和近4万小时，在中国航空史上，无其他“双飞”夫妻可比，也是中国之最。

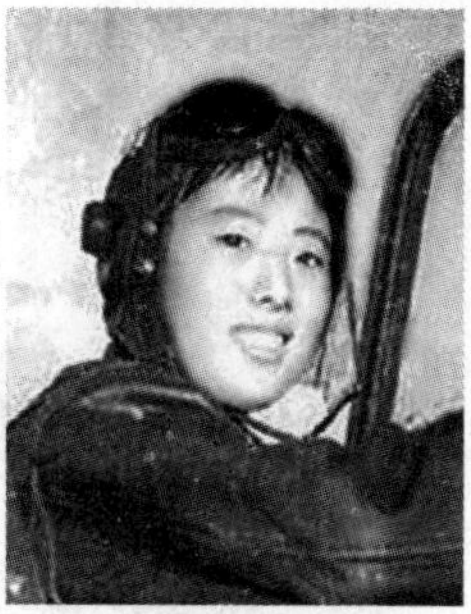

王　春

将青春与生命献给蓝天的女杰

2009年，王春写了一篇回顾33年飞行生涯的文章，标题是《蓝天梦　蓝天情》。她在文章的结尾写道：“我爱蓝天，蓝天是我的梦，蓝天寄托着我无限的情；我要用我一生的追求去面对蓝天，拥抱蓝天。”这个标题真实、准确地反映出了她的理想与奉献。她是这么写的，也是这么做的，她将自己的青春年华和宝贵生命，都献给了蓝天。

王春，1953年出生于山东青岛市，1969年3月入伍，1970年被选为空军第四批女飞行员，进空军哈尔滨第一航校学习飞行。1974年年底毕业后，她被分配到北京专机部队。听说被分到北京飞专机，她兴奋得一宿没睡。可现实与想象却大相径庭，专机部队有好几个团，王春被分到远离市区的沙河机场直升机团。直升机团全是无翼的直升机，以执行抢险救灾任务为主，去的地方大都是戈壁沙漠、大海草原、荒郊野岭，都是苦差事，危险性也大。个别飞直升机的飞行员自嘲是“二等公民”，想改飞有翼飞机，执行中央首长的专机任务。

王春在《蓝天梦　蓝天情》一文中写道：“没想到飞上了‘远看一朵花，近看癞蛤蟆’的直升机，当时内心难过极了。”她的消极情绪，自然瞒不过领导的双眼。政委给新分来的女飞行员讲了我国首批飞直升机的女飞行员陈志英、潘隽如、韩淑琴的故事。她们3人的事迹使王春对

王春在航校时的飞行照

直升机的认识有所改变。特别是一次救灾任务，彻底改变了她对直升机的看法，打心眼里爱上了直升机，并为当一名直升机飞行员而自豪，从此与直升机结下了不解之缘。

灾民的跪拜让王春爱上了直升机

王春中等身材，鸭蛋形脸，皮肤细嫩红润，两个小酒窝总是盛满笑容。她不仅青春靓丽，而且聪颖过人，飞行悟性极高，不仅很快完成了改装训练，而且在2年后便成了三种气象条件的机长。

1978年年初，内蒙古锡林浩特遭遇了百年不遇的暴风雪，骤然而至的大雪灾，封堵了草场、道路，大批马、牛、羊被冻死，广大牧民困在零下40℃左右的蒙古包里，忍饥挨冻，危在旦夕，急盼救援。群众危难时刻，王春所在直升机团奉党中央、中央军委之命，满载救灾物资前往救灾。刚被任命为机长的王春，第一次率机组参加了这次既艰巨而又光荣的救灾任务。

王春驾机起飞后，按预设航线向灾区飞去。前一段航线天气晴朗，她飞得很轻松，但好景不长，一进入内蒙古，大地白茫茫一片，所有地标地物全被厚厚的白雪覆盖。放眼望去，地平线消失了，天地一色，分不清哪里是天、哪里是地。在这种条件下飞行，极易产生错觉。初当机长的她，难免有些紧张。但王春很聪明，她一方面按仪表指示保持航行诸元，一方面紧紧跟在老机长后面。终于在老机长的带领下，她驾驶的直升机在灾区安全降落了。

直升机刚一停稳，牧民们就拥了过来。因天寒，飞机降落后没有关车，旋翼仍在转动。牧民们没敢太靠近直升机，只是远远地围着直升机欢呼着、雀跃着。当王春打开机舱门时，忽见一位穿蒙古袍的老人，踩着深雪向她走来，走近后，他双手合十，跪了下去。面对这感人情景，王春不知如何是好，迟疑片刻后，她赶忙将老人搀扶起来。此时老人抬头看清王春的脸后，立刻转身向人群跑去，嘴里不停高喊着："神女天降了，神女天降了！"

这是王春第一次率机组执行任务，也是一次让她受教育最深、终生难忘的任务。她在《蓝天梦 蓝天情》中写道："从那以后，老人的目光牢牢地刻在我的心里。我不再感觉飞直升机有什么不妥，相反，直升机与人民的关系更贴近，有翼机能去的地方直升机能去，有翼机去不了的地方直升机也能去。我爱上了它——米-8直升机。"

第一次执行专机任务赢得了中央首长的信任

专机部队直升机团有时也执行重要专机任务。中央首长到灾区或边远山区视察时，那些地方没有机场，需用直升机"摆渡"。首长先乘大型专机到目的地附近的机场降落，尔后改乘直升机前往目的地。

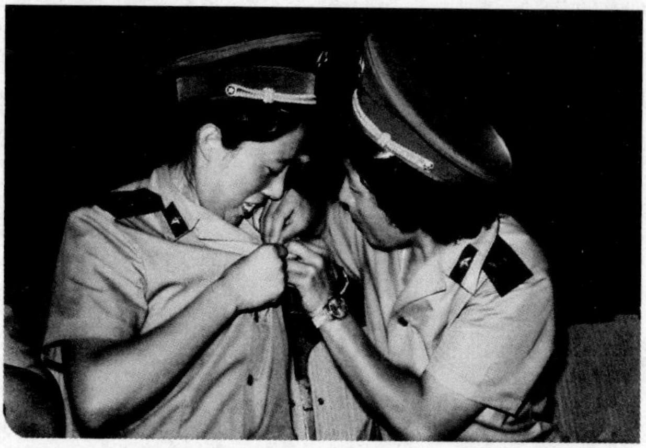

笔者给王春（左）佩戴军功章

对越自卫反击战前夕，为了解北方中苏边境情况，中央军委副主席李德生要乘直升机视察东北边境地区。王春有幸作为第二机长，首次执行中央首长的专机任务。第一机长是王洪祥副大队长。首长的随行人员见她年轻，又是女飞行员，不太信任，希望王副大队长在左座飞。

王副大队长非常了解王春，为了锻炼她，整个任务全由王春在左座机长位置上主飞，他在右座协助。飞行过程中，随行人员多次问机械师："现在是谁在飞？"机械师知道他们的意思，便称是王副大队长在飞。任务接近尾声时，李副主席表扬机组飞得好，特别夸奖王副大队长，说他技术过硬，每次降落都很平稳，风大云低照样准时安全落地。王副大队长听后笑道："报告首长，全程都是王春同志驾驶的，她是机长，我是副驾驶。"他的解释令首长和随行人员很吃惊，仍有疑虑。最后阶段，一位随行人员让机械师打开小窗口，看清左座上王春的身影后，才彻底改变了对王春的看法，给她竖起了大拇指。

任务结束了，李副主席一行按原计划乘大型客机返回北京，王春等也准备空机返回北京。就在这时，一件意想不到的事情发生了，李副主席不让派大飞机接他了，他们仍要乘坐直升机返京，并指名仍由王春飞。

王春听到这一消息，深感意外，不相信这是真的。这是首长的最大信任，她流泪了。

王春在部队飞行期间，还执行过胡耀邦、杨尚昆等中央领导人的专机任务，均受到乘机首长的好评。胡耀邦夸她："巾帼不让须眉，你的飞行技术不简单喽！"她还出色地完成过很多军事运输和抢险救灾任务。特别在云南前线，她飞了44天，多次飞越"死亡线"，受到前线指挥员的夸赞。在部队，王春荣立二等功、三等功各1次。

火海飞将军

1995年，为了支援地方民航建设，王春转业到青岛直升机航空公司。王春到地方后，凭借在专机部队练就的过硬飞行本领和顽强泼辣的

在地方航空公司的王春

作风，以及丰富的航行经验，很快便成了公司的主力机长，开始续写新的篇章，出色地完成了灭火救灾等一系列艰巨任务。

1996年4月，王春驾驶直升机在呼伦贝尔的红花尔基地区，冒着生命危险，深入火海救出了失联多日的15名森林警察。王春飞临林区上空时，只见莽莽林海无边无际，从烟雾弥漫的天空鸟瞰，见不到明显的地标。这时天公不作美，厚厚的云层低低地压在林海之上，能见度只有400米。为了尽快找到失踪的森林警察，王春推动驾驶杆开始下降高度，从500米下降到100米，当她还要继续下降时，副驾驶提醒道："机长，不能再降低高度了，火场上空氧气稀薄，飞行高度太低，离火场太近，发动机会因缺氧而熄火。"

"放心吧，我心中有数！"王春果敢答道。说完她冒险将高度降到80米，又沿火场转了2圈，终于在一个山沟里，发现了失踪者。她兴奋地高声叫道："找到了！找到了！他们就在左下方的山沟里。"说完她即推杆向目标地缓缓下降。

直升机在山脚下一块较为平整的地方降落，飞机刚一接地，王春第一个下了飞机，急忙向15名森林警察走去。见到是一位女飞行员，森林警察激动得热泪盈眶，但都坐在地上没起身，他们连站起来的力气都没有了。他们全被大火燎烤得面目全非，身上的衣服千疮百孔，有的人头上还缠着绷带。面对15名奄奄一息的森林警察，王春当即让机组成员从直升机上搬来食品与饮料，分发给他们。经过进食和休息，森林警察的体力有所恢复，有的站了起来，拉着机组成员的手说着感激的话。有位年纪稍大的森林警察对王春说道："你真是救苦救难的观世音菩萨，你们再晚来半天，我们就要葬身火海了。"说完，他从怀中掏出一只狍子角送给救命恩人做纪念。王春见他们都缓过来了，便让机组人员搀扶着或背着他们登机，以便尽快将他们送往医院救治。

自1996年参加护林后，王春在林海上空大放异彩，她飞遍了大小兴安岭，多次参加扑灭森林火灾的战斗，受到国家林业局、内蒙古自治区的通令嘉奖，多次授予她"航空护林先进个人""航空护林模范机长"等称号。当地群众与森林警察则尊称她为"火海飞将军"。

2004年9月16日下午，王春驾驶b7009号ec-135型直升机，执行杭州和宁波电视台合制的《天上人间看杭州》的航拍任务。飞临浙江余姚天下玉苑景区时，直升机发生意外，坠入竹林之中，机上7人，4人牺牲、3人受伤。王春不幸遇难，时年50岁。她一共飞行34年，4000多小时。

王春将她宝贵的生命献给了祖国的蓝天，我永远怀念这位充满蓝天情的小妹妹。

刘凤云
胜过亲姐妹的“金凤凌云”

《一个女领航员的笔记》这本由苏联英雄拉斯阔娃撰写的自传，20世纪50年代初期在我国广为流传，深受女孩子们喜爱。我就是看了这本书后，才知道空中领航员这个神圣职业，才爱上蓝天的。《一个女领航员的笔记》成了我人生的“领航员”。不承想，在现实生活中，我有幸遇到了一位真实的、为我“保驾护航”、心心相印的女领航员，她就是“金凤凌云”刘凤云。

1952年5月5日，刘凤云出生于北京一个军人家庭，父亲和姐姐都是军人。1959年9月，她就读于海淀区沙窝小学，毕业后进了海淀有名的育英中学。1969年3月应征入伍，分到陆军第50军148师通信连，当电话兵。1970年9月，空军从陆军女兵中挑选女飞行员，刘凤云被选中，成为我国第四批女飞行员，进空军第16航校学习领航专业。1973年11月，她在航校以优异的成绩毕业后分到我们师，从此我们姐妹俩就工作生活在一起，47年从未分开过。

要与“男飞”比高低

第四批有30多名女飞行员分到我们师，为使她们尽快融入部队生活，成立了集训队，对她们进行部队传统教育。当时我是训练科参谋，

佩戴大校军衔的刘凤云

便抽调我当队长带她们。集训队住在南苑机场军人招待所，每天起床后，我要带领她们长跑，从招待所跑到北营门，来回3000多米。大多数人跑不到终点，可有一位身穿海蓝色运动服的小姑娘，每次都能跑完全程。从此我记住了她的名字——刘凤云，也记住了她的形象。她中等身材，偏瘦；双眼不大，炯炯有神；鼻梁不高，小巧精致。她气质高雅，很有魅力，一看就是位腹有诗书的才女。

有天长跑时，我问她为何每次都能坚持跑完全程，她说："初到航校时，我平衡机能不好，每次飞行都呕吐，吐得很厉害，直到把胃液吐出来，很影响正常飞行。为了不被淘汰，不使蓝天梦破碎，我加大体能训练的运动量，周日别的同学在休息，我还坚持跑4000米。这3000米对我来说算不了什么。"原来如此，这姑娘之所以能一天不落地跑回军招所，是因为她心中有梦。从那时起，我更认定她将是一位优秀的领航员。

集训队结束后，我回师训练科，凤云被分到某团某大队当领航员，都在西郊机场。1975年秋天，机缘巧合，我和凤云同时改装三叉戟大型高速喷气运输机，我俩同时进入了改装小分队。与我们同批改装的还有5名男飞行员和另外1名女领航员。小分队赴南京大校场机场进行集中训练，我和凤云便朝夕相处在一起。我看到了她的勤奋好学。每次飞行后，她都认真倾听带飞教员的讲评，然后自己写飞行小结，拿着计算尺，仔细计算各种飞行数据，直到学懂弄通，了然于心。有时大家都出去看电影，她还在钻研那些随着风向风速变化而改变的各种数据。很快，凤云就掌握了三叉戟飞机的领航技能，在改装小分队中脱颖而出。而我在改装的6名飞行员当中，处在非常不利的地位。其一，我年龄最大，那年38岁，是2个孩子的母亲；其二，我长期在机关工作，飞行断断续续不连贯，而且飞行时间少；其三，也是最主要的一点，我是从低速螺旋桨中小型里-2型飞机改飞三叉戟的。三叉戟是大型高速喷气式，里-2是中小型低速活塞式；三叉戟是前三点，里-2是后三点，跨度较大。但有刘凤云这样的新秀领航员为我“保驾”鼓劲儿，我改装比较顺利，特别是单飞成绩优异，胜过“男飞”。

飞行员放不放单飞，是能否单独驾机执行任务的前提，因此都非常重视单飞的成绩。我放单飞的那天，右座飞行员是我同批姐妹韩淑琴，她是我国首批飞大型喷气客机的女飞行员，也是改装小分队的指挥员，而领航员就是刘凤云，我们是全女性的“三八”机组。飞行准备时，凤云对我说：“苗参谋，有我领航，保证你的航线不大不小，咱们女子作业组，今天一定要和‘男飞’们比比高低。”此话一出，我当时愣了一下，因要准备飞行，也没多想。刘凤云说到做到，她报给我的航线不大不小，我飞得很顺当，飞出了最佳水平，三个起落航线获得两个5分、一个4分的好成绩，超过了其他5名男飞行员，真正做到了巾帼不让须眉。

当天晚上，由于单飞成绩优异，我非常兴奋，久久不能入睡，单飞时的画面一一在脑海里闪现。尤其是刘凤云那句“咱们女子作业组，今

刘凤云（左）与笔者准备航线

天一定要和‘男飞’们比比高低”的话在耳边回荡。我明白了，她来部队不到2年，领航技术之所以进步如此神速，是因为有一股要和“男飞”比高低的犟劲儿支撑着她。刘凤云人小志大，我更喜欢她了。共同的理想信念，为我俩建立手足之情打下了坚实的基础。

刘凤云来部队后进步神速，表现突出，深受领导和群众的好评。不到4年，便受国防部的邀请，参加了在人民大会堂举行的建军50周年纪念活动，还与国家领导人一起坐在主席台上。这项殊荣是对她来部队近4年付出的肯定，也是“要和‘男飞’们比比高低”的结果。

女领航员的价值

我们飞行的年代，飞机上还没有现代化的自动导航系统，飞行员主要根据领航员给的航行数据飞行，领航员是飞机的眼睛。我当过几十年的机长，机组里如有一位领航技术过硬、经验丰富的领航员，心里就踏实，有安全感。刘凤云就是一位让领导和机组放心的领航员。她反应快速敏捷，观察周密细致。她给的数据准确及时，话语简洁明了，声音清晰悦耳。在32年的领航生涯中，她从未发生过“错忘漏”，不仅自己领航无差错，还帮助他人纠错。

中国自古以来都将凤凰作为祥瑞、吉祥的象征。刘凤云就是只能给飞行带来吉祥平安的金凤凰。凤云，凤云，“金凤凌云”，故有了这个雅称。她32年的领航实践也证明了这一点，凡有她在飞机上的飞行任务

刘凤云准备远航

都安全。

刘凤云有个与众不同的习惯，飞机着陆前15分钟，都要到驾驶舱观看机组飞行（飞行训练和重要任务往往派双领航员，2人轮换领航）。她到驾驶舱不是看热闹，而是专注飞机状态。她的这一体现高度责任心的好习惯，至少有3次避免了可能发生的重大飞行事故。

有一次，刘凤云所在机组驾驶三叉戟型飞机，载着近百名乘客，由广州飞银川。机组共12人，含3名空姐，有2名领航员。这段航线由另外一名领航员飞。飞机着陆前15分钟，刘凤云习惯地由飞行人员休息舱走进了驾驶舱。这时飞机还在云中飞行，她看了看高度表，不到3千米，而且还在下降，机场导航台的信号也没收到。刘凤云心里很清楚，在银川机场西侧10千米处的贺兰山，平均海拔3556米，按规定在不能见地面的情况下，飞机必须保持4.2千米的安全高度，通过机场建立航线落地。可飞机已大大低于安全高度，还在继续下降，这时飞机正从东南方向飞向贺兰山。刘凤云毫不犹豫大喊一声：“拉起来！”并让机组立即联系地面开放导航台。她这一嗓子惊醒了“梦中人”，机长赶紧将飞机拉升至安全高度。刘凤云按照预测时间引导飞机改向跑道着陆方向。这时，机组收到了导航台信号，飞机右转加入二边航线，保持高度，飞行2分钟后通过跑道上空，建立航线安全着陆。也就是说，飞机由西向东飞行20千米，正从贺兰山上空飞过，由于刘凤云一声“拉起来”，并及时引领飞机爬升至安全高度，避免了一次可能发生的空难。

桂林历史上发生过三次大的空难，其中有一次的情形与这次几乎完全相同，所不同的是那个机组没人喊“拉起来”，结果撞山，酿成悲剧。而这次由于刘凤云的一声“拉起来”，飞机平安飞越贺兰山，100多名乘客与死神擦肩而过，安然无恙。为表扬刘凤云，部队授予她飞行安全奖。

在32年的领航生涯中，刘凤云在危急情况下，还喊过两次“拉起来”。这都是刘凤云悄悄跟我说的。她很低调，不张扬，不炫耀。她说，做力所能及的事，过内心坦然的日子，保证飞行安全是自己的职责所在。

刘凤云（右二）与姐妹们研究航线

世界上，创造生命和财富的人是伟大的，守护生命和财富的人同样也是伟大的。刘凤云三声“拉起来”，使几百条生命和几百个家庭免遭不幸，上亿元国家财产免受损失。“拉起来”三个字，字字千金，价值连城，是一个女领航员对国家、对社会的最大贡献。我为刘凤云骄傲、自豪！

这三次“拉起来”，主要体现的是她对飞行安全高度负责的精神，而真正考验她领航技术和心理素质的是一次专机飞行。

20世纪80年代初，一架三叉戟飞机从福州起飞，向北京疾驶，机上的领航员是羽翼已丰、有了“金凤凌云”雅号的刘凤云。飞机起飞不久，便遇到大面积雷雨天气，只能向雷雨较弱的西面绕飞。面对这样极端复杂的天气，地面指挥员很紧张，命令沿途地面雷达全部开放。因为雷雨和飞机在雷达屏上，显示的都是白色的亮点，地面雷达员很难在大面积雷雨中及时辨别出飞机位置，便不间断地向机组询问。当时飞机设备比较落后，没有卫星导航。刘凤云在不断改变飞行方向绕飞雷雨的情况下，还要利用地面导航台和广播电台，用飞机上的无线电罗盘确定飞机位置。由于雷电干扰，罗盘指针摆动很大，她凭丰富的经验读取平均值，并根据测得的风向风速推测出飞机位置提供给地面。地面雷达每次都能根据她提供的位置及时发现飞机，为地面指挥部门掌握空中飞行情况，提供了可靠依据。

当飞机在西郊机场安全降落后，领导告诉机组，空军指挥部门对机组在绕飞过程中准确掌握位置提出表扬。危难时刻，方显一个优秀领航员的价值，谁还敢轻视那个年代的女领航员！“金凤凌云”，真棒！

空军为表彰刘凤云的特殊贡献，给她颁发了“特殊贡献奖”①。

书的纽带

1991年，由空军政治部干部部和空军报社共同编选，由蓝天出版社出版的《情寄蓝天》一书中，收录了刘凤云撰写的《妈妈明天飞行》一文。这是一篇非常生动的记事散文，主题鲜明，构思巧妙，文字优美，叙事简明。开头几段写道：

> “妈妈，您过来！”还没起床，女儿就在隔壁喊我。我穿上飞行服，走进女儿的房间，问：“什么事？”
>
> “妈妈，您知道我多大了？”
>
> 我笑了，笑女儿问了这么一个可笑的问题，哪有母亲不知道孩子年龄的，便随口答道：“你10岁了。”
>
> “今天是什么日子？”
>
> “6月9日。”天呀！今天是女儿的生日。我笑不出来了，歉疚的泪水唰地涌出了眼眶。

这段描写，是刘凤云的亲身经历，生动地再现了她爱飞行也爱女儿的情怀，以及因飞行对女儿少有陪伴的歉疚。这段文字乃至全篇文章，充分展现了她的文学才华，显示了她内秀的一面。至今她在报刊上发表

---

① 刘凤云将“特殊贡献奖”证书和二等功立功喜报捐赠给了军事博物馆。

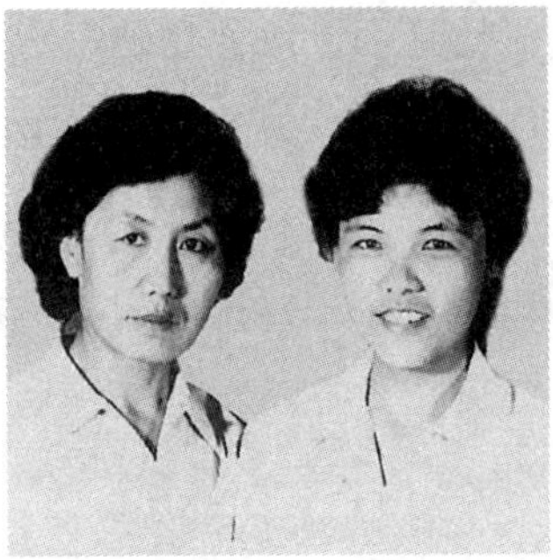

笔者与刘凤云（右）的姊妹照

了不少文章，有多篇文章获奖，这是她多年热衷看书的结果。

我俩不仅是战友，还是书友。我家书多，刘凤云爱看书，常来我家借书看。她和我一样喜欢中外名著，我家这方面的藏书，她少说看过几百本，如外国小说《战争与和平》《钢铁是怎样炼成的》《静静的顿河》《简·爱》《高老头》《悲惨世界》《红与黑》《绞刑架下的报告》《乱世佳人》等；中国作品除“四大名著”外，还有《鲁迅全集》《巴金文集》《茅盾文集》《金陵春梦》《官场现形记》《可爱的中国》《青春之歌》《林海雪原》《红岩》等。

书，是我俩聊不完的话题，我们谈书的作者、书的背景、书中的故事和人物。有时会因观点不同发生争执，甚至争得面红耳赤。例如对苏联作家波列伏依的《真正的人》中的主人翁、“无脚飞将军”的看法就截然不同。小说是以苏联英雄阿列克赛·马列谢依夫为原型，塑造了一位在卫国战争中负伤，被截掉双脚，后经过艰苦锻炼又重返蓝天，并在空战中屡建战功的空中英雄。这本书对20世纪50年代的中国青年有一定的影响，主人公更是飞行员的偶像。我对他异常崇拜，然而刘凤云却不以为然。她说：“无脚飞将军是特定历史条件下的产物，作为个人，他的那种革命英雄主义精神是值得推崇的，但在现代，作为国家和社会却不应提倡。”

“为什么？”

“因为这不人道，他在战争中已献出了双脚，就应享受残疾军人的待遇，做力所能及的工作，安度余生，而没有必要让他再经受水深火热的磨难，再冒生命危险去打仗。"

"你这是什么奇谈怪论？"

"这怎么是奇谈怪论？别忘了我们在预校、航校所受的苦。再让他回炉受煎熬，你不觉得这太残忍了吗？"

"对一个飞行员来说，重返蓝天是他最大的愿望，比任何待遇都金贵；让他享受安逸的生活，是违背他的意愿，只能使他痛苦，那才是真正的残忍。"

"如果我是领导，我决不会让一个献出了双脚的飞行员再返蓝天。"

"所以你不配当领导。"

"我从来就没想过当什么领导，只想领好航，保证飞行安全。"

这就是一个真实的、有个性的刘凤云，为坚持自己的意见，有时"六亲不认"。

争论没使我俩生分，反而愈争愈亲。

有一天，我问凤云："你为啥喜欢看书？"

她说："我性格偏静，从小就喜欢看书，而且喜欢摘抄书中的经典句子，或是励志的，或是抒情的，很享受。16岁当兵离家时，姐姐送我一本《欧阳海之歌》，我看了好多遍，我喜欢这本书。"

"你看了那么多书，有何收获心得？"

"看书的好处太多了，我能从书中看到厚重的历史、感人的故事、精彩的文笔，还能看到很多高尚、纯真的灵魂。读书使我知识丰富、心胸宽广、视野开阔、意志坚强。总而言之，书教会我从容面对纷繁的人生。"

有段时间，我婆婆从湖南桃源老家来京，帮我照看2个孩子，她见凤云常来我家，便问我："晓红，那妹子是你家么子亲戚？"

我笑答："么子亲戚都不是，是天上一起飞的战友。"

"战友？那么亲热？"

后来时间长了，凤云和我婆婆也有了很深的感情，情同母女。

凤云不光借书看，也帮我出书。《我是蓝天的女儿》一书的封面和部分插图，就是她联系并领着出版社陈社长和摄影师在西郊机场拍摄的。2019年我编著的、由人民日报出版社出版的《一代天娇》，策划人就是刘凤云。为了宣传此书，她编写了《沿着书的跑道起航腾飞》剧本，由她爱人韩郑制成15分钟影片，并做成二维码，附在《一代天娇》的封底，供广大读者观看。

我俩为了继承红色基因，重温党的历史，还一道南下南昌、井冈山，北上西柏坡参观。总之，共同的信仰事业、情趣爱好，使我俩的心越贴越紧。

天地同唱《我爱祖国的蓝天》

2002年5月，刘凤云飞到空军规定的最高年限停飞，2007年5月退休。在蓝天驰骋32年，近6000小时，荣立二等功1次、三等功2次，退休时为空军大校。

凤云退休后，我俩接触的时间更多了，经常聚会，共同参加一些社会活动。北京市平谷区石佛寺机场华安通用航空公司，非常重视女飞行员的培养，成立了女子飞行队。成立那天邀请一些退休女飞行员参加助兴，我与凤云都参加了这次盛会。闲谈中，公司康总说秦桂芳大姐当过他的教员，而我正好是秦大姐带飞出来的，论辈分，我便成了他的师姐，他当即让我去他们公司飞行。因当时正在写《一代天娇》，飞行的事就搁下了。

2018年年底，我和凤云参加一次“女飞”姐妹的聚会，参加聚会的有2位年轻的女飞行员和3名新华社记者。其中有位年仅18岁的“女飞”，她说明年计划环飞美国。她的计划既让我惊愕，又让我羡慕。我在写《一代天娇》时，就萌发了“重返蓝天”的意向，于是我脱口而出：“我也要飞！”此话一出，引来了热烈掌声，都表示支持，凤云当即表态：“飞行的事，你只要加强身体锻炼，其他的由我和韩郑包了。”又是一阵掌声。我“重返蓝天”的事就这样定了。

蓝天姐妹欢迎笔者重返蓝天胜利归来

我与凤云参加社会活动，都是韩郑开车，凤云坐右座，我与老伴儿何孝明坐后排，回回如此，从未变过。返程路上，我旧话重提：“凤云，你不是反对飞行员重返蓝天吗？今天怎么投了赞成票？”“那是因为你身体健康，脑子好使。更主要的是82岁的你有一颗28岁的心，不服老。否则，我肯定投反对票。”她接着道：“你重返蓝天是件大事，也是件好事，大事好事就得办好，要保证绝对安全。回家后我和韩郑制订个具体计划，再和你商量。这不是你个人的事，是大家的事，你是代表我们退休女飞行员在飞。我准备找几个老姐妹，成立一个后援团队，支持你。”

雷厉风行是凤云一贯的作风，不到一个星期，飞行计划就出来了：时间，2019年5月中下旬，春暖花开的时候；地点，平谷石佛寺机场，韩郑已联系好；飞机泰克南B−10PJ型；教员，郭佳峰。具体安排2个飞行日：第一个飞行日，2个起落的体验飞行，如能适应，再安排1小时的座舱实习、1小时的空域飞行；第二个飞行日，正式飞行课目，本场起落航线，时间40分钟；2个飞行日间隔时间一个星期左右；等等。凤云的计划很周全、很具体，我很满意，也很感激，进一步增强了我“重返蓝天”的信心。第二天，她又打电话告诉我，后援团队已组织好，都在为我加油。

姐妹二人在中央电视台录制《我爱祖国的蓝天》节目

经过大家的齐心协力，5月28日，我重飞阔别30年的蓝天。

我在空中飞得很爽，正当我饱览翼下风光时，耳机里突然传来了凤云那熟悉甜美的声音："06，感觉如何？"

"太美了！我想唱歌。"那天在机场上空的空域里，只有我一人在飞，我可以自由地歌唱，我便唱起了最爱唱的《我爱祖国的蓝天》。我刚唱完一句松开发射按钮时，耳机里便传来了"晴空万里阳光灿烂"的"女声小合唱"。这是姐妹们的歌声，难道她们都在塔台？都在时刻关注我的飞行？歌声在耳机里震荡，热泪在脸颊上流淌，我人在天上飞，心却随着《我爱祖国的蓝天》的歌声在天地间飞扬。

天地同唱一首歌的乐趣，只怕世间再无他人尝过，唯我独享。感谢凤云，感谢她的团队成员韩郑、孙透玲、张江萍、邵桂簇等。是她们把我重新送上了蓝天，享受古今中外无人享受过的、千古绝唱的快乐。

今生今世，得一"金凤凌云"相伴，足矣！

凤云多才多艺，能歌善舞，还是位小诗人，发表过诗作。本书就以她的诗句作为结束语：

心若向阳，
总会碰到不期而遇的温暖；
努力付出，
终将成就无可替代的自己。

附录

新中国第一批至第四批251名女飞行员名单

（按姓氏笔画排序）

第一批55名女飞行员名单

飞行员（14名）

万婉玲　王　坚　伍竹迪　阮荷珍　邱以群　何月娟　陈志英

武秀梅　周映芝　周真明　施丽霞　秦桂芳　黄碧云　戚木木

领航员（6名）

刘树芬　沈　靓　陈天恩　林淑玉　梁惠敏　魏　砾

通信员（5名）

王竟梅　李宗珣　高步云　路惠芬　潘安保

机械员（30名）

王运才　王树芳　王淑玢　区　颖　朱敏华　刘静华　孙清姿

严焕伦　芦蕊芳　杜琴芳　李　坚　杨培英　余文熙　邹　明

张云文　张蔚君　陆心安　陆美英　陆雯韵　陈美珍　周兰珍
郑海澄　孟云云　袁汉卿　钱肇琰　徐广娟　徐嘉铭　奚成鹿
翁培芳　寒　沄

第二批44名女飞行员名单

飞行员（21名）

于志岭　朱树云　孙文玉　孙玉兰　李秀云　汪　云　沈本华
沈美珍　张凤云　张正辉　苗晓红　俞亚琴　诸惠芬　黄秀清
董锁箴　韩淑琴　曾月英　曾咏秋　潘庆平　潘隽如　薛文淑

领航员（17名）

于富兰　王善富　王慕尧　叶佩佩　刘道义　许君清　李丽真
杨艳彩　吴文珠　沈学媛　宋桂云　张连芳　张筱龙　唐　遽
梁振英　梁瑞瑛　戴芸菁

通信员（6名）

王　瑾　田树娥　任庆芬　刘望姣　许荣芝　芦德芬

第三批52名女飞行员名单

飞行员（26名）

马丽卿　王桂菊　王淑艳　王蕴华　邢淑华　乔华娟　刘佳黎
刘晓连　许华山　李革新　李领雪　李燕生　张　凌　张子英
张少云　张文秀　张玉梅　张陶然　陆彩华　季文福　岳喜翠
赵春芝　施杏珍　洪连珍　夏蕾芬　谢春兰

领航员（13名）

马领弟　王嫩江　付凤兰　伍东征　旭晓丽　刘书云　刘彤彦
邱文静　张学敏　郑雪琪　钱美凤　徐保安　曹诺娜

通信员（13名）

万美娟　马秀芬　毕玉华　杨素珍　郑学英　孟顺英　郝　晶
胡银娣　姚家香　袁玉珍　贾亚琴　徐惠芳　蔡燕璞

第四批100名女飞行员名单

飞行员（48名）

马　杰　王　春　王　栋　王建明　王荣莉　付中民　邢克力
朱苏红　刘　英　刘长珍　刘克光　刘雪琴　刘瑞军　江冰晶
许利群　孙建军　李　健　李文珍　李玉惠　李继红　李燕村
杨素阁　杨党生　肖卫莉　张沂平　张海平　张润玲　陈　妍
陈　静　陈桂萍　武桂成　尚爱萍　周向党　底建秀　封树云
赵同先　赵敏杰　钟胜英　姜桂如　洪　健　黄建华　梅　芳
曹晓光　崔秀铃　董珠霞　韩旭英　谢瑞华　薄云英

领航员（26名）

王正梅　王淑芳　牛华平　邓永珍　刘　军　刘凤云　刘和云
刘桂兰　刘景凤　李迎春　李定枝　李继红　吴月英　吴金凤
宋长霞　张　扬　张江萍　陈玉梅　陈东宁　周利军　赵芝芳
洪义华　袁翠荣　徐　滨　葛剑峰　董凤琴

通信员（26名）

于加秀　马存璟　马爱兵　王朱宁　王建华　白　玲　孙透玲
纪小坤　李　力　李慧馨　杨迎春　杨淑清　吴秋实　宋立志
张秀玲　张景荣　张慧民　陆雪珠　陈　洗　邵桂簇　罗瑞珍
赵玉朝　胡晓鹏　黄姗姗　温建平　魏岗玲

后记

本书的创作和出版经历，与以往几本书比较，有“三最”，即我所得到的鼓励最大、帮助最多、收获最丰，具体表现在以下三个方面。

一、中国妇女出版社领导的指导鼓励，增强了我的创作动力，提高了书的质量

2020年年初，我和老伴儿何孝明将发表过的作品汇集成册，发给中国妇女出版社。社领导很重视，亲自审阅，并请该社已退休的资深编审过目，听取其对书稿的意见。她们审阅书稿后，肯定了书稿的选题，但对书的主题思想和结构框架提出了一些建议，并提出了具体修改方案。她们的修改意见很中肯、很有见地、很有价值，给我的启发很大，我从中学到了不少新的创作理念，了解了当前的创作动态与形势，受益匪浅。出版社领导直接出面，给我的书稿提修改建议和意见，这是我写作生涯中的头一回。

二、蓝天姐妹们的大力支持，增强了我的创作信心，促进了姐妹情谊

根据中国妇女出版社领导的建议，本书要打破原书稿的框架，发

岳喜翠将军写给笔者的信和12页修改意见

表过的作品一律不用，只收录原创作品。为此，我一方面对原写过的人和事进行改写，另一方面大量增加新人新事。这部分人和事过去之所以未写，不是不知道她们的事迹，也曾想写过，但她们多是名人、忙人，有的还在高位，不便贸然打扰。如中国首位女飞将军岳喜翠，唯一荣获过“优秀女飞行员”称号的诸惠芬，全国劳动模范洪连珍，首飞台湾包机的女机长、“红二代”李燕生，著名女强人邢淑华等。这次在出版社领导的策划下，我才斗胆与她们联系。结果出乎我的意料，她们都很热情，寄来了我需要的图文资料，接受我的当面或电话采访。她们都和我加了微信，随时保持沟通。更可贵是她们拿出大量时间认真审阅我写的初稿，并亲自反复修改，直到本人和家人满意为止。岳喜翠将军对文稿要求严、标准高，提出了“四个负责”，即对历史、读者、作者和本人负责。本着“四个负责”精神，对写她的书稿不仅在电话和微信中提出了不少修改意见和建议，并且4次发来了她亲自修改过的文稿，连1个标点都不放过。将军的认真精神感动了我、教育了我，她的“四个负责”成了我创作本书的指导思想。

蓝天姐妹们之所以高度信任我，大力支持我，是因为她们都理解

笔者和老伴儿在自家书房查找资料

我。我写她们不是利用名人资源捞名、捞利、炒作，而是为宣扬女飞行员群体，是为了留下新中国前期女飞行员艰苦创业的历史，以激励后人。我感谢姐妹的支持，没有她们的大力支持帮助，本书难以面世。我更感谢她们的理解和信任，本书的写作过程也是增进姐妹感情的过程。人间重晚情，蓝天姐妹的晚情更珍贵。

三、老伴儿的无私奉献，确保了本书按计划顺利出版

论功不避亲，要特别感谢一下老伴儿何孝明教授，本书能如期顺利出版，他功不可没。原书稿是我俩的作品选集，署我二人的名字，改成新书后，他认为该书应用第一人称写，只署我一人的名字。他不仅放弃了署名权，还从原书稿中拿掉了他的所有作品。他虽不署名，但仍像对待自己的著作一样，全身心地投入本书的创作之中，为本书创作出谋划策，帮助收集资料、采访等。他之所以能如此无私相助，是因为他的写作目的非常明确。他从事“女飞”题材创作几十年，既不为名，也不为利，只为留下

“女飞”历史，讲好“女飞”故事，弘扬“女飞”精神，传承“女飞”文化，署不署名在他眼里并不重要，以往是这样，这次更是这样。

由于主观和客观的原因，还有不少优秀离退休女飞行员的故事虽很生动，但挂一漏万，没能将她们的生平事迹也收入本书。我在此向她们表示歉意，请她们谅解，希望有机会可以再续写这些蓝天姐妹的故事、属于中国女飞行员的故事。

苗晓红

图书在版编目（CIP）数据

共和国蓝天的女儿 ：新中国女飞行员故事 / 苗晓红著. -- 北京 ：中国妇女出版社，2021.7
ISBN 978-7-5127-1978-1

Ⅰ. ①共… Ⅱ. ①苗… Ⅲ. ①女性－飞行驾驶员－生平事迹－中国 Ⅳ. ① K825.2

中国版本图书馆 CIP 数据核字（2021）第 071834 号

共和国蓝天的女儿——新中国女飞行员故事

作　　者：苗晓红　著
责任编辑：耿　剑　孔　姿
封面设计：李　甦
责任印制：王卫东
出版发行：中国妇女出版社
地　　址：北京市东城区史家胡同甲 24 号　　邮政编码：100010
电　　话：（010）65133160（发行部）　　65133161（邮购）
网　　址：www.womenbooks.cn
法律顾问：北京市道可特律师事务所
经　　销：各地新华书店
印　　刷：三河市祥达印刷包装有限公司
开　　本：170×240　1/16
印　　张：17.25
字　　数：210 千字
版　　次：2021 年 7 月第 1 版
印　　次：2021 年 7 月第 1 次
书　　号：ISBN 978-7-5127-1978-1
定　　价：49.80 元